南路红色印记（上卷）

霍自强　编著

中国文史出版社

图书在版编目（CIP）数据

南路红色印记 . 上卷 / 霍自强编著 . -- 北京 : 中国文史出版社 , 2025. 4. -- ISBN 978-7-5205-5205-9

Ⅰ . K296

中国国家版本馆 CIP 数据核字第 20256209EH 号

责任编辑 : 程　凤

出版发行 : 中国文史出版社

社　　址 : 北京市海淀区西八里庄路 69 号　邮编 :100142

电　　话 : 010- 81136606　81136602 81136603（发行部）

传　　真 : 010-81136655

印　　装 : 湛江日报社印刷厂有限公司

经　　销 : 全国新华书店

开　　本 : 1/ 16

印　　张 : 19

字　　数 : 300 千字

版　　次 : 2025 年 5 月北京第 1 版

印　　次 : 2025 年 5 月第 1 次印刷

定　　价 : 68.00 元

信仰的力量——序

狭义来说，南路地区范围即原广东南路的遂溪、海康、徐闻、防城、钦县、灵山、合浦、廉江、化县、吴川、电白、信宜、茂名（含高州）、北海市及法殖广州湾（后湛江市）和广西的玉林、博白、陆川、北流、容县、兴业、横县、贵县、宾阳、来宾、武宣、永淳、迁江、上林、上思、明江、思乐、宁明（思乐合并到宁明）、崇善、扶南、绥渌、同正（1951 年 7 月，扶南、同正、绥渌三县合并为扶同绥县，后改为扶绥县）、邕宁。

广义来说，除了上述范围以外，也包括在解放战争后期革命力量扩展到影响中国、越南两国交界的粤桂滇黔地区。

后来，在上述范围的革命（指广东省农民运动著名领袖黄学增烈士，从 19 世纪 20 年代在雷州半岛开始发起，在抗战时期再次崛起，并在解放战争期间发展壮大的革命）便定义为南路革命。

南路革命历史是中国共产党历史篇章的其中一页，在长期的革命斗争中，南路地区的共产党员前赴后继，不怕流血牺牲，谱写了一曲曲壮丽的历史篇章，为中国革命胜利作出了不可磨灭的贡献。抗战期间，在全民族抗战的新形势下恢复重建的南路高雷地区（现湛江范围）各级党组织，坚决执行党中央正确的统一战线政策，通过举办农民夜校、读书会等形式和举措，以姓氏宗亲联系为切入口，广泛发动人民群众参与抗日救亡活动，发展壮大革命力量。形成了"一个带头人，引领一族人"的革命模式，在短时间内重燃南路的革命火种，并迅猛燎原的革命新局面。解放战争初期，南路高雷地区党组织及所领导的革命武装，克服了众多难以想象的困难，在革命形势处于低潮中，坚守信仰的追求，在国民党反动势力的"围剿"中和白色恐怖下，坚持开展针锋相对的武装斗争和地下隐蔽战线斗争，为中国大陆的全面解放作出了应有的贡献。

湛江（含广州湾时期）因为有两个时期分别是中共南路特委机关所在地，因此，南路革命与湛江的关联十分紧密。1927年4月12日，蒋介石叛变革命发动四一二政变。同年的年底，中共南路特委秘密转移到广州湾（现湛江）赤坎的新街头（现中兴街130号），并在新街尾下街与药房街（现中华路）交会处秘密设立机关联络站，利用广州湾"租借地"的特殊地位进行地下隐蔽斗争和伺机发展革命力量。其间，中共南路特委按上级指示召开了一次南路各地党员代表会议，会议对南路特委领导机构进行调整，选举了黄平民为新的特委书记。1928年12月8日，国民党高州当局与时任广州湾公局局长陈学谈勾结，由广州湾赤坎公局出面突袭新街头、新街尾与药房街交会处，抓捕特委负责人朱也赤等9名共产党员后，将他们引渡到高州被国民党高州当局监禁，12月16日，准备撤离广州湾的黄平民和符智痴、符林氏夫妇等中共党员也在西营长堤码头被捕后，随即也被引渡到高州被国民党当局监禁。不久，黄平民、朱也赤等共产党员在高州遭国民党当局枪杀。由此，中共南路党组织遭到国民党毁灭性的破坏，被迫停止所有活动十年之久。

西安事变后，中共南路特委在高雷地区恢复重建，带领高雷地区人民积极开展抗日救亡运动和发展革命力量。特委机关也多次秘密入驻广州湾（现湛江），赤坎和平路的"长发庄"便是中共南路特委机关秘密驻所；当时，出入"长发庄"的特委领导都持有"股东薄"，以"长发庄"的"股东"掩护真正身份。

本书编著者是一名南路革命历史爱好者，《南路红色印记（上卷）》所收入的内容是其从2017年至今，在本地主流媒体、注册自媒体刊登和发布推送以及收集采访整理的文稿，分上辑、中辑、下辑；上辑收入的6座村庄的文稿辑为"革命老区村庄"，其中，支屋、老马、田寮3座村庄是1957年由广东省人民政府确定的首批抗日战争革命老区村庄；中辑收入的11篇文稿辑为"革命英杰事迹"，下辑收入12篇的文稿辑为"赓续红色基因"。

温故而知新。在南路革命历史中，南路革命村庄和英雄人物众多，《南路红色印记（上卷）》一书所展示的革命老区村庄和革命英杰只是其中一个缩影。编著者把这些革命老区历史村庄和革命英杰的事迹收入结集成书，目的就是要让更多的青年一代从中了解和认识南路革命，更好地传承红色基因和发扬革命传统。《南路红色印记（上卷）》如能在读者中引起共鸣，那就是编著者的期待所在。

回顾过去，有助于我们不忘初心、牢记使命，继往开来。铭记红色历史，有助于我们能够认清当代人的历史责任担当，更好地传承和弘扬先辈的革命精神，在建设中国特色社会主义的伟大征程中贡献应有的力量。

谨以拙作献给南路地区所有革命先辈，并向他们表示深深的崇高敬意！

霍自强

2024 年 10 月

目　录

中辑　革命英杰事迹

下辑　赓续红色基因

上辑 革命老区村庄

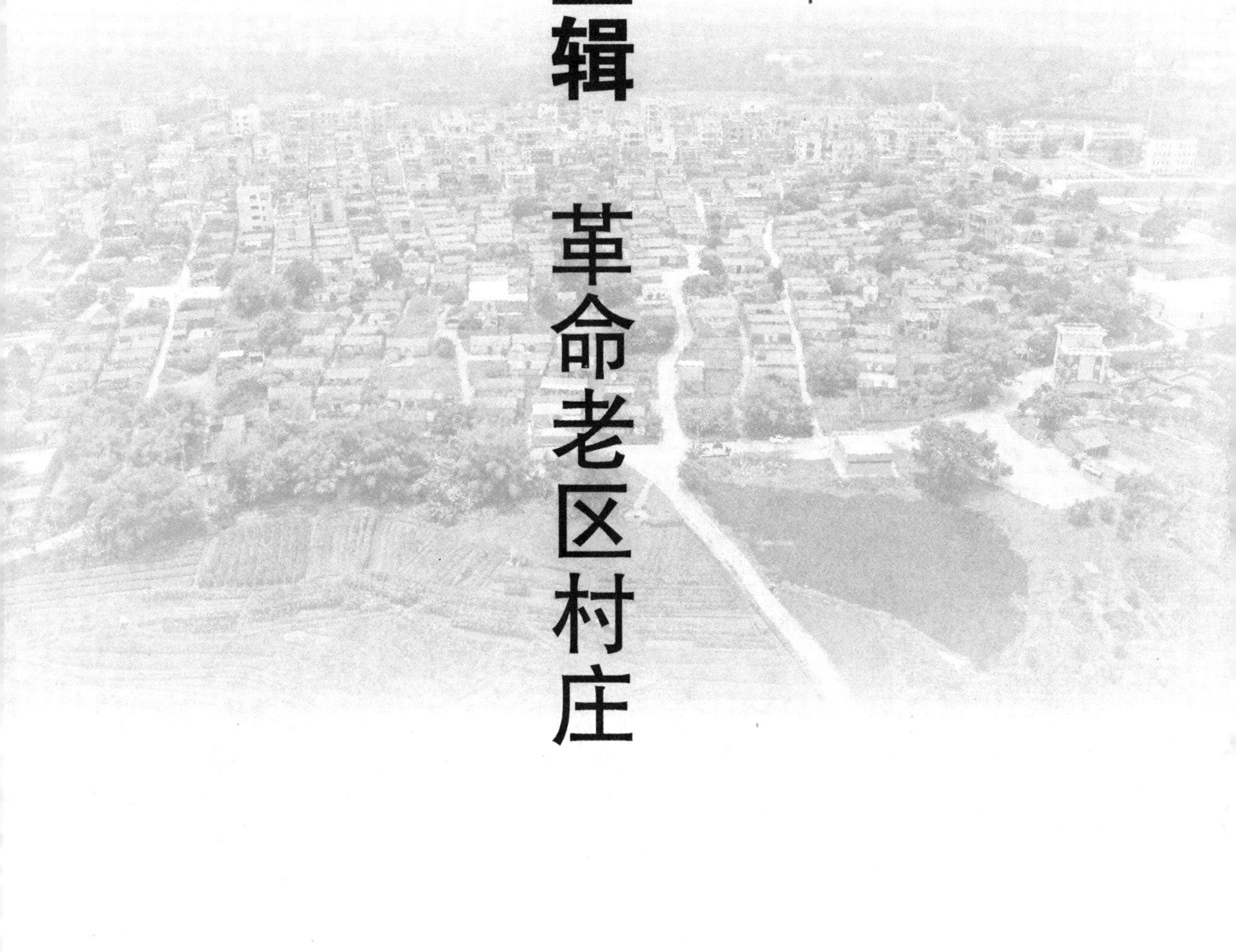

遂溪县支屋村

支屋村新貌

支屋村简介

　　遂溪县黄略镇支屋村位于国道 325 线旁，距湛江市城区约 5 公里，距遂溪县遂城东南 17 公里，人口 3300 多人（2020 年统计）。支屋支氏始祖于宋朝后期文天祥勤王时，从福建莆田迁移到雷州半岛，据《湛江市地方志》记载，1275 年（南宋朝景炎帝年间）支屋村的村民迁移现址，取名为支屋村。村民日常用语以雷州方言为主，兼用普通话和粤语。

　　支屋村支氏三房分别是：长房仲益公、次房仲英公、三房仲显公、四房仲得公。雷州半岛支氏字派顺序为：源长桂林孟爵公、仲尚益应品绳会、昌天道光世如文、景宏志字继开来。

　　雷州半岛支氏当时由于战争连年不断，前十代祖公流离失散后没有联系，支氏始祖从何地何时何因南下福建，至今尚未能追溯到原因。但是，追祖寻根是我华夏传统文化和子孙后代的责任，如今，支屋村后人还在努力，期待早日能够如愿以偿。

　　支屋村是一座具有光荣传统的革命老区村庄。早在十九世纪末，支屋村的支道省、支道从、支耀、支保光等数十名村民就参加了湛江人民抗法斗争，成为保家卫国的抗法义勇。大革命时期，共产党人在这里传播马列主义和进步思想，组织成立了以支苑道为会长的支屋农会，支道苑、支汉光、支世杰等人还参加了遂溪农军，加入革命斗争行列。在抗日战争和解放战争中，支屋村广大村民在中共南路党组织的领导和引导下，积极投身抗日救亡运动、抵抗日寇侵略和争取人民解放的伟大事业中。1939 年 8 月，支屋村便成立了成立中共支屋村党支部，先后发展了 30 多名党员。涌现出南路革命地区著名的共产党员支仁山和视死如归的共产党员支尧光，还有为新中国诞生流尽最后一滴血的烈士支秋养、支栋等一众革命志士。

　　早在 1957 年，支屋村被广东省人民政府评定为首批抗日战争根据地革命老区村庄。2018 年，遂溪县青年抗敌同志会支屋分会（通讯站）旧址被遂溪县人民政府公布为第八批县级文物保护单位。2020 年，中共湛江市委党史研究室和遂溪县党史研究室在支屋村成立了"中共湛江市党史教育基地"。支屋村还被列入湛江市 2022 年度红色示范村，打造湛江市"红色村 100"示范工程。遂溪青年抗敌同志会支屋分会旧址、支仁山烈士故居、支屋村革命烈士纪念碑三处革命遗址于 2022 年 7 月被评为遂溪县爱国主义教育基地；2023 年被评为湛江市文明村；2023 年 3 月名列第六批"中国传统村落"。

支屋村革命历史

　　1925年，雷州半岛农民运动风起云涌，遂溪的各乡农民协会如雨后春笋般涌现。翌年初，中共遂溪党组织领导人之一的颜卓到支屋村开展革命活动。其间，他与村民亲密无间，给村民宣讲革命道理，谆谆诱导，启发村民的阶级觉悟，成立了有70多人的支屋农会，推举支道苑为会长。支屋农会成立当晚，颜卓代表第三区农民协会给支屋农会授予会旗、印章和会员胸章。4月中旬，支道苑带领佩戴着会员胸章的支屋农会会员，打着会旗，手拿各色纸彩旗，一路高呼"打倒土豪劣绅""打倒反动军阀""铲除贪官污吏"等口号，直奔城月墟（当时遂溪县府所在地）参加遂溪农民协会成立大会。后来，支道苑、支汉光、支世杰等支屋农会会员参加了遂溪农军，积极投身于大革命的滚滚洪流之中。

1927年4月，蒋介石发动四一二反革命政变后，大批共产党人惨遭杀害，大革命运动跌入低潮。不久，反革命政变的白色恐怖波及雷州半岛，遂溪的各乡农民协会也遭到血腥镇压，支屋农会也被迫解散。但是，革命的种子已经在支屋的土地埋下，它在等待着发芽出土绽放的春天。

支屋村抗日救亡活动高涨

1937年7月7日，日本帝国主义发动"卢沟桥事变"，开始了全面侵华战争，在全民族奋起抗战的形势下，雷州半岛抗日救亡运动的热潮一浪接一浪，遂溪广大爱国青年、进步师生积极投入抗日救亡运动中。当时在遂溪七小（现麻章区中心小学）任教的支屋村进步青年支仁山等人组织学生在学校周边农村，采取演出小话剧、演讲、发动捐款捐物给前线将士等形式，向群众宣传抗日。

1938年7月，在广州"江村师范"读书的中共党员黄其江和陈其辉两人受党组织指派，利用暑假回到遂溪开展工作。黄其江回到家乡后即找到同学支仁山，通过支仁山等遂溪进步青年建立抗日救亡组织，团结群众开展抗日活动。1938年8月，支仁山加入了中国共产党，成为恢复重建遂溪中共党组织的首批党员之一。8月25日上午10时，由共产党员主导的遂溪青年抗敌同志会（简称遂溪"青抗会"）成立大会在遂溪中学礼堂（现遂溪县城第一小学）举行，支屋村的支仁山、支秋玲兄妹为发起人之一。大会选出黄其江、陈其辉、支仁山、殷杰、王国强、邓麟彰等共产党员和陈炎、黄枫、芦震、李品三、周程为干事会干事，陈其辉任总干事。

1938年10月，在支仁山的影响和指导下，支屋村青年抗日救亡热潮高涨，成立了遂溪"青抗会"支屋分会（即支屋通讯站），站长是支立斋，并组建了以支九忠为会长的抗日大刀会，会员有20多人，同时组织了帮工组，由支流负责，帮助因参加革命活动后家里缺乏劳力的村民抢种抢收。支屋分会成立后，组织会员参加各项有益的活动。1939年初，分会组织会员参加总会在黄略平石门头岭的露营军训，进行夜间行军，打游击战的演习、实弹射击等，使会员经历了野外生活的磨炼，掌握一些军事基础知识，增强抗日救亡武装斗争的信心与意识。

在支屋青抗分会成立的同时，遂溪中共党组织派党员沈汉英驻点支屋村，在"义直公祠"兴办民众夜校，并亲自担任教师上课。其间，先后在支屋农民夜校授课的有：支仁山、招离、王国强、黄明德、陈兆荣、黄其江、苏小婉、沈斌等共产党员，他们轮流到夜校上课，讲授抗日救亡的道理。夜校教材的"民族课本"内容丰富，还有毛泽东同志的《论持久战》《新阶段论》，以及有各位教师自编抗日故事、诗歌雷歌，还有油印的《社会发展简史》等，这些教材很有教育意义，内容丰富，易学好懂。村里的青年男女，甚至中老年人都参加学习，在夜校中学文化，学唱抗日歌曲，接受进步思想。场地不足，就在宗祠门口搭草棚作教室使用。每到晚上，村里就响起读书声和抗日革命歌声，小小的支屋村顿时沸腾起来，也影响到周边的村庄。

支屋青抗分会在办好本村民众夜校的同时，还按支仁山的要求，派出骨干到各地宣传抗日救亡运动和办夜校。如支尧光在 1938 年秋，被派到遂溪西区金围村办民众夜校；1939 年下半年，支立臣也被派到西区安塘村办夜校，和黄克明一起任教上课。

随着抗日救亡运动的深入发展，妇女半边天这支力量起了重要作用。1938年 9 月，遂溪妇女抗敌同志会（简称遂溪"妇抗会"）成立，支屋村青年支秋玲为筹备小组负责人之一，并被选为理事委员，与张雪馨一起主持日常工作。1939 年初，在支秋玲的主导下，支屋村也办起妇女夜校，教妇女识字，宣传抗日救亡思想，讲述沦陷区人民的痛苦。支秋玲还给大家讲授妇女受封建的"三从四德"压迫的痛苦，及穷人世代贫穷是由于有"三座大山"压迫剥削所致。还讲到苏联的妇女翻身解放的美景，讲我们穷人"只有跟着共产党一道积极抗日救国，才能翻身解放"的意义，在支秋玲、邓俭等人的宣传引导下，支屋村成立了"妇抗会"。会长是许惠华，会员有李埠婆、陈萍婶等一批妇女和女青年约 50 人。她们积极宣传发动群众筹钱捐物支持抗日，协助村游击小组站岗放哨，帮助交通联络站送情报信件，还在"堡垒户"配合来往进行抗日活动人员的接待工作。解放战争其间，我南路游击区医务所、担架队转移到支屋村时，支屋"妇抗会"的会员又成为后勤主力。这些女会员有：支丽、支群英、支本、支美等，后来，她们也先后参加到革命队伍中。

1939 年初，支屋村又成立抗日儿童团，有团员 20 多人，支光宗担任团长。他们的任务是协助村游击小组站岗放哨，传递书信、情报，学教（先学后教）抗日革命歌曲。还帮青抗分会油印宣传学习资料、张贴标语、维持会场秩序等，是抗日救亡运动中一支宝贵力量。支齐（公安系统离休干部）老人，对当年参加青抗夜校学习和儿童团活动的情景记忆犹新。

成立支屋党支部

在支屋青抗分会和民众夜校的广泛宣传和教育引导下，特别是受时任中共遂溪七小党支部负责人、县"青抗会"干事支仁山等革命骨干的影响，支屋一大批的优秀青年茁壮成长，先后走上革命道路。1939 年 8 月，黄明德、沈汉英、唐才猷在支屋村首批发展了支田生、支利精、支胡清、支流、支振卿、支赤、支耀、支扬生、支王喜、支尧光、支世标、支立臣、支立斋 13 名抗日救亡积极分子为中共党员，成立了中共支屋党支部，支田生任支部书记。从此，支屋村的抗日救亡运动在党支部的领导下，蓬勃发展。

党支部书记支田生是一个农民头、生产好手，在村民中有影响力。他带领党员深入群众，走家串户做群众的思想工作，宣传发动乡亲们参加抗日救亡运动，从中物色和培养入党对象。到 1945 年又先后发展了五六批新党员，他们分别是：支世尧、支九忠、支太、支景王、支世杰、支世凡、支甫、支世纯、支秋甫、支华森、支那田、支逊九、许惠华、支秋平、支光宗等，前后发展有党员 50 多人。1940 年 10 月，支田生病逝后，由于党员增多，上级要求支屋党支部分拆为两个支部，分别由支耀、支利精任支部书记。1942 年，根据形势需要，原来分拆的两个支部又合并为一个支部，支尧光、支世杰、支甫先后担任支部书记至湛江解放。

1939 年 9 月下旬，遂溪"青抗会"在西田村举行民众武装动员大会，宣传中共中央"坚持抗战，反对投降，坚持团结，反对分裂，坚持进步，反对倒退"的斗争方针；控诉日本侵略者残杀中国人民的罪行，揭露国民党顽固派消极抗日，反共反人民的阴谋。支屋村党支部组织"青抗会"成员、妇抗会骨干、儿童团长和游击小组成员参加了大会，还参加了军事训练等活动。

1940年4月，村党支部组织"青抗会"成员、游击小组成员参加在黄略举行的反汪肃奸誓师大会。大会揭露汪精卫等国民党投降派丧权辱国、卖国求荣、甘当汉奸的可耻行径。这次活动提高了支屋村人武装抗日救国的意识，增强对敌斗争的斗志，抗战骨干在革命的洪流中成长。

组建地下交通联络站、建立"堡垒户"

从1939年起，为了加强各村党支部和上级党组织交通联络，东区地下交通联络站不断增多，地下交通联络系统逐步形成，中共支屋村党支部支田生、支尧光等人在支仁山的家建立支屋交通联络站。支仁山的堂叔支甫是支屋交通联络站的站长，在支仁山的教育和影响下，其母亲梁琼大力支持革命，配合村党支部传送文件书信；同时负责接待来往革命人员。为了接待来往的革命人员，梁琼经常自己挨饿，把家里本来就不多的粮食节省下来，保证往革命人员的需要。抗战期间，支屋村交通联络站、白沙村交通联络站与中共南路特委设在泮北小学的交通联络站隔海遥相呼应，成为遂溪党组织与南路特委联系的一条重要交通线。

1939年冬，国民党顽固派在全国制造第一次"反共"高潮，1940年5月，遂溪"青抗会"被强行解散，一批共产党员和"青抗会"积极分子被通缉。根据时局的变化，中共南路特委制定"隐蔽精干，长期埋伏，积蓄力量，以待时机"的方针。根据上级的指示，支屋党支部及时转入地下隐蔽活动。同时，为保护身份暴露的同志，支屋党支部在村东支甫、村西支耀光的家设立两个"堡垒户"，随时保护好已暴露领导干部的转移与隐蔽。其间，相继有黄明德、陈同德、洪荣、黄其江、黄其通、沈醒民、沈斌、沈汉英、唐才猷、陆锦伦、王勇、唐协心、邹文茜、杨华江、梁立、陈耀明、梁广、王婉宇等领导同志来这两个"堡垒户"隐蔽，再秘密地转移到其他地方。

组建村抗日游击小组

1939年8月，村党支部根据上级"有钱出钱，有力出力，有枪出枪，有人出人"的口号精神，很快组织起以村抗日大刀会为基础的村抗日游击小组，组长是支部书记支田生。游击小组正式成立的那天夜间，在村"义直公祠"举行秘密宣誓，誓言是："我自愿加入抗日游击小组，不怕牺牲，英勇杀敌，严守秘密，永不叛变。"游击小组的成立肩负着巡逻放哨、保护村民和村财物及应付特急的战斗任务等。成员有：支田生、支利精、支胡清，支流、支耀、支王喜、支世标、支赤、支振卿、支扬生、支九忠等20多人。

村游击小组成立后，武器不足，枪支不够，村党支部作出发动全村党员群众有钱捐钱、有物捐物的决定。村民们听说是筹钱为游击小组买枪，群情踊跃，党员纷纷带头捐钱捐物，妇女们甚至把做嫁妆的首饰等值钱的东西都捐出来。支道魁、支养光和支光贵都是老实巴交的农民汉子，他们默默地把自己亲生女儿卖了给别人作童养媳，把得来的钱全部交给村党支部买枪。乡亲们的爱国热情与付出，令游击小组的兄弟深受感动，更激励了武装抗日的斗志。

1943年初，日军占领广州湾（现湛江市）和遂溪后，经常到各地"扫荡"抢粮、抓民夫作恶。上级党组织发出通知，让各村提高警惕，做好坚壁清野等防范工作。支屋村民各家各户都做了夹墙，挟套房。把粮食和值钱的东西都藏好，还挖了一些简单的藏身洞和短地道，以应急时用。

11月中旬的一天，有一支小队的日军和一伙伪军到支屋村一带来"扫荡"，站哨的儿童团员发现后，及时发出了信号。村党支部和游击小组火速指挥村民撤出村庄，藏在燕园和村周边矮树丛中。待日军进到村时，村内已是空无一人了。日军于是放火烧屋，本来已经撤到村边的老人支保光见罢，拿上一把巡田的小锄头就往村内冲，被几名日军推倒在背上脚踏踢打至奄奄一息。村外的群众和游击小组许久没见支保光出来，就吹海螺，鸣枪烧炮仗，不知底细的日本仔还认为被抗日武装包围了，就急急地撤走了。支保光被村民救醒，他说："我杀得西洋鬼，就也能杀得东洋鬼，还怕他不成？"这时，正是榨蔗时节，村民的被抢走子4笠片糖，烧了三四间草屋。这是日军第一次来村作恶。后来得知，日军的目的是想在支屋村设据点。

筹集资金支援革命

1943 年初，遂溪、广州湾被日军占领后，遂溪各地党组织积极开展抗日武装斗争，但是，抗日游击队缺乏武器装备，后勤供应也不保障。为筹集抗日资金、粮食和军需物资，保证抗日游击队武装斗争的供应。根据上级党组织的指示，支屋党支部派出党员支立斋等人到赤坎"中国大马路"（现九二一路）以开设什货店为掩护，设立交通联络站，筹集资金购买军需物资供游击队使用。该联络站先后为遂溪抗日武装筹集到多批次资金和军需物资，并通过支屋交通联络站转吴川泮北交通站送出。

支仁山还亲自点将委派党员支九忠到香港、海南筹集资金，支九忠筹集资金后，多批次派人或亲自把经费送回遂溪游击区，解决游击队经费严重不足的困境。

另外，党员支利精受东区党组织及支仁山的委派在平山洋村建立粮仓，把在乌蛇岭一带村庄筹集到的粮食储存收藏，以供应游击队随时之用。

在十四年抗战期间，支屋人在村党支部领导下，有钱出钱，有力出力，有人出人，广泛开展抗日运动和敌后抗日斗争。其中筹粮筹款多批次（数量不详），有 20 多人参加抗日武装部队，57 人被吸收入党，为遂溪的抗日游击战争作出了巨大的贡献。

反内战 求解放

1945 年 8 月 15 日，日本宣布无条件投降。当人民庆幸得以休养生息，重建家园时，国民党急于抢夺胜利果实，以华南地区"没有共军，只有土匪"为借口，疯狂"扫荡"我党开辟的抗日根据地村庄，追击残杀共产党人和游击战士。在雷州半岛，国民党军到之处，烧毁民房，抢劫财物，强奸妇女，无恶不作，反共反人民气焰非常嚣张。支仁山临危受命担任中共雷州党组织核心成员，与黄其江代表的中共雷州地区党组织，与国民党雷州地区的头面人物戴朝恩（绰号：铁胆）的代表进行两次谈判，争取实现和平民主。

根据形势的变化，村党支部根据上级党组织的"一方面是坚持斗争，保存武装，保存干部；一方面是长期打算，准备将来民主合法的斗争"指示精神，工作重点作了适时调整，教育党员注意斗争艺术和斗争方式，既要坚持秘密活动，更要依靠群众，联系群众，以一般农民的身份，投入反内战，反"扫荡"的斗争。村党支部安排了一名积极分子支守光当"白皮红心"的伪保长（后来是人称"姑仔公"的支道均），两人为了保住村庄和村中积极分子做了很多工作。另外，又指派了得力党员和积极分子参加联络站和堡垒户的工作。其间，先后接待保护过温卓华、唐多慧、黄其江、陈华、邓麟彰、邓俭、苏小婉等领导干部。

1946年4月上旬，支屋地下交通站站长支甫亲自护送支仁山、黄其江、邓麟彰、马如杰、莫志中、沈潜、陈宏柱等北撤的领导人到丰厚村交通站，再由陈川济村派出的精干武工队员保护，摸黑从丰厚村出发走了40里路，到达遂溪附城乡东边岭村支甫亲戚家，第二天晚上才乘车北撤。

交通员支世华有一次夜间护送一批领导到游击区。路上，一位领导被毒蛇咬伤，支世华不顾个人安危，用嘴吸把蛇毒吸出，自己反被蛇毒毒昏，幸亏到目的地后抢救及时，方平安无事。

1947年夏，游击队在化州甘村与国民党军发生战斗。得知有一批伤员从吴川转送来支屋村，村党支部马上进行安排，命令村游击队向四方派出远哨警戒和沿线探听敌情，并联络沿线老区村庄派出游击小组，协助保护担架队安全通过。吴川担架队送来的伤员一到村，妇女们忙着配合医护人员给伤员检查清洗伤口，给伤员洗面抹汗、喂水、喂粥喂饭，问寒问暖，亲似兄弟姐妹。党员忙着照顾担架员及护送人员喝水吃饭，而早已集合好的村担架队和护送人员连夜把伤员们安全送到在志满墟的东区医务所。

1947年，东区党组织根据遂溪中心县委"在建设和巩固遂溪游击根据地的同时，积极开辟新地区，扩大人民武装的活动区域"的指示，一是恢复巩固抗日战争时期建立的村党支部；二是在群众基础较好的村庄建立新的党支部；三是在斗争中培养发展新党员，壮大党的队伍。其间，支屋党支部又发展一批新党员，还派出老党员主动外出串联，到周边的许屋、文车、南亭、平山洋、嘉隆等村庄，以亲戚朋友的身份做进步农民的工作，培养发展新党员配合这些村成立党支部。如支世标就经常出入文车村的大、小村开展工作，帮文车村发展新党员，成立党支部和建立新交通站。

支屋村的工作开展得好，因此是敌人的眼中钉、肉中刺。在国民党反动武装加紧"清乡"的日子里，义兴乡伪乡长郑华慧亲自带领乡兵经常"扫荡""围剿"支屋村。

1947年3月，我遂溪人民武装在湛遂公路麻章大路前村路段进行伏击，击毙了国民党雷州独立挺进支队少将司令兼遂溪县县长——戴朝恩。消息传开后，支屋村民奔走相告，都说也要严惩郑华慧这坏家伙。1947年9月的一天，赤坎东区通讯站传出郑华慧带乡兵从赤坎回平石的消息，在支屋村游击队协助下，东区武工队在支屋村后岭蔗园设伏，待郑华慧一行进入伏击圈后，地雷"轰"的一声爆炸，把趾高气扬的郑华慧和乡兵吓得半死。因武工队错拿了炸碉堡的地雷，没有横向杀伤力，郑华慧逃过一劫，狼狈地逃出了伏击圈。郑华慧侥幸没被炸死，但伏击严重打击了他的反动气焰。郑华慧怀恨在心，几天后，这个没被炸死的坏家伙，又纠集更多的乡兵来支屋村报复，分两路围村"扫荡"。支屋党支部指挥游击队分东、北两个方向带领村民火速撤出村。郑华慧命令乡兵用机枪向我撤出村的群众扫射，来不及撤离的十多个村民被捉带回义兴乡伪公所做人质，郑华慧还亲自用铁棍严刑拷打，逼村民供出支屋村的党组织秘密。被捉的支屋村民面对刺刀、铁棍、老虎凳，依然守口如瓶。支世富、支梅被郑华慧用刺刀在锁骨上捅穿，再用铁线穿过拉回支屋村杀害的，还勒索家属交赔子弹钱三千大洋，才肯释放被捉的村民，并扬言，如不从，他还要杀绝支屋人。

1947年3月，为了救治在战斗中的伤员，中共遂溪县委在合流村设东区医务所。时任村党支部书记支世杰受上级安排，调到医务所任指导员，支甫同志接任支部书记开展工作。

1948年，支世杰担任东区区委委员和区长后，遂溪东区的革命斗争蓬勃发展，发展了新的游击村庄和基层党组织，组织了大批青年奔赴游击区参加武装斗争。这一年，支屋村又一批党员青年参加区中队、县大队、老八团等武装队伍，他们是：支那斌、支妃保、支那守、支世凡、支曾荣等。

配合突袭国民党南路统治中心

1948 年 7 月，中共粤桂边区党委作出积极的军事行动的决定，由粤桂边纵队二支队突袭国民党南路统治中心湛江市赤坎。攻击部队要在合流村集结，支屋党支部接到命令，把筹集到的一批大米由党员支世标、支那守等人分用两艘木帆船运送赤坎鸭嫲港，再送合流给部队。不料，船赤坎鸭嫲港时被国民党保十团兵痞截获，还把支世标等人严刑拷打，要供出运大米的秘密。支世标等人只认给米行老板运米做生意，没有透露其中一点一滴的真正机密。后在赤坎东区通信站的营救下脱险，但支世标已是奄奄一息了。

1949 年 10 月，国民党 62 军直属部队在湛江市西营（现霞山）起义，我粤桂边纵队派出部队接应。中共湛江市城区工委、遂溪东区、东南区、东海岛党组织按粤桂边党委的统一部署，发动和组织大批武工队、担架队和运输队配合战斗。起义前，支屋村派出 30 多名青年参加运输队，跟随部队进入西营。起义后，国民党军从赤坎派出部队镇压，我边纵部队在西营郊外进行阻击。作战时，由东区区委书记黄列带领东区武工队和一部分担架队运输队，冒着敌人的炮火，随作战部队进入西营城区，为作战部队救护伤员，运送弹药。边纵部队和武工队掩护接应起义部队撤退时，担架队、运输队抬着伤员，挑着枪支弹药，军需物资随部队向西撤离西营，长途跋涉回到遂溪游击根据地。东区支屋村、许屋村、南坡村、嘉隆村、礼部村和调顺岛等沿海村庄派出运输船把起义部队带出的武器弹药、军需物资装船迅速驶回东区沿海码头，由等待在码头的运输队接着把这些物资搬上岸装上牛车，车拉人挑送到黄略茅村交通站，再转送遂溪游击区腹地。支屋村的支流、支景王、支世尧和支贤光、支齐、支陈发等人参加这次任务。

1949 年 11 月，我南路革命武装摧毁义兴乡的炮楼，伪乡政权宣告倒台，东区全境解放。

1949 年 12 月中旬，粤桂边纵队第二支队、第六支队协同南下大军解放湛江。东区区委和区人民政府在东区组织了近千人，组成担架队、运输队。战前，支屋村还是向区长支世杰和区委书记讲情，才争取到派出 30 多名民工参加运输队参战。战斗是从 17 日开始打响，一直打到 19 日黄昏，战斗中，东区的抬担架的队冒着炮火，把伤员抢下来抬到安全的地方；抢运弹药的运输队更是危险，攻击部队打到那里，就要冒着炮火及时把弹药送到那里，保证弹药充足。

解放湛江的战斗空前激烈，如边纵部队攻打敌人设在西营逸仙路京华酒店的指挥部，从酒店一楼到四楼的楼面、墙壁、阳台、楼梯血迹斑斑，弹痕累累，敌军尸体狼藉，敌人死伤过半后才不得不放下武器投降。

战斗结束后，运输队又及时把大批缴获的武器物资全部运走。战斗过程中，尽管黄略村后勤队把饭送到战地，可在紧张激烈的战斗中，担架队和运输队的队员们都顾不上吃，大家都是喝了一口水，又跟着攻击部队前进。

支援解放海南岛

湛江解放后，支屋人又积极响应中共东区区委的号召，投入解放海南岛的支前工作中。在南下大军战前准备其间，东区区委提出以党员带动群众，开展党员捐献运动和"与各区竞赛在全县争第一"的口号。支屋党支部积极宣传发动党员干部带头捐款捐物，为南下大军解放海南岛作贡献。在党员干部带领下，支屋村的捐献活动非常踊跃，有钱捐钱，有物捐物，有粮捐粮。其中，有些党员把卖猪卖粮的钱捐了出来，很多村民捐出鸡、鸭、鹅和存米存谷，甚至谷种都捐了出来。支屋村人口不多，但也捐出10000多斤粮食。这段日子，村里各家各户的谷磨转个不停，碓也响个不休，都忙着为南下大军磨谷舂米。当时支屋村也驻了南下大军的一个营，营部就驻在"义直公祠"。各连就分散住各家各户，村东的小祠堂和村西的"支氏祠堂"也都住上了解放军。村民们把门板、稻草都拿出来送给解放军铺床，村党支部还组织人员架起大锅烧水给战士烫脚，杀猪、杀鸡、杀鸭、煮饭炒菜给战士们改善生活，妇女姑娘们也忙着给战士们洗衣服、补衣服等。支那斌、支妃保参加了解放海南岛渡海作战，任务是为部队做翻译。解放海南岛战役结束后，他们两人都获得解放海南岛纪念勋章。

结　语

新民主主义革命时期，支屋人听党话，跟党走，自觉肩负历史责任，面对危难不动摇，在革命遭受挫折和处于低潮时信念不改，信心不变，表现了大无畏的革命精神。革命胜利来之不易，是先辈们浴血奋战的结果，先辈们大无畏的牺牲奉献精神将激励支屋人赓续红色基因，发扬光荣传统，继承好先辈们为之流血牺牲的革命事业；把支屋村建设好，与时俱进，继往开来，为中华民族的伟大复兴，为实现"两个百年"奋斗目标而努力前进。

支屋村部分解放前参加革命老同志（含烈士）生平

支仁山：男，1916年4月出生，参加革命后曾化名"朱强"，因指挥战斗智勇双全名震高雷地区。1938年8月加入中国共产党，1939年先后担任中共遂溪中心县委委员和中共电白县委书记，1940年5月至1943年担任中共遂溪县委书记（含特派员）。1944年10月9日，参与领导"老马起义"后，担任雷州人民抗日游击队第一大队大队长、南路人民抗日解放军第二团团长兼政委。解放战争时期，先后担任粤桂边人民解放军第二支队司令员和粤桂边纵队政治部副主任，1950年担任高雷地委委员、高雷军分区政治部副主任。1950年11月21日下午，支仁山因战争年代留下的伤情恶化，不幸病逝于广东省军区医院，享年只有34岁。后被追认为烈士。

支尧光（又名支太光）：1911年2月28日出生，三兄弟中排行第二，从小在村中私塾读书。1938年9月，支尧光和支秋玲（支仁山胞妹）等人奔赴遂溪西区金围村一带办抗日民众夜校，是"青抗会"第一批战时乡村工作队队员。1939年2月，支尧光和支秋玲等人同批加入中国共产党。下半年，支尧光和支秋玲受支仁山指派，在西区各村发展党员和组建党支部。其间，支尧光担任西区金围村党支部书记。1942年，担任支屋村党支部书记。1943 年，为发动叶屋村一带的群众参加抗日救亡运动，党组织指派从小习武的支尧光前去叶屋村的叶氏宗祠开设武馆教授武术，组建抗日游击小组，发动群众参加抗日武装斗争。1948 年 5 月，支尧光在遂溪西区被捕，被捕后宁死不屈，最后被敌人生宰而牺牲。

支秋玲： 女，1921 年 1 月出生，支仁山烈士胞妹。1935 年至 1937 年在遂溪中学读书，"卢沟桥事变"后，在胞兄支仁山的影响下，积极投身抗日救亡运动。1938 年 9 月，支秋玲和张雪馨等人发起组织遂溪"妇抗会"，任理事会委员。1939 年 2 月加入中国共产党，曾任遂溪县妇女工作委员会委员；其间，参加遂溪"青抗会"战时乡村工作队，在遂溪东区及中区麒麟山村一带开展抗日救亡工作。1940 年，撤退到东海岛从事妇女运动，在东海党组织担任妇女支部书记。1942 年 3 月，响应中共遂溪党组织的号召，赴徐闻下洋一带开展抗日救亡工作，参与开辟徐闻抗日游击新区。其间，担任中共徐闻县特别支部委员、中共前山小学妇女支部书记，1942 年底，徐闻特支撤销后，支秋玲撤离徐闻回遂溪抗日游击区。1943 年 4 月，再次奔赴徐闻，住在林飞雄家，在甲村小学以当教师为掩护，开展农村妇女运动，发展党员，建立游击新区的基层党组织。1943 年 12 月，调回遂溪抗日游击区负责妇女运动，任妇女主任、支部书记等职务。1947 年 12 月，调任中共海康县妇委书记兼海东区区委副书记，为建立海（康）徐（闻）游击根据地中做了大量的工作。

湛江解放后，曾先后担任中共湛江市委党校副校长、湛江棉纺厂党支部书记、湛江市拖拉机总厂副厂长、湛江市总工会副主席等职。离休后，享受副厅级待遇。2014 年病逝。

支世杰： 小名支荣，男，1902 年 11 月 2 日出生。大革命时期曾是遂溪农军战士，1932 年底斜阳岛战斗失败后，支世杰和另外一男一女农军战士被当地群众认领而幸免于难。回来遂溪后，1938 年参加遂溪"青抗会"，1940 年参加支屋村抗日游击小组。1942 年在平石一带搞情报工作，经过组织考验，由陈同德介绍加入中国共产党。1945年10月任村党支部书记和情报组长，1947年3月被坏人告密，身份暴露后调任遂溪东区医务所指导员。1948年2月—1949年11月任中共遂溪东区区委委员；1948年12月—1949年11月任东区解放政府区长；湛江解放后改任三区人民政府区长。1950年初兼任解放海南岛东区支前指挥部负责人。后一直在遂溪银行任职，1965年退休，1981年逝世。

支胡清：男，1920年农历十月初二出生。从小家境贫寒，9岁丧父，一家七口生活由母亲苦苦支撑，大哥14岁便挑起养家责任，一个年幼的妹妹卖给他人。

1937年，支胡清经支仁山、黄其江、沈斌等同志的介绍，参加抗日救亡活动，1939年加入中国共产党，后被派到遂溪、吴川、廉江等地当地下党联络员，负责情报工作。抗战后期参加武装斗争，先后在南路抗日游击队、老一团、新一团参加了大大小小无数的战斗。担任便衣手枪队长其间，带领54名队员历经无数次残酷的对敌作战，最后战至仅存4人。其间，支胡清也在遂溪白水塘对日军的作战中，身负重伤几近丧命，至逝世之前，脚上尚残留日军弹片。解放战争时期，支胡清一直在粤桂边纵队司令部担任警卫工作。湛江解放后，支胡清先后就职于华南分局、中南局、广东省委机关部门；1956年调到华南工学院（现华南理工大学）。1986年在华南理工大学离休。1999年病逝。

支钟文：1913年出生，支尧光烈士胞弟。1938年9月在广州"江村师范"读书时，和陈兆荣、沈汉英、陈德生、陈方、叶信芳、谢兆绣、崔永康7人一起，由黄其江介绍加入中国共产党。1939年1月被党组织安排从广州返回遂溪开展工作，与唐才猷、沈汉英等同志分配在遂溪"青抗会"乡村工作队，参加第一批战时乡村工作队到黄略村开展抗日救亡工作。同年5月，与王国强、王福秋等同志在黄略村一起发展党员，黄略村成立党支部后任支部书记。同年10月，主导遂溪"青抗会"黄略通讯站（青抗分会）成立，并在民众夜校亲自上课。后又到九东发展党员，成立九东党支部，同时办起九东村民众夜校，开展抗日救亡工作。国民党制造第一次"反共"高潮时，支钟文因身份暴露，被列入国民党逮捕人员黑名单。后被党组织派往广州、香港隐蔽，为党组织筹集活动经费。解放后留在广州工作，"文化大革命"期间曾受到冲击。

支甫：男，（1923—2007.5）。1938年10月参加遂溪"青抗会"。1939年参加支屋地下交通联络站的管理，后任站长。1942年3月加入中国共产党。负责村情报小组工作，经常在平石一带搞情报。

1947年4月至1949年12月担任支屋村党支部书记，兼村游击队队长、情报组长。

1949年12月在高雷军分区政治部工作。

1950年年初转业，先后在粤西贸易公司、广东省纺织品湛江采购批发站工作，任秘书股长，1988年离休。

支九忠：男，1920年10月出生，1938年10月支屋青抗分会成立时组建抗日大刀会，支九忠任会长；1939年8月参加村抗日游击小组；1941年8月加入中国共产党。1943年遂溪抗日武装经费处于最困难时期，受支仁山同志的委派到香港、海南筹集经费，并派人或亲自送回多批次资金解决武装部队的燃眉之急。同时以香港商人的身份往来于香港、海南、遂溪、灵山、博白之间，为抗日和解放事业东奔西跑。他曾在海南岛的海口巧妙地摆脱国民党特务的跟踪、追捕，并营救地下党组织的许多重要领导同志。解放后，支九忠定居在香港，开办南丰食品有限公司，与内地开展贸易往来，从事爱国活动。在参加北京的一次国宴上，支九忠和父亲受到曾被他营救过的这些高级领导同志的亲切接见和敬酒。

支立斋：男（不详—1985.1）。20世纪30年代中期在海康（现雷州）读书，1936年毕业于雷州师范学校。1938年10月，遂溪"青抗会"支屋通讯站（支屋分会）成立，支立斋任通讯站站长，主持日常工作。此外，他在兴办支屋抗日民众夜校的过程中，与支田生等积极分子配合沈汉英做了大量的宣传发动工作；1939年8月加入中国共产党。1940年5月，遂溪"青抗会"被强行解散后，支立斋参加村抗日游击小组；同年下半年，被派往赤坎在中国大马路（现九二一路）开什货店为游击队购买药品等军需物资，并以什货店为掩护设立地下交通联络站（任站长），为上级党组织与游击队传递情报书信等。一次，沈斌和沈汉英在什货店被特务跟踪并包围，他机警地从下水道把他俩救出了险境。

湛江解放后，支立斋曾任湛江市粮食局霞山粮管所主任。1952年夏开展"三反"运动时，支立斋被错误处理回支屋村务农，1985年1月平反，次日不幸逝世。

支秋甫： 男，1921年5月出生。1938年参加遂溪"青抗会"。1944年6月加入中国共产党，曾与支利精一起，被村党支部委派给吴川泮北南路特委交通站送去为游击队筹集的经费一批。1944年上半年和本村青年支康生等人一起，被村党支部安排参加担架队，给抗日游击队抬伤员。

1944年6月至1947年6月，先是被派赤坎东区通讯站负责情报工作，后调深沟交通站任站长。

1947年7月至1949年10月分别在遂溪中区、东区税站工作，1949年11月至1950年6月，担任东区支援解放海南岛指挥所负责人；1951年2月在遂溪贸易公司工作；1951年3月至1978年6月分别在遂溪杨柑、城月、太平等粮食部门工作。1964年参加"四清"运动期间，曾在洪水中勇敢救起一名青年，获得"舍己救人英雄"称号。离休后享受副处级待遇。

支利精： 男，出生时间不详。1938年10月参加支屋青抗分会。1939年8月加入中国共产党，参加支屋抗日游击小组，任组长。1940年任村党支部书记，情报组长；1944年受上级党组织和支仁山同志的委派到乌蛇岭一带开展发动抗日武装斗争，发展党员，成立党组织，组建联络站，并在平山洋村建立秘密粮仓，筹集粮食储藏，以供抗日武装部队随时使用。后任乌蛇乡乡委、乡长和深沟交通联络站站长。湛江解放后，在遂溪县雷东林业局担任局长。

支王喜： 男，1922年10月出生。1938年10月参加支屋青抗分会，1939年8月加入中国共产党。抗战期间参加武装斗争，1944年8月，参加支仁山、唐才猷等人组织发动和领导的"老马起义"，还参加了袭击遂溪风朗机场等战斗。先后任粤桂边人民抗日游击队战士，粤中纵队独立一团团长警卫员、班长、排长、副连长、连长等职。在战斗中总是冲锋在前，英勇顽强，多次获上级表扬和奖励，荣获中华人民共和国二级勋章；二级解放勋章等。解放后曾担任广州某区武装部、新会武装部任部长。1955 年 11 月转业，在广西百色凤山县油脂公司担任经理；1958 年，调任广西一华侨农场主任；1965 年 3 月，任广西德保县人民银行主任；1978 年 5 月，调回遂溪县农业银行，1980 年 12 月离休。

支立臣：男，出生时间不详。1939 年 8 月加入中国共产党。1939 下半年参加遂溪"青抗会"第二批乡村工作队到西区安塘兴办民众夜校，发动群众宣传抗日救亡，与黄克明一起任教上课。后曾被派到文车乡当"白皮红心"政权乡长。同年受党组织的委派，利用其母舅吴仙统（在雷州）当国民党书记员的关系，打入敌人内部到电白县任国民党县长（与共产党组织为单线联系）。

1947 年 9 月，义兴乡乡长郑华慧"扫荡"支屋，抓走 30 多名村民作人质，还勒索赔子弹钱三千大洋，是支立臣的母亲刘巷（包脚女人），走路到义兴乡找郑华慧施加压力，支立臣还亲自回来交涉，郑华慧才把人质放了。湛江解放后，支立臣在吴川某中学教书。土改期间受到冲击在家务农，1958 年下半年，担任支屋半农半读仁山中学校长并任教。20 世纪 80 年代获落实政策，享受离休待遇。但通知落实政策送达时，支立臣已病逝。

支栋生：男，1926 年 8 月 21 日出生。1943 年，在黄略戊戌中学读书时参加工作队到乌蛇岭一带开展抗日工作。在平山洋村办民众夜校，组织农会、妇女会，把这一带的抗日救亡运动搞得红红火火。1945 年 9 月，在学校党组织的培养下加入中国共产党，担任学生会主席和学校党支部书记。1947 年 3、4 月间，响应党组织的号召，离开学校参加武装斗争，被分配在粤桂边纵队人民解放军新编一团（后改八团）政工队工作，跟随八团征战南北，多次北上化廉，恢复革命老区；数次南下海徐，扩大根据地，时任团政工队指导员。因艰苦的战斗生活而积劳成疾，于 1949 年夏病逝在西征的途上，英年仅 23 岁。

缅怀亲密战友支秋养同志

支秋养同志是于 1949 年 5 月在海康县扶桥村与敌 62 军 153 师激战中光荣牺牲的。他的牺牲使当时的八团失去了一位优秀干部。我失去了一位亲密战友。他离开我们已经四十七年了，但他那笑容可掬的面孔、诚恳待人的态度、勇猛顽强的战斗作风、坚定的革命意志，仍深深地印在我的脑海中。

秋养同志系遂溪支屋村人。我和他相识是 1946 年在遂溪县戊戌中学读书的时候。那时戊戌中学有我党的秘密支部，我就是那时入党的。1947 年初，党组织号召党员参加部队搞武装斗争。我和一批同学响应党的号召参军去了。秋养同志当时还不是党员，但受党的影响，随后也加入了部队。他到部队后，恰好又和我同分配在一个连队，即新一团教导连（后改为八连）当教育员。从此，我们一起生活，一起战斗。我们跟随八团征战南北，在环境悉劣的情况下一同在黎地"踞山"渡过了那一段艰苦岁月，多次上化（县）、廉（江），恢复革命老区；数次南下海（康）、徐（闻），扩大游击根据地。1949 年 4 月，在遂溪洋青歼灭敌 153 师 451 团的战斗中，秋养同志勇敢作战，表现出色。八团领导就把他调到二连任副指导员。1949 年 5 月间，秋养同志在海康扶桥战斗中光荣牺牲。他牺牲时我不在场，我是在战斗结束后才知道的。因此，未能最后见他一面，至今仍感到是一件憾事。

支秋养同志待人和蔼，与同志们关系很好，战士们都喜欢他。他相貌英俊，肤色白皙，说话慢条斯理，同志们常开玩笑说他像个姑娘，搞文艺演出时也要他扮演女角色。因此，大家都称他为"娘仔"。就是这样一位温柔斯文的同志，在战斗中却像一只猛虎。1947 年初至 1949 年 5 月他牺牲时，两年多时间内，八团打了不少恶仗，他几乎都参加了。在战斗中，他冲锋在前，退却在后，勇敢灵活，屡立战功。

1947 年冬，八团在遂溪县西北区某村收缴地主恶霸的枪支。狡猾的恶霸把手枪藏在尿桶中，但仍被机警的秋养同志搜到了。从此，他成了"双枪将"（一支长枪、一支短枪），大家都很羡慕他。

1948 年 4 月，八团在遂溪县城至安铺镇公路上的骑牛岭，伏击敌保二团，毙敌副营长兼一连长周南湘以下 18 人，俘敌十余人。缴获轻机枪两挺，步枪

30余支。敌连长周南湘的左轮手就是秋养同志缴获的。

1949年4月，八团在遂溪县洋青圩与敌153师451团缴战，从早上9时一直打到天黑，战斗非常激烈。八团在新四团及当时地区中队和民兵的配合下，将敌全歼。计毙伤俘敌500余人。缴获重机枪2挺、八二迫击炮4门、六零迫击炮3门、轻机枪9挺、电台1部、长短枪200余支。其中，日式九二重机枪1挺就是秋养同志缴获的（只缴获枪身，枪架未找到）。

秋养同志那时候仍在八连，我当时已到机枪连当连长。我连也缴获轻机枪1挺、步枪十余支。那时八团没有健全立功制度，不然，秋养同志是完全可以被评为战斗英雄的。

他确确实实是个屡立功的英雄。

随着光阴的流逝，秋养同志离开我们已经47年了。他虽然没有看到胜利，没有看到新中国的成立，但他的血没有白流，他为之奋斗的目标实现了。蒋介石的独裁统治垮台了，新中国诞生了。特别是经过改革开放，国家经济建设取得显著进步，人民生活得到很大改善，我国的国际地位大大提高了。如秋养同志在九泉有知，也会感到欣慰的。

支秋养同志安息吧！

原粤桂边纵队十八团（即八团）一营营长陈超

一九九六年十二月于北京

注：上文由支秋养亲属提供。

　　陈超：男，汉族，1930年6月出生，遂溪东区（今属赤坎区）陈川济村人。1946年春，陈超就读于戊戌中学时在学校参加中国共产党。1947年3月，投笔从戎参加南路人民解放军，先后在新编第一团和第八团，转战遂溪、海康、徐闻各地，参加大小战斗40余次。先后任教育员、副指导员、机炮连连长、指导员、副营长、营长等职。1949年12月率部参加解放湛江市战斗。解放后，先后任高雷（南路）军分区参谋、粤西军区参谋。

1955年调到中国人民解放军总参谋部动员部，历任参谋、处长、部长等职。1990年调到兰州军区担任军区副司令员，中将军衔，荣获中央军委颁发的三级解放勋章和胜利勋章。

注：陈超将军解放前曾经随部队在支屋村战斗过，2019年12月，他在受邀回湛江参加纪念湛江参加湛江解放70年活动期间，曾重访支屋村并给支屋村题词；支屋村人民非常敬重这位曾经为南路革命和解放湛江出生入死的一代战将。

参观单位签到表

负责人姓名	陈超	职务	
单 位			
联系电话			
题词	支屋革命老村庄 后人要牢记先辈的革命 发扬革命精神，把村的 建设搞好。		
观日期	2019年12月7日	参观人数	6人
）捐款			
单位			
姓名			

李进阶：男，1916年11月出生，汉族，遂溪县洋青寮客村人。

1933年，李进阶在遂溪中学读书时，与当时在寮客小学教书的陈以大及支仁山相识。在陈以大的影响下，三人志同道合，开始接受共产主义思想。

李进阶在遂溪中学初中毕业后考上广州二中读高中，1935年夏在学校参加由中国共产党领导的"秘密读书会""学习社"等进步组织，学习、宣传革命理论，声援"一二·九"学生运动。随后，他又参加了广州市"学抗会"、省学联等进步抗日团体。1938年5月，李进阶加入中国共产党。抗日战争时期，任中共恩平县委候补委员、区委书记。1940年，被党组织派遣到国民党顺德县党部进行上层统战工作。1942年起任珠江纵队中山游击大队政训室主任、副政委、政委，中区人民解放军团政委、军政督导员。解放战争时期，于1946年6月参加广东抗日武装北撤山东解放区，任营团干部大队政治指导员。1947年起，他先后任中央工委土改工作团团长、华北军政大学政治教员、北京市委政策研究室副组长、北京市军管会秘书。

新中国诞生后，1950年2月8日任南路专署专员，1952年调离南路专员公署，参与组建的粤西垦殖分局工作，1954年6月任粤西垦殖分局局长。1955年，李进阶担任粤西区党委第一副书记、华南农垦总局副局长、广东省委国营农场部副部长。1965年3月至1966年4月任广东省委农村部副部长、广东省农业办公室代主任、广东省委农村部部长。1966年4月任中共广东省委监察委员会书记，"文化大革命"中下放广东曲江"五七"干校劳动。1971年起，他先后任广东省革命委员会农业办公室副主任兼贫协副主席，省水产局革命委员会主任，省农林水办公室党委副书记、副主任，省农垦总局党组副书记、副局长，中共广东省委农业学大寨办公室副主任。1978年起，担任中共广东省委纪律检查委员会常务副书记、省委常委。1989年离休。李进阶是中国人民政治协商会议第一届全体会议华南解放军候补代表，中共广东省第二、第四届委员会委员。1993年9月6日在广州病逝，终年77岁。

陈以大：曾用名陈自可，1912出生于西营（现湛江市霞山区）的调罗村。1933年，在遂溪洋青寮客小学教书时，和支仁山、李进阶志同道合，一起接受进步思想。1938年1月参加革命，同年11月加入中国共产党，是抗战期间中共南路党组织恢复重建后发展的党员。1939年3月，中共广州湾支部在广州湾西营（现湛江市霞山区）菉塘村成立，陈以大担任支部宣传委员，是中共广州湾支部的创始人之一。

湛江解放后，曾担任湛江市建筑工程公司党委书记、经理，广东省第四建筑工程公司（后改为省八建）党委书记、湛江地区建委副主任兼地区建筑工程公司（前省八建）党委书记。1983年离休享受地厅级待遇，任市政协顾问，1995年逝世。

黄其江：遂溪县城月镇平衡村人，1914年5月26日出生。1937年2月在广州"江村师范"参加革命，1938年6月参加中国共产党，后受广东省委组织部派回遂溪开展抗日救亡运动和重建南路地区党组织。1938年8月，在遂溪组建"遂溪青年抗敌同志会"；其间，介绍支仁山、邓麟彰、唐才猷、殷杰、招离5人加入中国共产党；9月回广州汇报遂溪工作期间，在"江村师范"介绍沈汉英、陈兆荣、支钟文、陈德生、陈方、叶信芳、谢兆锈、崔永康8人入党。10月重返遂溪，先后担任中共遂溪县中心支部、中共遂溪县工委、中共遂溪中心县委书记。1944年8月，参加组织发动"老马起义"，同年10月至1946年4月，先后担任雷州人民抗日游击大队政治处主任，南路抗日人民解放军一支队政治处主任、雷州地区党组织统战委员。1946年4月被党组织安排随东江纵队北撤山东烟台。1947年11月调回南路工作，1948年3月下旬参与组建粤桂边人民解放军第二支队第八团。

湛江解放后，先后担任高雷地委常委兼组织部部长、高雷行署副专员、中共华南分局直属机关党委副书记、华南分局统战部、工业部秘书长、广东省工业部副部长、湛江地委第三书记等职；1959年担任湛江医学院副院长，1962年起先后担任党委书记兼副院长；1978年担任广东省高教局副局长。1985年12月离休，2008年1月19日在广州病逝。

黄明德：男，1913年5月出生，湛江市东海岛人。抗战时期参加革命，先后在遂溪、化州、吴川、廉江等县历任区县委书记、特派员、桂东南分委书记、粤桂南地委书记、广东南路人民解放军大队政委、粤桂边人民解放军团政委、中国人民解放军粤桂边纵队第一支队司令员兼政委。湛江解放后历任茂名县委书记、粤西区党委委员、湛江地委副书记、书记处书记兼湛江市委第一书记、湛江市武装部第一政委、省机械工业厅党组书记、厅长、湛江地区革委会常委、湛江地委副书记、湛江地区行署专员、广东省革委会委员、省委委员、省顾委委员。1990年12月离职休养。1991年9月省委批准享受副省级医疗待遇，2005年5月12日病逝。

邓麟彰：男，1917年出生，湛江市东海岛民安镇邓屋村人。1933年在海康"省立第十中学"读书时，黄其江组织邓麟彰和唐才猷、阵其辉、陈兆荣、沈汉英、黄彪等人成立读书小组，学习左翼文学和进步思想。1938年8月参与组建组织遂溪"青抗会"，并担任干事会干事。1938年10月和陈兆荣等人一起被党组织派到丰厚一带开展抗日救亡活动和发展革命力量。1939年1月，中共遂溪中心支部成立，邓麟彰为支部委员；同年5月，中共遂溪县工作委员会成立，邓麟彰为支部委员；同年 10 月，中共遂溪中心县委成立，邓麟彰为副书记兼东区区委书记。1940 年 2 月，中共遂溪中心县委撤销，邓麟彰担任新成立的中共遂溪县委书记，同年 5 月调到中共南路特委工作，由支仁山接任书记。1941 年因身份暴露被撤退到茂名，1945 年 1 月担任南路人民解放军第三支队政治处主任，1945 年 9 月，和黄其江、支仁山一起协助中共雷州特派员陈恩工作。1946 年 6 月随东江纵队北撤山东。海南岛解放后，邓麟彰曾担任海南地委宣传部部长等职。

沈汉英：男，1917 年出生，湛江市东海岛民安镇人。1933 年在海康"省立第十中学"读书时，黄其江和唐才猷组织沈汉英、陈其辉、邓麟彰、陈兆荣、曾锡驹、谢兆绣、黄彪等人成立读书小组，学习左翼文学和进步思想。后考入广州"江村师范"，1938 年 8 月被派回遂溪开展工作，参与组建组织遂溪"青抗会"，并担任干事会干事。1938 年 9 月回"江村师范"，和陈兆荣、支钟文、陈德生、陈方、叶信芳、谢兆绣、崔永康 7 人一起，由黄其江介绍入党。1938 年 10 月被党组织再次派回遂溪工作，1939 年 6 月被调到吴川开展工作，1940 年 3 月，中共遂溪中心具委成立，沈汉英担任中共遂溪西区区委书记，1941 年调任中区区委书记。1942 年，南路特委根据省委指示，改党委为特派员制，南路地区分为高州、钦廉、雷州三片实行单线联系，支仁山任遂溪东、中片特派员，后沈汉英接任。1946 年 4 月，南路部分干部随东江纵队北撤山东后，遂溪党组织的领导工作由沈汉英全面负责，6 月任中共雷州特派员。1947 年 5 月 20 日，根据中共粤桂边地委的指示，遂溪中心县委在遂溪中区叶屋村成立，统一领导雷州半岛党组织，沈汉英担任中心县委书记。同年 11 月，遂溪中心县委撤销，中共雷州工委成立，沈汉英担任工委书记。

湛江解放后，沈汉英先后担任中共合浦县委书记、广东省航管局书记等职。

革命老区支屋村风云录

支屋村是遂溪黄略镇的一座小村庄，但也是一座具有光荣传统的革命老区村庄。早在 19 世纪末，支屋村的支道省、支道从、支耀、支保光等数十名村民就参加了遂溪人民抗法斗争，成为保家卫国的抗法勇士。大革命时期，共产党人在这里传播马列主义和进步思想，组织成立了以支苑道为会长的支屋农会，支苑道、支汉光、支世杰等人还参加了遂溪农军，加入争取农民彻底解放的斗争行列。在抗日战争和解放战争中，支屋村广大村民在中共南路党组织的领导和引导下，积极投身抗日救亡运动、抵抗日寇和争取人民解放的壮丽事业中，涌现出南路革命武装著名战将支仁山和视死如归的共产党员支尧光，还有为新中国诞生流尽最后一滴血的烈士支秋养、支栋等一众革命志士。

青抗分会和农民夜校影响大

1937 年 7 月 7 日，日寇借七七事变发动全面侵华战争，在中华民族最危急关头，中国共产党在全国范围内开展抗日救亡运动，团结动员各阶层民众组成抵抗日寇侵略的统一战线。1938 年 8 月，恢复重建不久的中共南路党组织成立了遂溪青年抗敌同志会（简称为遂溪"青抗会"），此时，支屋村入党才一个月的进步青年支仁山便参与了"青抗会"的筹建，成为发起人之一，支仁山还担任了干事会的干事。在支仁山的影响下，支屋村广大青年的抗日救亡热潮迅速高涨，1938 年 10 月，支仁山亲自指导支屋村率先成立了遂溪青年抗敌同志会支屋青抗分会（也称为支屋通讯站），会长（站长）由支立斋担任。支屋青抗分会还设有大刀会和帮工组，大刀会组织会员参加军训，练习射击和学习打游击等军事知识，等同准军事组织，后来便演变为村游击队。帮工组则主要为因参加抗日救亡活动而耽误农活的村民家庭帮工，农忙时帮助抢收抢种庄稼，消除后顾之忧。支屋青抗分会的主要成员后来大都成了共产党员，有些成了后来南路革命力量的骨干。

为有效传播抗日救亡道理和革命思想，在支屋青抗分会成立的同时，支屋村还办起了农民夜校，农民夜校的地点就设在支屋青抗分会所在的支屋义直公祠里,由共产党员沈汉英专门驻点担任教师授课,南路地区著名的共产党员和领导人黄其江、黄明德、王国强、陈兆荣、招离、沈斌、苏小婉等人都曾轮流在支屋村农民夜校上过课传授进步思想和革命道理。支屋农民夜校的课本以识字课本为主,也有各位教师自编的抗日故事、诗歌雷歌,亦有通俗易懂的《论持久战》和《新阶级论》这些名著,这些课本和教材内容丰富,易学易懂,并富有教育意义。当时,参加夜校学习的青年村民很多,甚至许多中老年的村民也积极参加。每天晚上,在村里的义直公祠都会响起琅琅的读书声和抗日革命歌曲,很快,小小的支屋村顿时成了抗日救亡运动的一大基地,迅速影响了周边的其他村庄。从1938年底至1939年下半年,支屋村农民夜校先后有支尧光、支立臣、支钟文等人被上级派去遂溪西区和邻近的村庄兴办农民夜校,扩大了抗日救亡运动和引导农民参加革命的影响力。

地下交通联络站和堡垒户作用显著

1939年起,中共南路特委在支屋村所在的遂溪东区范围开设多个地下交通站,支屋村地下交通站就是其中一个重要站点,具体地点就是支仁山的家。当时,支仁山和唯一的妹妹支秋玲已经外出参加革命活动,其间,支仁山先后任中共遂溪中心县委委员、中共电白县委书记和中共遂溪县委书记,支仁山自幼丧父,此时家里就是剩下一个老母亲梁琼。受儿子、女儿的影响,梁琼大力支持革命,关心爱护来往联络站的人员,经常把家里本来不多的粮食节省下来,供过往的人员食用。梁琼还不顾自己年老体弱,经常配合村党支部工作,亲自送信和掩护领导同志转移等具体工作,被大家称为革命母亲。当时,支屋村地下交通站和邻近的白沙村地下交通站,与对面隔海相望的坡头(原属吴川)泮北小学地下交通站遥相呼应,是中共南路特委机关一条相当重要地下交通线。

1939年冬至1940春,国民党顽固派在全国掀起第一次"反共"高潮,1940年5月,遂溪"青抗会"被迫解散,此时,曾在遂溪一带开展工作的共产党员和"青抗会"骨干、积极分子被通缉。根据形势的变化,上级党组织制定"隐蔽精干,长期埋伏,积蓄力量,以待时机"的斗争方针。支屋村党支部和地下交通站根据上级的指示,在村东面的支甫家、村西面的支耀光家分别设立了两个隐蔽场所（"堡垒户"），先后有黄明德、陈同德、洪荣、黄其江、黄其通、沈醒民、沈斌、沈汉英、唐才猷、陆锦伦、王勇、唐协心、邹文茜、杨华江、梁立、陈耀明、梁广、王婉宇等同志来到这两个隐蔽场所隐蔽生活。

支甫同志是支仁山烈士的堂叔，但年纪比支仁山烈士年纪小，受支仁山烈士的影响，他1938年10月就参加了"青抗会"。支屋村地下交通站设立后，支甫便参与管理，后任站长；还先后担任支屋村党支部书记和游击队的队长。支甫生前曾回忆过，当时由于在他家隐蔽的人多，有许多还是伤员，房子不够住。幸好他家有一大片祖宗分配的果园，于是他在果园中搭起了许多窝棚，让伤员住在窝棚里便于隐蔽。为了掩人耳目，他还经常带着染病在身的妹妹到赤坎的药店买药回来给伤员治伤，到后来，这个果园也一度成了游击队的一个医疗所，许多受伤的游击队员都被送到这里医治。

1945年8月15日，日本侵略者无条件投降后，国民党以华南地区"没有共军，只有土匪"为借口，派出重兵"扫荡"中共高雷地区根据地，追剿中共武装。这一其间，担任中共雷州党组织核心成员的支仁山和黄其江同志，代表中共雷州地区党组织与国民党雷州地区的头面人物戴朝恩进行两次谈判，以争取在雷州地区实现和平民主。但终因国民党根本没有和平民主的诚意，反而变本加厉对中共高雷地区根据地和中共武装进行"扫荡"和追剿，中共武装被迫转移到吴（川）、化（县）地区。支屋村党支部根据上级"一方面坚持斗争，保存武装，保存干部；另一方面是长期打算，准备将来合法的斗争"的精神，对工作适时调整，把已暴露身份共产党员全部转入地下隐蔽，同时安排同情革命的积极分子支守光当"保长"，与敌人周旋。另外，又特别加强村地下交通站和隐蔽场所（"堡垒户"）的完善和充实力量，尽最大能力做好在支屋村隐蔽、转移人员的接待和护送。其间，温卓华、唐多慧、黄其江、陈华、邓麟彰、邓俭、苏小婉等众多的共产党领导和骨干都能平安地在支屋村和附近一带开展工作。

1946年4月，支屋地下交通站站长支甫亲自把支仁山、黄其江、邓麟彰、马如杰、莫志中、沈潜、陈宏柱等北撤人员掩护送到丰厚村地下交通站，再由陈川济村的武工队保护，摸黑赶40里路送到遂溪附城乡东边岭村支甫亲戚家隐蔽起来，次日晚上再随大部队北撤。

坚贞不屈、勇于牺牲精神

与雷州半岛许多村庄一样，支屋村亦是一座从福建迁移到雷州半岛的村庄，始于南宋景炎年间（1276—1278），至今已有25代。支屋村人秉承中华民族的传统美德，勤劳勇敢、爱憎分明、为人仗义；村中一宗祠兴建时，便取四世祖其字号"义直"定为"义直宗祠"。但在旧中国，支屋村广大穷苦人和全中国的穷苦大众一样，深受"三座大山"的压迫，也是生活在社会的最底层。正因为如此，当认识到"共产党是穷苦人的救星，只有跟共产党走闹革命才有出头之日"的道理后，他们便义无反顾、一心一意投入滚滚的革命洪流之中，纵然流血牺牲，也在所不惜。

1948年5月，因为反动分子告密，西区驳壳枪队成员、原支屋村党支部书记支尧光在沙口村一带活动时被反动头子周克梅带保安队捕获。当知道支尧光是支屋村人后，敌人严刑拷打，迫支尧光供出支屋党组织的情况，还许以高官厚禄，但支尧光都不为所动。最后敌人恼羞成怒，把支尧光押到黄村仔后坑仔墟的杀猪台上，用杀猪刀沾着盐水一刀一刀地割支尧光身上的肉。支尧光强忍剧痛，没有向敌人求饶，直到被活活折磨至牺牲，表现了共产党人坚守党的纪律、坚贞不屈的革命气节。

1948年，粤桂边纵队攻打南路国民党统治中心——赤坎之前，支屋村党支部接受任务，派出共产党员支世标和支那守、支那田等人把筹集到的一批大米从支屋村用两艘木帆船运送到赤坎的鸭𪖭港，再送到参战部队的集结地合流。不料，被国民党保安十团的兵痞发现，怀疑是运送给共产党部队的军粮，于是把支世标等人扣押起来严刑拷打，要他们供出大米的去向。支世标等人被打得头破血流，奄奄一息，但始终咬定是给米行老板运送的，加之，党组织及时花钱让统战关系出面认领营救，国民党保安十团的兵痞没有办法查出结果，眼见有利可图，才把支世标等人放出。

支屋人跟共产党走和对革命的向往，敌人是恨得要死，无时无刻不把支屋村视为眼中钉、肉中刺，每次一有机会就"扫荡"支屋村。1947年9月某天，义兴乡的伪乡长郑华慧又带伪乡队分两路来包围支屋村"扫荡"，支屋村党支部指挥村民从东、北两个方向撤出村。郑华慧见状即命令伪乡兵架起机枪向撤出的村民扫射，把来不及撤走的村民抓回伪乡公所严刑拷打，威逼这些村民供出支屋村谁是共产党员，谁是游击队员，郑华慧还亲自用铁棍毒打被抓的村民。面对毒打，这些村民依然守口如瓶。其中支世富、支梅两人被毒打得最重，脚骨被打断，郑华慧竟然让伪乡兵惨无人性地用刺刀把支世富、支梅两人的锁骨捅穿，再用铁线穿过抬回支屋村杀害。

面对敌人惨无人性的暴行和屠杀，支屋人并没有被吓倒和屈服，他们在村党支部的坚强领导下，以百倍对敌人的仇恨和愤怒与之斗争。1948年，支屋村原党支部书记支世杰担任中共东区区委委员和东区区长后，又在支屋村吸收了支那斌、支那守、支妃保、支世凡、支曾荣等众多支屋子弟分别加入区中队、县大队和老八团。

倾尽全力支援革命

支屋村位于遂溪县城东南面约17公里，偏于一隅，离赤坎虽只有约7公里，但那时从支屋村方向来赤坎是隔海相望，也没有公路，当时人口也不多，大多村民以"做海"为生，生活异常艰难。就是这么一座小村庄，在抗战期间，有57人成为共产党员，20多人参加抗日游击队。

1943年初，遂溪被日寇占领后，在遂溪的抗日武装经费困难，后勤供应没有保障。为筹集抗日经费和军需物资，支屋村党支部派出共产党员支立斋等人到赤坎的中国大马路（现九二一路），开设杂货店（地下联络站）为掩护，以筹集资金购买军需物资。该杂货店（地下联络站）开设其间，为遂溪的抗日武装筹集到多批次经费和军需物资，通过支屋交通站转坡头（原属吴川）泮北小学地下交通站送给遂溪抗日武装。此外，中共遂溪东区区委和支仁山还派支屋村共产党员支九忠去海南、香港等地以经商名义筹集经费，支九忠筹集经费后多次派人或亲自把经费交回支屋党支部转给抗日武装。另派支屋村共产党员支利精在平山洋村建立秘密粮仓，储存从乌蛇岭一带村庄购买和收集到的粮食，以供抗日武装随时调用。

1947年，国民党军队对中共南路武装发动"围剿"，一次，我南路武装与国民党军队在化县甘村发生战斗，战况惨烈，一批战斗中受伤的伤员急需从吴川转移，送到秘密隐蔽在合流的南路武装东区医疗所医治。支屋村党支部收到通知后，随即组织村游击队派出人员沿线布点，和沿线其他革命村庄保护迎接伤员到支屋村转送点。待伤员到达后，村妇救会组织妇女即配合医疗人员为伤员检查伤情、清洗伤口换药和喂粥喂饭，当晚，由支屋村的担架队接替吴川的担架队把这批伤员安全转送到东区医疗所。

1949年10月，退守湛江的国民党62军直属部队在西营（现霞山）起义，中共湛江市工委和中共遂溪东区、东南区、东海岛党组织组织动员武工队、担架队、运输队和后勤保障队伍，配合粤桂边纵队和起义部队投入战斗。支屋村党支部积极请战，组织了本村30多名青年参加担架队和运输队，随东区区委书记黄列带领的武工队行动，冒着枪林弹雨进入西营（现霞山）城区参加战斗。起义部队和粤桂边纵队参战部队撤出西营（现霞山）城区后，支屋村和东区参战的担架队和运输队又运送伤员和物资到东区沿线海滩，从陆路撤回遂溪根据地腹地。在这场战斗中，支屋村的支流、支景玉、支世尧、支贤光、支齐、支陈发等共产党员和积极分子不怕牺牲，奋勇当先，较好地完成任务，受到东区区委的特别表扬。

1949年12月中旬，为挫败湛江的国民党军退守海南岛的企图，我粤桂边纵队作出积极的军事行动，决定提前解放湛江。发起进攻前，中共遂溪东区区委和区人民解放政府又组织千人的民工队伍参战。原来考虑到支屋村在10月份已组织30多人参加了配合国民党62军起义的行动，这次就不组织支屋村的民工参加了。支屋村党支部得知后，通过本村担任东区区长的支世杰同志向上级"走后门"，才争得30个参战名额。在战斗中，支屋村30名民工随东区队伍冒着炮火一次又一次把伤员救护下来，向最前线的攻击部队送弹药，在攻打敌军指挥部所在的西营逸仙路"京华酒店"时，参战民工紧跟攻击部队从一楼逐层向四楼进攻，直至守敌被全歼。

湛江解放后，翻身的支屋村广大村民以更大的热情投入支援解放海南岛的热潮中，支世杰担任了东区支前指挥部的负责人，在上级和村党支部的发动下，党员带头作用，广大村民响应东区区委"与兄弟区竞赛，在全县争第一"的号召，积极捐款捐粮，支援解放军解放海南岛的战前准备，小小的支屋村便捐出一万多斤大米。其间，解放海南岛的部队在村里也驻有一个营，战士被分散到各家各户住宿，床铺不够，许多村民宁可自己铺稻草睡地板，也要腾出床铺给战士，解放军的营部就驻入"义直公祠"。为方便解放军与地方民众交流需要，支那斌、支妃保主动要求参加渡海作战，为解放军充当翻译直至渡海作战结束，并获得解放海南岛纪念勋章。

2018 年 11 月 25 日《湛江晚报》纪实版

支屋村党支部历任书记一览表

姓　名	任　职　时　间
支田生	1939 年 8 月—1940 年 10 月
支耀（第一支部）	1940 年 11 月—1942 年 12 月
支利精（第二支部）	1940 年 11 月—1942 年 12 月
支尧光	1943 年 1 月—1945 年 9 月
支世杰	1945 年 10 月—1947 年 3 月
支甫	1947 年 4 月—1949 年 12 月
支流	1950 年 1 月—1952 年 1 月
支逊九	1952 年 2 月—1953 年 4 月
支华森	1953 年 5 月—1983 年 12 月
支钦	1984 年 1 月—1986 年 12 月
支茂兴	1987 年 1 月—1989 年 1 月
支太林	1989 年 2 月—1990 年 8 月
支纯	1990 年 9 月—1991 年 1 月
支光照	1991 年 2 月—1994 年 11 月
支秋文	1994 年 12 月—1995 年 10 月
王南和	1995 年 11 月—1996 年 12 月
支友兴	1996 年 12 月—2011 年 4 月
支光武	2011 年 4 月—2013 年 11 月
支邹发	2013 年 12 月—

（注：支屋村革命历史相关资料由支屋村党支部、支屋村革命老区建设促进会、支强仔、支振锋提供及大力支持，并参考中共党史出版社 2004 年出版的《中国共产党遂溪县地方史（第一辑）》。）

遂溪县老马村

"老马起义"誓师旧址

老马村简介

　　老马村位于遂溪县西北部，西邻北部湾，是界炮镇下辖老马村委会其中的一座自然村。全村现有农户200多户、1300多人，有马、叶、钟、招、吴、庞、洪、戚、陈、龙、詹11个姓氏，均为汉族；其中马姓人口最多，是老马村第一大姓氏；粤语是村民日常用语。

　　老马村的原址在界炮镇龙圹村背后东北边的山坡上，因为耕地主要是十种九不收的瘦砂贫地，没有水田，群众生活极其困难。因此，当时有些村民逐步迁到邻近的竹子山村、北艾村、长板圹村居住。村中长老意识到如果这种情况长此下去，老马村就会散了。为了老马村能够生存下来，村中长老只好在周围寻找新的村场，最后发现在离村不远的瓦窑垌村位置较为理想。瓦窑垌村位于北部湾的海尾，潮涨是大海，潮落是河流，有丰富的鱼、虾、蟹、蚬等海产品，并有较宽阔的河滩，可用来围垦造田、种植水稻；村后还有大片坡地，可开垦种植旱粮作物，而且周围还有大片的原始灌木林，确实是一个不可多得的宜居好地方。而且，当时在瓦窑垌村这里只有欧姓的三户七口人。老马村长老与欧姓人商议后，欧姓人同意将该村的村场全部卖断给老马村。所需资金经老马村全村商议决定，马姓人多出负责七成资金，叶姓、钟姓、招姓各出一成资金，便把该村场买了下来；从此，原瓦窑垌村便改名为老马村（经查目前的遂溪县志，只有瓦窑村记载，而没有老马村的记载）至今。

　　解放前，老马村分为上村、下村和姓招村，统称老马村，全村80多户，400多人。过去三村同饮一井水，全村没有地主、富农，都是贫下中农，以务农为生。该村田地不多，村民靠租其他村地主的水田来耕作，除去交租，所剩无几，大部分年轻村民靠和地主打长工，做短工过活；有的少年到别人家放牛来勉强维持生计。遇到风调雨顺年景，村民可以取得一些番薯、粟米等杂粮维持生活；但如果遇到自然灾害，村民就只好到赤泥地挖野生的山薯或野菜树根来代粮充饥，许多没有劳动力的家庭，甚至要卖男卖女维持生计。老马村群众长期处于水深火热之中，过着牛马不如的生活。

老马村虽然穷，但是村民一直都重视教育，办有村私塾。1924 年，马成麟在村中开设一间私塾，1927 年 10 月 22 日，马成麟因为是共产党员而被国民党逮捕杀害。之后，马成功也开设了一间私塾。1938 年后，中共南路党组织派来党员黄槐来老马村办民校，给村民传授文化知识和开展抗日救亡活动，老马村众多村民积极参加民校听课。由此可见，老马村人虽然普遍文化不高，但学习文化知识热情高涨和善于接受进步思想，这些因素都令老马村后来成为革命老区村庄奠定坚实基础。

老马村具有革命传统，早在大革命时期，中共党组织便在村里组织农会、农军开展革命活动；并从中培养吸收了马巨登、马巨祯、马成麟入党。新民主主义革命时期，老马村广大贫苦农民听党话，跟党走，积极参加抗日救国和推翻国民党反动统治的革命斗争，在上级和村党支部的坚强领导下，全村一条心闹革命求翻身。其中，一家兄弟姐妹、父（母）子一起投身革命比比皆是，涌现了老马抗日带头人马如杰和"叶家五虎"等南路地区著名的革命前辈。在南路地区处于反革命白色恐怖的革命低潮，村庄经常遭受反动势力的血腥"扫荡""围剿"中，广大村民不屈不挠坚持斗争，以坚定的革命意志和对农民解放的渴望，克服难以想象的艰难困境，成为南路革命在遂溪西区的堡垒。1944 年 8 月 9 日，"老马抗日武装起义"（下称"老马起义"）在老马村举行，老马村及周边村庄有 80 多人参加。"老马起义"是南路地区三大抗日武装起义之一，创建了南路地区第一支由我党独立自主领导的人民抗日武装。从大革命时期开始至湛江解放时，老马村及周边等村，先后有 80 人之多成为共产党员，脱产从事革命工作的有 42 人，牺牲的烈士有 21 人。由于敌人多次"围剿"烧村，特别是"老马起义"后因为青壮年男性几乎外出参加革命或躲避敌人追杀，从 1944 年至 1946 年其间，老马村在这三年中没有一个婴儿出生。1957 年，老马村被广东省人民政府评定为首批抗日战争根据地革命老区村庄。

湛江解放后，老马村与全国农村一样历经土地改革、合作化、人民公社、家庭联产承包责任制等各个时期，特别是在社会主义新农村建设的新时期，老马村群众牢记革命历史，继承先辈的革命传统，赓续红色基因，积极响应以习近平总书记为核心的党中央的号召，团结奋斗，一心一意谋发展，为中华民族的伟大复兴继续努力。

老马村革命历史

老马村虽然地处偏远，但从大革命时期开始，老马村广大贫苦农民在党的领导下，为求生存和解放，前赴后继英勇地与各种反动势力进行斗争，谱写了在南路革命中浓重的一页。

大革命时期

一、遂溪农民运动风起云涌

1917年俄国十月社会主义革命的胜利和1919年北京五四运动的爆发，使马克思列宁主义在中国得到广泛传播，同时，广袤的雷州半岛从沉睡中惊醒；大革命时期，遂溪农民运动风起云涌。1922年加入中国共产党的遂溪革命青年黄学增，是广东四大农民运动领袖之一。其间，黄学增受党的委派返乡宣传革命思想、开展革命活动，在遂溪点燃了革命火种。

1924年1月，国民党一大在广州举行，在孙中山的推动下，这次大会确立了"联俄、联共、扶助农工"的三大政策，标志着开始第一次国共合作，极大地促进了农民运动的开展。

1925年，中国共产党在遂溪建立基层党组织。是年间，涧水河畔同文村的革命青年邓成球（又名邓足恒）加入了中国共产党，并以个人身份加入国民党，被派往国民党遂溪县第二区办理党务和从事农运等工作。自此，第二区（辖界炮、北潭、杨柑、北坡、草潭、下六、港门等）的农民运动，在邓成球等人的领导下开展得如火如荼。

二、老马村农民运动

1926年1月18日，邓成球在界炮墟办理党务时，张贴标语，悬挂布告，动员广大农民群众组织起来，成立农民协会。由于当地群众对该区保卫团局长杨文川横行乡里、鱼肉百姓的所作所为深恶痛绝，所以纷纷要求加入农会。2月4日，邓成球等人在界炮圩组织集会和示威游行。集会和示威游行前，遂溪县农协筹备处派干部薛经辉、周纪抵达界炮墟，协助邓成球组织集会游行工作。当日，因参加集会示威游行的群众情绪十分激昂，组织者恐发生意外，因而改名为"反对日本出兵满洲示威运动大游行"。由于界炮民众对杨文川极为痛恨，在游行时不断大呼"捕毒蛇，打倒杨文川"等口号，并冲进保卫团局，痛打杨文川。此后，各乡村都纷纷组织农会，老马村也不例外，成立了农会，会长马成业，副会长叶春芳，会员共50多人，同时还成立农军（净安团），队长马益顺，队员有马朝谦、马康、马扬、马如星、马祥九等9人。邓成球经常到老马村开展工作，发展革命力量，并从中培养吸收了马巨登、马巨祯、马成麟为中国共产党党员。当时，农会经常在老马村召开各种大小会议，会址都是设在马氏宗祠。大会一般在宗祠门前坡地上召开，小会在宗祠内举行。其时，常由省三届农协代表潘良芬（绰号花旦陈）同志主持。农协会的邓成球、陈光礼、赵不庸、欧阳昌等同志教大家唱革命歌曲（如《打倒列强除军阀》等歌谣）。歌声响遍了整个老马上下三村。

1927年4月，蒋介石发动四一二反革命政变后，国民党反动派在全国各地疯狂捕杀共产党人和革命群众，残酷镇压农民革命运动。其间，老马村的共产党员马成麟和农军队长马益顺被国民党反动政府逮捕杀害；马朝谦、马祥九等同志被通缉，后在转战斜阳岛时牺牲。为保存革命力量，马巨登、马巨祯等共产党员和农会骨干分散隐蔽了起来。轰轰烈烈的农民运动虽然失败了，但其留下了革命思想，留下了革命的火种，留下了群众基础，为今后革命发展打下坚实的基础。

抗日战争时期

一、组建遂溪"青抗会"，开展抗日求亡活动

1938年8月，广东区党委派在广州"江村师范"读书的党员黄其江、陈其辉回家乡恢复重建遂溪党组织，宣传发动群众开展抗日救亡活动。黄其江、陈

其辉回到遂溪后找到在遂溪七小（现麻章中心小学）任教的同学支仁山（黄略支屋村人），随后，黄其江介绍支仁山、邓麟彰、唐才猷、殷杰、何森5人入党，陈其辉介绍招离、殷英入党。并通过支仁山等人串联了一批进步青年，组织建立了遂溪县青年抗日同志会（简称："遂溪青抗会"）。然后，经过宣传发展，又在全县各镇乡和部分村庄先后成立了"遂溪青抗会"的通信站（即青抗分会）。邓麟彰被派到界炮镇，经深入宣传教育，发动50多人成立了界炮镇青抗分会马叔良、张鸿谋、全子英、伍文等人担任负责人。

二、开办农民夜校

1939年2月，界炮镇青抗分会举办了第一期的夜校识字班。分布在山家（老、新东村）、老马、同文、斗伦、安塘、金围、山内、北潭、勇胜小学等十间学校。上级党委派黄槐老师到老马村执教，当时的教学环境很差，黄槐老师吃在叶卓峰（即叶旺）家，住在马氏宗祠。没有教室，马如杰就发动村民去砍树、捐献竹子和稻草，在短短的几天时间就把一间能容纳几十人的教室盖起来了。没有课桌、椅子，就用木桩打入地下，把木板放在木桩上，就成为课桌和座椅，上课用的课本、纸、笔、墨等也是村民捐钱买回来发给学生使用，这样，少年儿童白天上课，青壮年晚上上课，连许多老人也到夜校听课。黄老师不但教学生们识字，还教大家唱革命歌曲，讲俄国十月革命的伟大胜利，讲二万五千里长征，讲全国抗日形势，讲革命故事等。深受群众和学生的欢迎。他除了教学外，还积极为群众出点子对付国民党当局的各种苛捐杂税和抽壮丁，设法减轻农民的负担。先后在老马村民校任教的老师还有梅老师（台山县中学校长）、林杰（绰号甩牙林）、马如杰等人。

三、老马村党支部成立

1939年元旦，中共遂溪县中心支部成立后，提出了"面向农村，发展农民党员"的工作方针，要求在农村开办民校的同时，要注意物色党员对象，培养积极分子加入党组织。此时，在遂溪一中读书的马朝善（又名马叔良），由老师李康寿介绍入党。寒假其间，马朝善返回老马村先后发展了马如杰、叶卓峰、马进德入党；并在同年2月成立了老马村党支部，马如杰任支部书记。同时，遂溪县中心支部选派殷英到西区负责党的工作，殷英到西区后一直住在老马村，在该村开展革命活动。1939 年 5 月，马如杰因工作忙，不再担任支部书记，由叶卓峰接任并着手开展如下工作：

一是根据上级的指示，物色培养入党对象，扩大党组织。其间，培养发展了叶爱、马康胜、马观福、马朝荤、袁杨权、马如强、叶大林等人入党。

二是继续办好民校。通过召开群众大会和个别走访的形式，大力向群众宣传读书识字、增加知识的好处，动员未参加读书的少年儿童、青年都来读书识字，使群众明白穷苦的根源，从而扩大了拥护共产党的群体。

三是动员青壮年参加"青抗会"，为了广泛发动人民群众起来参加抗日救亡活动，老马村的党员、青抗分会的会员到赤坎子、竹仔山、北艾、长板塘、枫树、龙塘、江头、西湾等村宣传发动，组织青年晚上到老马村民校听老师讲革命形势，讲抗日救国道理，提高青年们的觉悟，动员他们参加"青抗会"组织。其间，老马村组织了以马巨登为队长的巡逻队，一方面维护了村中的治安，另一方面组织学习简单的军事知识，为开展武装斗争打下基础。此外还组织了帮工队和开荒队。帮工队主要是对本村无劳动力、缺少劳动力或没有耕牛的农户进行互相帮工。开荒队由一批青年积极分子组成，在北艾村东面、长板塘村南面开荒 60 多亩坡地种上旱粮作物，在村前河滩上围海造田 70 多亩种水稻。农作物的收成较为可观，解决了党组织来往人员的伙食和学校师生的文具用品等日常开支，还帮助一些特困户，受到群众的欢迎和拥护。

四是充分调动广大群众抗日救亡的积极性。为了真正把群众团结起来抗日，1940 年 4 月，老马村党支部召开全村群众大会，饮血盟誓，表示全村群众团结一心，拥护共产党提出的"坚持抗战，反对投降，坚持进步，反对倒退，坚持团结，反对分裂"的三大政治主张，极大地鼓舞了广大群众的抗日斗志，使共产党在老马村群众中真正扎下根来。

五是为开展抗日武装斗争做准备。1939 年 9 月中旬，中共遂溪西北区党组织负责人殷英等人以遂溪"青抗会"的名义，发动全区"青抗会"员、民校老师、学生、开明进步绅士共 2000 多人，在上冲子、铺子村一带举行一次声势浩大的攻防演习，以提高队伍的战斗力。老马村党支部组织了村一批青年参加了此次攻防演习，日后，这些青年基本成了遂溪武装斗争的骨干。

六是建立"白皮红心"的两面政权，发挥党组织在政权中的主导作用。国民党当局为巩固其统治，于1939年8月在麻章举办了一期"乡政人员训练班"（简称"乡训班"）。中共遂溪党组织决定抓住这个有利时机，设法控制部分乡镇政权，为下一步开展农村工作创造有利条件。经请示上级同意，选派一批共产党员和进步青年参加了"乡训班"，其中西北区选派去的有陈开濂、何森、潘立中、张鸿谋、梁桥栋、张鸿洲、李炳连等人。"乡训班"学习结束后，激烈的斗争和社会舆论的压力，促使国民党遂溪县政府给予安排工作。同年10月，西北区选派去的学员大多数安排回本区的基层政权，其中，陈开濂任界炮镇镇长，张鸿谋任副镇长兼自卫中队长，潘立中任镇公所文书。其他学员也安排到 杨柑、豆坡等乡工作。

我党组织掌握了界炮镇公所政权之后，着手对下属29个保的保长进行审查调整，把马如杰、张立明、李琼伦、邓成美、杨普祥、全德滋、邓成景等共产党员都安排担任了镇公所职务。当时，界炮镇表面是国民党所掌握的政权，而实际上已由是共产党所控制。在这些保长中，马如杰是西北区区委委员，能说会道，最受群众的信任和爱戴，很有号召力；大家美称其为"保长王"并以他为首，合力对付国民党各种损害群众利益的行为，如当时国民党实行"三征"（征兵、征税、征粮）的政策，这事难以公开反对，但又要减轻群众的负担。经马如杰等人的策划，采取"拖、欠、减"巧妙办法，使群众尽可能少出壮丁、少交税、少交粮。

在国民党统治遂溪时期，界炮镇由共产党掌握基层政权时间较长。从1939年10月至1944年8月，长达5年时间。其中1939年10月至1941年9月由共产党员陈开濂任镇长；1941年9月至1944年8月由共产党员全子英任镇长；老马村从1939年10月前由大革命时入党的共产党员（后组织关系失联）马巨登任保长；1939年10月至1944年8月由共产党员马如杰任保长，叶爱任甲长。

四、积极发展革命力量

1939年9月下旬，中共南路特委在洋青西田村召开武装工作动员大会，大会由卜国柱同志主持，周斌发表演讲。参加这次大会的有各乡青抗分会的武装工作队、县民众抗日自卫队和广西学生军（队）等 2000 多人参加，老马村参加这次会议的有马如杰、叶卓峰、叶爱、马康胜、马观福、马朝莘等人。

1939 年 10 月，中共遂溪中心县委成立，接着分别成立了东区、中区、西区三个区委会，其中西区区委书记由殷英担任，区委委员有黄明德、王玉引，西区区委负责管辖遂溪县西部、西北部地区的党组织。

1939 年 11 至 12 月间，遂溪中心县委委员支仁山、唐才猷在老马村举办了为期一个星期的党训班，西北区各支部书记均参加了培训学习。1940 年春，时任中共南路特委书记周楠又在老马村主持举办了这些党训班和学习班，其中一期是日班，一期是夜班，主要是培训党员干部及对党员进行党的基本知识教育科党性、党纪教育。

1940 年 4 月，遂溪党组织以遂溪"青抗会"的名义，召开了声势浩大的 7000 人反汪大会。大会由王国强主持，中共遂溪县委副书记邓麟彰登台演讲，揭露国民党顽固派反共投降阴谋，号召人民团结起来，打倒汉奸卖国贼汪精卫，拥护中国共产党的抗日主张。区委书记殷英带领老马村的叶卓峰、叶爱、叶大林、马康胜、马观福、马朝莘等人前往参加。

1940 年 5 月，时任中共南路特委常委、组织部部长温焯华在太平镇杨村举办南路党员培训班，老马村党支部书记叶卓峰参加。1940 年 8 月，中共南路特委根据工作需要，调叶卓峰到赤坎特委交通站工作，由叶爱接任老马村党支部的支部书记、马观福为组织委员、马朝莘为宣传委员。支部主要做以下工作：

一是积极发展党组织，在培养提高现有党员素质的基础上，不断地在青壮年积极分子中物色、培养和发展新党员。这个阶段吸收的党员有：叶大茂（别名：叶马勇）、叶高（别名：叶邓）、马成秀、马朝驱、马朝嵩（别名：马京）、马勾德、马泰、马朝翼、马朝龙、马康贵（别名：马如伟）、马德光、马朝佳、马朝清、马朝颂、叶土四（女）、马伍（女）、马养（女）、马如玲、马如强、马如盛、马慎元、马吴生、马观英、马如腾、李锦章、李锦秀、马朝英、马如琼、马如豪、马成名、马成才、马如桥、马成斌、马成儒、马成云、马康富、马如良、马瑞章、马朝堂、马富、马卓礼、马朝益、袁扬英、郭子仁、李成伟、李春驱、陈嵩南、邓如善、马子汉、钟明佳、钟溜如等人。这时老马村党支部所管辖的村庄有竹子山上、中、下村，赤坎仔、枫树、科港、龙塘、北艾上下村、长板塘、简水、姓王、大德、江头、西湾、福建、田下等村庄；在这些村庄中，有的已发展有党员，有的只是组织青壮年积极分子搞宣传发动群众的活动。

二是加强对党员和积极分子的教育，坚定革命信心和决心，应对革命低潮。1940年4月黄略反汪大会后，国民党反动派强行解散遂溪"青抗会"，遂溪革命形势进入低潮，根据中共中央关于在国民党统治区内实行"隐蔽精干，长期埋伏，积蓄力量，以待时机"的十六字方针，西北区委按照中共遂溪县委的部署，积极做好"隐蔽、巩固"工作。调整干部，把所有暴露身份的党员和进步群众转移到外地，西北区有殷英、陈开濂、李绍委、李炳发、李毓淮、李华安、何森、梁志远、梁乔栋、梁华栋、张立明等人，留守本区坚持工作的全子英担任界炮镇镇长，马如杰留在老马村继续任保长，坚持隐蔽斗争。中共遂溪县委也从县内其他地区安排了一批党员和骨干撤退到西北区，到老马村的有沈汉英、陈兆荣、支秋玲、张志聪、林杰、梅先生、陈希古、李仕扬、黄明、王侨英等。

三是党员带头，发动群众，购买枪支弹药。1943年2月16日，日军侵占雷城，17日侵占客路，18日侵占城月，19日经洋青侵占遂城，21日进入广州湾（现湛江）。短短几天时间，日军就占领了整个雷州半岛，国民党政府官员闻风而逃，驻在雷州半岛的国民党军队一枪不发，连设在洋青圩的军需仓库里的弹药和军需品都来不及搬，就急忙逃命。为了不留给日本鬼子一枪一弹，我中区区委马上发动洋青、麒麟、竹山、文相等村的共产党员、青壮年积极分子赶到洋青圩国民党仓库搬运军用物资和弹药。老马村党支部接到上级通知后，支部书记叶爱带领12名党员和积极分子赶到洋青，运回手榴弹400多颗。为了使大家能正确使用手榴弹，党支部马上召集各村的党员、青壮年积极分子到老马村开会，由共产党员张世聪（张二叔）讲解手榴弹的原理、使用方法，会后亲自带领大家到老马村前沟槽投弹试验。为了建立自己的抗日武装队伍，马如杰、马观福带头把白马庙前二亩祖田卖掉，各买回一支"七九"步枪；马成德把一艘两头尖大船卖去，买回5支"七九"步枪；叶大茂卖去5缸片糖，买回一支"七九"步枪；招秀珠、赵不槐各买回2支"七九"步枪，马瑞其买了一挺轻机枪，还有马成美、马朝佳、马朝莘、马成辅、马成斌、马成儒、钟美发、钟美德、李连居、郭济德、袁扬权、李连锡、马如玲、李春熙、李春和、钟美荣、李方图、李锦秀、梁洪燦等各买回一支"七·九"步枪。这次全村共买回步枪43支和一批子弹。还收集部分土枪、土炮，使老马村抗日武装队伍有了坚实的物质基础。

四是建立修械厂。1943年6月，老马村党支部决定建立修械厂，初建时厂址设在老马村西边糖寮，后迁移回老马村前山沟。招离、叶大茂、马如玲先后具体负责修械厂工作，从合浦县请来3位师傅负责技术，主要修理坏枪、制造手榴弹、地雷等简单武器。"老马起义"后，老马村修械厂成为遂溪县的修械厂，并先后迁往中竹村、白吉仔村、廉江的权案村，最后转移到遂溪县附城赤坭地的龙驾村才基本稳定下来。

五是建立各种群众组织。根据上级要求，各村都分别成立农会、妇女会、儿童团、联防队。老马村农会由马巨登为会长；妇女会由陈月荣为会长；联防队由马德光任队长；儿童团先后由马朝龙、马四发任团长。通过成立上述群众组织，把村中的男女老少都组织起来参加革命运动。

六是组织击毙日伪自警团团长周之墀的战斗。1943年日军侵占遂溪后，驻城月的日军派出30多人占领北坡墟，在北坡当铺里建立据点。在洋青的日军也派出日伪军80多人占领了豆坡墟，在豆坡当铺里建立据点。界炮镇枫树村的赌棍、烟鬼、流氓头子周之墀马上到北坡投靠日军，即被任命为杨柑自警团团长，其小老婆陈惠珍（绰号黑肉鸡）为副团长。其间，周之墀和陈惠珍经常带领三四十人四处抢掠，勒索钱财，强奸妇女，无恶不作，对抗日武装及群众的生命财产安全造成极大威胁，群众对周贼愤怒极大，纷纷要求铲除这两个毒瘤。1943年农历九月二十二日，获悉周之墀回上赤坎仔村李朝胜家饮喜酒的情报，马如杰、张世聪、陈兆荣立即召开会议研究派叶爱、马康胜、马如琼、叶大林、马朝莘、叶高、马康贵等人前往赤坎仔村铲除周贼。具体分工行动是：叶爱、马康胜入屋；叶大林、马如琼在门外监视周的卫兵；马朝莘带叶高、马家贵在村外警戒；叶爱、马康胜、叶大林、马如琼乔装成卖猪做"秋社"进入该村。当李朝胜见到叶爱等人后即请饮酒，他说："周团长在屋内请大家去坐坐。"叶爱和马康胜就趁机入屋，叶大林和马如琼在门口监视周贼的卫兵和在另一房内喝酒的"黑肉鸡"。叶爱和马康胜入屋后，见周贼酒后正躺在床上抽大烟，马康胜见状马上开枪，一枪击中他的肚子，叶爱跟着补上一枪打中他的大腿。周贼身粗体壮，加之未被击中要害，负伤后还拼命向门口冲去。叶爱、叶大林也跟着追击，周贼知道已逃不掉了便跪在地上哀求饶命，叶爱赶上一枪打中其胸部，见周贼还未死，叶爱、叶大林便补枪把他打死。马如琼当听到屋内枪响后，也向周贼的卫兵开枪，"黑肉鸡"趁混乱之时逃脱。

完成铲除汉奸周之墀任务的当晚，马如杰、张世聪、陈兆荣立即召开老马村辖内的党员和积极分子会议，庆祝除奸取得胜利。同时提出，我们杀了伪团长，敌人有可能来报复，要求组织好各村的联防队、巡逻队放哨，约定联络信号，并做好了敌人来报复的作战方案。果然不出所料，周贼被击毙死后，"黑肉鸡"扬言要铲平老马一带村庄报仇。为了安全起见，老马村党支部动员村中的老人和妇女、儿童转移到村外亲戚、朋友家，党员和积极分子坚守在村。

七是参加山内河战斗。1944 年 1 月 20 日（农历十二月六日），驻洋青墟日伪军 100 多人窜到龙头窟、山内河一带，企图偷袭山内各村的村队。当地村队与敌人开展激烈战斗，陈炳崧副中队长带领界炮联防队赶去增援，并从侧面攻击敌人，当敌人将要冲过山内河时，叶爱副小队长即带人阻击，敌人慌忙撤退。战斗中，叶爱中弹英勇牺牲，战斗结束后，叶爱的遗体运回老马村。西北区党组织为了教育、激发广大群众抗日救国的决心，为叶爱举行由镇长全子英主持隆重的追悼会，全镇及附近数千群众参加。追悼会结束后，叶爱灵柩被安葬在村后瘦狗岭。据《中共遂溪地方志》记载，叶爱烈士是南路地区第一位在抗日战场牺牲的共产党员，

八是参加白水塘战斗。周之墀被铲除后，"黑肉鸡"接任自警团团长，其变本加厉，经常率部到杨柑圩附近的马城、新埠、蒙塘、老河一带村庄抢劫，当地群众恨之入骨。1944 年 2 月 2 日（农历正月初九），西区区委接到梁华栋、梁志远同志的报告，获悉"黑肉鸡"龟缩在杨柑镇东边田村据点。西区区委决定攻打东边田村据点，消灭"黑肉鸡"这股伪军。马如杰、张世聪、陈兆荣、黄其炜等人研究后，决定由张世聪、黄其炜组织带领界炮、杨柑联防队攻打东边田村据点。老马片联防队 120 多人为一个中队，黄其炜为中队长；杨柑片联防队 50 多人为一个中队，肖光章为中队长。同时，山家、山内、同文、金围、斗伦等村的联防队赶到杨柑小学集中待命，由张世聪作战斗动员和

部署。次日凌晨二时半，两个中队从后田村直插东边田。但是，由于西、北两面包围的联防队过早暴露目标，敌人从村南面逃向丛林。这时"黑肉鸡"乔装成农妇，背着其小女儿急忙往白水塘村方向逃去，马如杰立即派叶大林、马如琼、马慎元追击，追到白水塘村时，把"黑肉鸡"捉获。与此同时，其他联防队分路追击其他伪军，结果活捉了陈明汉等几名伪军，缴获10余支长枪。

东边田战斗结束后审问"黑肉鸡"时，她假意招供，说自警团所有武器都藏在东边田村某地。联防队不知其中有诈，于是派出两个小队有50多人，由张世聪、黄其炜带领，于当天下午2时左右开往东边田寻找武器。当联防队到达白水塘村西面的一大山塘附近时，却与一队日伪军相遇。由于日伪军占据松林高地，联防队在塘边低地，加之敌人武器装备优良，火力十分凶猛，致使不少联防队员负伤和牺牲。联防队只好且战且退，部分撤回杨柑墟小学，部分撤回老马村。这次战斗，西区联防队伤亡惨重，张世聪、马朝献、马如琼、马成儒、郑良佳5人受伤，联防队黄其炜队长和12名队员在战斗牺牲，另有几名队员被俘后遭杀害。

白水塘战斗结束后，"黑肉鸡"等伪军俘虏被押回老马村，马如杰、陈兆荣召开群众大会公审"黑肉鸡"后处决。为了悼念战斗中牺牲的烈士，西区区委为牺牲的烈士举行追悼会，中区区委、信和乡组织城月、洋青、信和乡党员和积极分子前来老马村参加追悼会；廉江党组织领导人莫怀和莫波也亲自来进行慰问。

五、"老马起义"

1944年春，中共南路特委书记周楠前往重庆，向中共中央南方局负责人董必武、王若飞、林伯渠、张明等同志汇报了南路革命情况。南方局根据日军将要打通湘桂线，南路地区很快就会变成敌后的实际情况，指示南路特委后要进一步加强党组织的建设工作、统战工作，尤其要开展独立自主的武装斗争。同时，王若飞同志还强调指出："与当地国民党区、乡政权建立联防队，这种联合抗日有时是起到作用的。但单靠这种形式是不够的，而且有被他们吃掉的危险。因此，必须搞独立自主的武装斗争……你们遂溪的老马村有几十个共产党员，又有马如杰等坚强骨干，为什么不搞独立自主的武装斗争呢？我们党有了自己的武装，一可以自卫，二可以自主地打击敌人，群众才拥护我们，才能建立自己的政权和根据地。"

1944年7月，周楠同志从重庆回到广州湾（现湛江市）后，即召开特委会议传达了南方局的指示，分析了当前南路革命斗争的形势，指出过去过分追求合法形式，都是以国民党的名义组织抗日武装队伍的弊端。这次会议根据湘桂线战事日趋紧张的形势，要求南路各地党组织，抓紧组建我党直接领导的人民抗日武装队伍工作。最后决定先在遂溪沦陷区，以老马村为中心举行抗日武装起义，建立起共产党领导的抗日武装队伍，发展敌后武装斗争。随后，周楠和中共雷州特派员陈恩深入到西北区老马村，亲自召集遂溪县的领导骨干黄其江、支仁山、唐才猷、陈兆荣、马如杰等人开会，传达董必武、王若飞等南方局领导的指示和南路特委的决定，提出当前南路地区工作的方针和雷州半岛敌后斗争的紧急任务，强调我党必须迅速砸掉国民党的招牌，摆脱国民党的控制，首先在西北区建立自己的抗日武装队伍，公开打出共产党的旗号。

会后，陈恩、黄其江、支仁山、唐才猷、陈兆荣、马如杰等人根据南方局的指示和南路特委的决定，部署武装起义的各项准备工作：一是筹集枪支弹药，充实各游击小组、自卫队、联防队的武器装备；二是选好起义部队的干部；三是筹粮、筹款和准备其他军用物资；四是通知原已派到界炮、山家、豆坡等乡联防队的党员和积极分子，做好掌握武器的主动权，待机率队起义。

经过一个多月的准备工作，武装起义的条件已成熟。1944年8月8日深夜，抗日游击队解除界炮、山家、豆坡伪联防队武装。9日（农历六月二十一）一早，老马、山家、后田、北艾、龙湾仔、同文、斗伦、安塘、金围、山内等游击小组、联防队、中区信和乡的常备队和深坭塘自卫队的部分队员，按照起义计划统一开到老马村集中。

上午10时左右，中共南路特委在老马村祠堂前广场举行"遂溪人民抗日联防大队"成立大会，宣告举行抗日武装起义。支仁山代表中共南路特委宣布：马如杰为大队长（该大队撤离老马村后，由唐才猷接任），陈兆荣为政委，林杰为大队参谋；陈开廉为联防区主任，陈炳菘为副主任。大队下辖三个中队：第一中队长洪荣，指导员陈慎辉；第二中队长郑世英，指导员李绍香；第三中队长李鸿基，指导员李晓农。参加起义的老马、竹仔山、北艾、龙塘、赤坎仔、同文、斗伦、金围等村游击小组村队和界炮联防队编为第一中队；山家、豆坡、后田、龙湾仔等联防队编为第二中队；山内村的游击小组和村队、深圳塘一带部分常备队、信和乡的部分自卫队编为第三中队；全大队共200多人。

接着支仁山在大会上向大家分析了雷州地区的敌我形势，并以深圳塘人民抗击日伪的英雄事迹，鼓舞人们的斗志，激励全体指战员坚定抗日的决心和信心，同时揭露国民党顽固派"假抗日，真反共反人民"的丑恶面目，指出只有组织起共产党领导、独立自主的武装队伍，依靠广大人民群众的支持，才能战胜敌人，保家卫国。接着陈兆荣宣布起义大队的性质、纪律及其所肩负的艰巨任务。大会结束前，起义队伍还进行了武装宣誓。

当时，只见老马村祠堂前广场义旗猎猎，刀光闪闪，枪杆林立，一支支浩浩荡荡的武装队伍展现在广场。围观的群众笑逐颜开，欢欣鼓舞，他们纷纷指点着队伍，七嘴八舌地说："这是我的弟弟"，"那个是我的哥哥"，"那个是我的丈夫"，"这个是我的儿子"。那神情多么光荣而自豪啊。因为他们知道，这支队伍是人民的子弟兵，是人民所寄托的队伍。

根据上级的实排，老马村党支部书记马朝荣参加起义后，留部队工作。因此，马如杰点名马观福、叶大茂、马朝嵩等人留下主持老马村党支部的工作，由马观福任党支部书记。起义部队撤离老马村后，在党支部的领导下，老马村建立了护村队、妇女队、儿童队等群众组织，在以后的斗争中起到很大的积极作用。

"老马起义"是遂溪人民抗日斗争中的一件大事，是中共南路党组织独立自主领导南路开展抗日游击斗争的开始。正如起义领导人之一的唐才猷同志所说："起义后不到两个月，南路革命武装由一个大队200余人迅速发展成为一个支队，下辖三个大队共1000人左右，从而完满落实了王若飞同志的指示。起义的成功，令到高雷、钦廉的人民抗日武装斗争如火如荼，首先是在雷州半岛边缘的吴川、化县、廉江等地在1944年冬已经组织了不少队伍；到1945春，整个南路纷纷揭竿而起，开创了南路抗日武装斗争的新局面。"

六、反"围剿"斗争

"老马起义"令敌人大为震惊，恨得要命，视老马村为眼中钉、肉中刺，几天后（1944年8月13日）便相继调集优势兵力，企图把新生的人民武装力量扼杀于摇篮之中。戴朝恩（绰号：铁胆）和遂溪县县长黄兆昌带领的国民党独立挺进支队和遂溪县反动武装400多人，第一次疯狂"围剿"老马村和其他参加起义的村庄，"遂溪县人民抗日联防大队"在唐才猷、支仁山、马如杰、陈兆荣的指挥下，除留下少数队伍驻村外，其余力量以中队为单位分散在老马村外围，结合各村的村队，随时还击敌人。当敌军来到老马村东西面的江头村时，即遭到抗日联防大队的猛烈打击。顽军虽经多次进攻，但始终无法突过防线，只好败退而去。敌军第一次"围剿"受挫后并不甘心，8月18日，戴朝恩、黄兆昌又纠集张德安、杨起德、梁传楷等反动武装共700多人，兵分南北两路第二次"围剿"老马村一带。面对敌军优势兵力的疯狂进攻，抗日联防大队沉着应战，一中队阻击界炮方面的黄兆昌所部，二中队阻击戴朝恩部，三中队则涉过涧水河再折向牛牯围，从背后打击杨起德部。战斗打响后，杨起德部在三中队的包抄和袭击下，一时措手不及而慌忙溃退；从北路进犯的黄兆昌所部由于失去照应，又遭到一中队猛烈攻击，也只好溃退而去。戴朝恩见南北两路败退，被迫也且战且退。敌军第二次"围剿"失败后，更加恼恼成怒。9月7日，戴朝恩、黄兆昌又再次纠集县反动武装共1000多人，直逼西北区。与此同时，下担的杨起德和驻界炮圩的张德安部也倾巢出动。敌军自恃人多势众，装备优良，从东、南、北三面进攻，妄图将抗日联防大队逼向西面的北部湾海岸，进而围而歼之。但是，敌军万万没有料到，当其兵分三路气势汹汹进犯时，抗日联防大队只留下一个中队在各村队的配合下，利用夜色与其周旋，其余两个中队则突出包围圈去，分头袭击杨起德的老巢下担村和黄兆昌的大本营界炮墟。敌军恐老巢被端，急忙连夜撤兵回营退守，敌军的第三次"围剿"同样以失败告终。

在粉碎国民党顽固派军队的三次"围剿"之后，中共南路特委分析当前的斗争形势，估计国民党顽固派军队很可能会继续"扫荡"西北区老马一带村庄。认为在敌我力量过于悬殊的不利态势下，起义部队如果久留老马村一带，一方面回旋余地较小影响队伍的发展，并有被敌人吃掉的危险；另一面还会招致反动武装的不断"扫荡"，给当地群众造成更大的损失。因此，中共南路特委指示起义部队迅速撤出界炮地区，向遂溪西南地区挺进，以保持实力及扩大发展。根据上级这一指示，支仁山、唐才猷等率领起义部队向西南撤到卜巢山休整，后进入河头、乐民一带活动。此时，陈恩代表中共南路特委宣布对起义部队进行整编，成立"雷州人民抗日游击队"第一大队，支仁山任大队长，唐多慧任政委，副大队长陈炳崧，林杰任参谋，副参谋廖培南，军需陈开濂，下辖三个中队和一个政工队，陈兆荣任政工队长。起义部队撤出后，老马村和附近的赤坎、竹仔山、龙塘、北艾、同文、斗伦、金围、山家、山内等村都是由各村党支部领导下组织护村队、游击小组，由西北地区区委书记陈章统一指挥进行护村斗争。

果然不出所料，10月7日，国民党反动武装在戴朝恩、黄兆昌的率领下，又分两次进犯"围剿"，"围剿"中心仍然是老马村。"围剿"前，西北区委预先得到情报，由区委书记陈章统一指挥，采取各村分散伏击的战术。在敌人进犯前，马观福、叶大茂已把老马、竹仔山（上、中、下三村）、赤坎仔、枫树、科港、龙塘、北艾、江头、大德、涧水、姓王等村的护村队组织起来，分三路迎击敌人。当戴朝恩、黄兆昌带领800多人向老马村扑来时，老马村队随即应战，外围布防的其他队也从敌人的背后和左右两侧开枪。由于村除对地形熟识，敌进我退，敌退我追，搞得敌人晕头转向，只好急忙撤退。在这次战斗中，指挥东路村队的陈嵩南同志光荣牺牲。

10月中旬，驻安铺日军和罗忠武伪军占据了界炮墟，11月12日晚上，日军和罗忠武伪军借着夜色蒙蒙悄悄地向老马村扑来。当护村队发现敌情后开枪报警，村里马上组织群众向村外转移，但途中被敌人发现。护村队只能边打边退，由妇女会掩护群众转移到安全地方隐蔽起来。日伪军入村后，实行"三光"政策，马如杰、马观福等人的房屋被烧光，全村的猪、鸡、鹅及其他财物被抢劫一空，护村队员黄九毛惨遭杀害。12月23日，老马村再次遭驻豆坡的日伪军"扫荡"，由于敌我力量悬殊，老马村群众的财产又被敌人洗劫。经日伪军轮番"扫荡"，老马村损失惨重，全村被抢去耕牛30头，（其中日伪军抢去19头，国民党抢去11头）；被烧茅屋100多间，整条村庄成了一片废圩，惨不忍睹。

七、西北区抗日民主政府和联防区办事处成立

1945 年 2 月下旬，西北区抗日民主政府和联防区办事处举行成立大会。在大会上，周斌宣读遂溪县抗日民主政府任命书：任命全德滋为区长，郑南（郑锡康）为副区长，马朝伟为区政府文书（兼区政府党支部书记），梁乔栋为总务，肖光章负责财务。区政府下辖 4 个联防区，界南为第一联防区，主任叶大茂，副主任邓成景；界东南和豆坡、北部为第二联防区，主任李毓淮，副主任肖光章；界东山内和沙古西部为第三联防区，主任李琼伦，副主任李正纯，文书全子英；界炮北部、金围和廉江安铺下围田一带为第四联防区，主任潘立中，副主任莫兴祥。区政府初设在山家新村祠堂，后迁在山家老村祠堂。

西北区抗日民主政府和联防区办事处成立后，在西北区委的统一领导下，结合当时形势和当地的实际情况，积极开展各项工作。首要任务是组织自卫队，发展人民武装，为主力部队补充兵员；其次是加强各村联防队反击敌人"扫荡"，保卫根据地；三是维护当地社会治安，保障群众正常生产；四是开办学校提高群众的文化水平；五是筹粮筹款支援部队，接待来往同志；六是建立交通网络，传送情报。老马交通联络站设在叶大茂家，由其母亲吴大妈负责。

各联防区都分别成立了脱产的常备中队或常备大队，第一联防区也成立了脱产常备中队，由叶大茂任队长。另外，各村也组织不脱产联防队。

为了更有力地打击敌人，保护人民群众的生命财产安全，巩固根据地，西北区广大人民群众在区委和区政府的领导下，进一步加强自卫工作，除了各村加紧修筑防御工事外，还组织山家、老马、竹仔、赤坎仔、长板塘等村的联防队员和群众，挖掘一条从山家村后岭到老村的几公里长的战壕，从而构成了防御敌人的第一道防线，使区内社会秩序稳定，群众生产正常，不仅成为雷州半岛以至南路地区抗日斗争的根据地和沦陷区军民的大后方，同时还为后来南路各地建立抗日民主政权和建立抗日根据地探索了路子，并积累了可贵的经验，在后来的革命斗争发挥很大的作用。

八、积极参加武装斗争

1945 年 6 月 9 日凌晨，国民党雷州独立挺进队支队司令戴朝恩和遂溪县县

长黄兆昌率领顽军 700 多人，从杨柑经豆坡青水过河来进攻山家村一带村庄；界炮方面的日伪军配合戴朝恩、黄兆昌"扫荡"山家、老马一带。我南路抗日游击队第一团（即老一团）和广西博白的白马大队，在西北区第二联防区常备队、老马第一联防区常备队和山内第三联防区常备队的配合下迎击敌人，和顽军在坡禾地、桔仔树、月弓村展开激烈的战斗，到下午 4 时左右共歼灭敌人 30 多人。第一联防区常备队和老马村、赤坎仔、竹仔山、枫树、文同、斗伦、安塘等村的联防队，由叶大茂、马观福、袁杨英、邓成景、李志严等人的带领下，利用战壕碉堡，凭借颓垣破壁，狠狠地打击前来进犯的界炮日伪军，共击毙伪军 5 人。战后，第一团转移到北潭合沟村休整。

1945 年 6 月 27 日（农历五月十八），驻安铺的日军和罗忠武伪军共 400 多人，分东西两路前来奔袭，东路之敌经界炮直扑合沟，西路之敌经均村仔直扑金围，第一团立即部署各营分路迎击敌人。同时，金围抗日联防队在大队长张鸿谋的指挥下，在村东北面的荒岭上设伏，当西路之敌窜至金围东面时，遭到金围联防队的猛烈打击，接着第一团二营和北潭、南潭等村的抗日联防队也相继投入战斗，两路之敌不支而溃退。西路战斗打响后，第一团一营即冲向上龙岭，以便占有利地形。在抢占过程中，敌人先我一步占据了上龙岭的有利地形。在敌人机枪、六零炮的猛烈扫射下，第一营教导员王平带领一个排的战士冲向敌人阵地，老马、同文等村联防队绕道冲尾村过南昌河从敌人侧后打击敌人，由于敌人腹背受到打击，无法支持，结果狼狈败退回安铺，沿途丢钢盔、军帽等物。这场战斗我方军民密切配合，英勇作战，取得了胜利。共计击毙日军 8 名、伪军 30 多名，伤敌数十人。在战斗中，第一营教导员王平、第三营第六连连长陈巨澡，排长李真富、黄什霖，战士周钟贵、傅真英、陈强、陈东、宋相森等 11 人牺牲，排长陈景春和陈希平还有队员多人受伤。战斗结束后，叶大茂、马观富、袁杨英带领联防区常备队和老马村联防队，把伤员回送老马村后再转移到部队医院医治。烈士的遗体被运回老马村瘦狗岭安葬，并召开了追悼会和在烈士的安息地立碑纪念。

金围、合沟之战这次战斗是西北区与日伪军最后一仗，虽然西北区敌后抗日根据地在日伪军轮番"扫荡"，群众的财产受到惨重的损失，但是西北区人民，老马村人民从中经历了血与火的锤炼，根据地得到进一步的巩固和发展，并成为南路敌后坚不可摧的战斗堡垒。

为了抵抗日军的侵略，老马村的人民组织起来，建立了抗日根据地。他们组织起联防队，开展游击战，粉碎了敌人的"围剿"。在这个过程中，许多村民都表现出了英勇无畏、舍家为国的精神，为抗日战争的胜利作出了巨大的贡献。

九、全面内战爆发前的艰难岁月

抗日战争胜利后，国民党为了抢夺抗战的胜利成果，恢复和维持其在全国的法西斯独裁统治，在美帝国主义的支持下发动了内战。1945年10月，广州国民党当局召开两广绥靖会议。讨论如何策应内战，限期清缴的问题。会后，国民党第64军一部分尾随我老一团追至十万大山，其余部队抢占我游击区的城镇村庄。实行分区进剿，妄图断绝我给养，消灭我分散坚持斗争的武装力量。另外，国民党为了加紧恢复各级反动政权，建立地方反动武装和特务组织，对抗日根据地实行"拉网式"的"清乡""扫荡"，妄图把中共地方党组织及其领导的人民武装连根拔掉。当时，在遂溪游击区，几乎每座较大的村庄都住有国民党军队。正如群众所说："打日本时不见国民党，日本败了，满地都是国民党。"面临国民党军队的大兵压境的严峻形势，中共南路特委决定以南路人民抗日解放军第一团（老一团）为主组成主力团，向挺进广西十万大山，保存力量。西进广西前，第一团于1945年10月成功突袭敌人的遂溪风朗军用飞机场。以后，留在遂溪的队伍随即进行精简，分散在原活动地区坚持斗争。其时，西北区各联防队、常备队、自卫队等武装队伍，亦都进行了疏散或精简，埋藏起长枪，只保留少数骨干队员和短枪，组织便衣队、别动队、武工队、经济队等，分散在西北区坚持武装斗争。

1. 叶大林临危受命

老一团西征后，遂溪县各区都处于严重的白色恐怖之中，根据上级关于："长期隐蔽，积蓄力量，等待时机"的工作方针，以及"做长期打算，准备坚持十年、十五年斗争"的指示，中共南路特委根据中共广东区党委的指示，安排主要干部随东江纵队北撤，遂溪老马村马如杰等6人参加北撤。同时，西北区委根据上级指示，也安排几名的党员干部去开辟新区，通过在新区经商、教书、打长工、做保姆等方式隐蔽开展工作。1945年9月至1946年5月，叶大茂被党组织派到廉江县上林山九坡工作，马观福被安排到界东槟榔界村工作，还有其他几位同志分散到各村庄隐蔽起来；只留下叶大林带领武工队在李晓农的领导下，坚持西北区的革命活动，任务是除内奸，杀特务，骚扰敌人对革命根据地的"扫荡"。同年5月，1946年3月至1947年2月，由叶大林担任老马村支部书记。

2. 建立"白皮红心"政权，应对白色恐怖

国民党第64军到达南路地区后，随即恢复各地乡、保、甲三级政权，强行实施五户联保。所谓五户联保，就是每村以五户为一个小单位，互相担保，"不参共""不亲共""不通共""不藏共"。如果一户犯了上述之罪，其他四户也要受株连。其间，南路地区处于一片白色恐怖之下。

中共西北区党组织根据广东省委关于"选择政治上可靠的同志，打进国民党内部，建立'白皮红心'政权，做好统战工作，尽量把部分中立分子争取过来，或同他们约法三章，不准他们做对中共党组织和红色村庄的群众不利的事，对一些顽固反动分子，则采取武装镇压的办法除掉"的指示精神，西北区委安排老马村马巨登、江头村赵树烈、担水塘村李文海、南昌村黄明勋、南坑村余桃、金邦村陈秀初、科港村邓如仁、金围村张元本、北坡仔村毛振坤、上三墩村林朝清等人当"白皮红心"保长，打进国民党内部。这些举措对于掩护中共党组织在农村的工作和保护群众的利益，起了很大作用。如老马村保长马巨登，经常到界炮乡公所为中共地方组织搜集国民党的情报，还利用特殊身份，把在1946年3月国民党反动武装"围剿"老马村时，抓去的村联防队共产党员马进及村民马成涛、马振邦、马朝元、马成芬、马如辉、马瑞琪，龙康友、招秀驱、袁兴宽等人保释回来。

3. 镇压反动极端分子钟建业

1946年6月间，老马村的流氓烂仔钟建业将革命队伍名单及家属提供给驻界炮的国民党军，并带领国民党军到老马村"扫荡"。由于"扫荡"前，全村人已全部离村隐蔽，国民党军在"扫荡"毫无收获的情况下，气急败坏地将老马村保长马巨登和南昌村的保长黄明勋拉到村中马如图的铺仔处殴打迫供，要他俩供出老马一带共产党员、自卫队员的名单，两位保长被敌人打得死去活

来，但始终守口如瓶。

1946年10月间，钟贼再次带领张德安反动武装"扫荡"老马村和附近一带村庄，把村民的茅屋烧光，村民恨之入骨。1946年11月2日，叶大林率领武工队5人，把回老马村家中的钟贼镇压了。群众说："杀得好，武工队为我们除去了一条毒蛇，大快人心。"

应对国民党发动内战

内战爆发前夕，中共广东区委派吴有恒任中共南路特派员，吴有恒向南路党组织传达了中共"七大"会议精神，以及中共广东区委5月6日发出的致各地区的紧急指示，要求各地区委认清当前形势，不要对蒋介石为首的国民党抱有幻想，各地人民武装力量应坚持分散的自卫斗争，坚决、主动地打击反动武装，以保持有生力量及保护人民群众的生命财产安全。

1. 调整斗争策略，强化武装力量

1946年6月26日，国民党军开始向中原解放区大举进攻，原驻防南路地区的国民党64军和46军相继北调，由国民党广东省保安部队接防。为此，中共南路特委要求各地停止原来执行消极撤退、隐蔽骨干的策略，适时开展武装斗争。根据这一指示，西北区原转移撤退、分散隐蔽的骨干陆续回来，把原来埋藏的枪支弹药挖掘出来，在李晓农的领导下建立起一支武装中队。各村也相继组建了武工队（即联防队），老马村武工队由支部书记叶大林兼任队长，队员有原来疏散隐蔽的马朝清、马朝颂、马兰富、马朝益、马朝嵩、马振、叶大模、马如豪等人。

1947年3、4月间，粤桂边人民解放军新编第一团、新编第二团相继成立。西北区除选送部分武装骨干参加新一、二团外，还成立了两个武装中队，第一中队长叶大林，指导员郑扬昭，第二中队亚曲，指导员王炳胜。1948年1月，叶卓峰担任西北区区委书记，周锡经任区长；根据武装斗争形势发展需要，西北区又成立一支扩军队，叶大林任队长。

1947年5月，中共粤桂边地委取消特派员制，中共遂溪中心县委成立，由沈汉英任书记，同时建立8个区委。其中，西区区委书记何珍在涧水河北领导成立了界东乡、界南乡、北联乡等 3 个党总支部和 38 个农村党支部或党小组，共有党员 308 人。界南乡总支部书记叶大茂，副书记袁扬英，委员有李志严、叶大林、邓辉、李志常、马朝英、李春驱等人，党总支下辖老马、云上、合沟、北潭坡、斗伦、同文、安塘、北潭、山塘、长板塘等 10 个党支部，共有党员 93 人。

1948 年 1 月，为了适应武装斗争形势的需要，西北区委要求各村发动群众，组织农会、妇女会、护村队等群众组织和"两面政权"人员，配合人民武装力量开展反"三征"（征兵、征粮、征税）为中心的自卫斗争和恢复交通站等工作。老马村农会会长由马巨登兼任；妇女会由陈月荣、黄志英任正副会长；护村队长由马观福任队长。老马交通站由"叶家五虎"的母亲吴大妈负责，这个交通站原来是来往革命人员的接待站，也是伤病员的医疗站和转运站，如 1945 年合沟战斗中受伤的人员送回老马村后，便由交通站负责接待并转到后方治疗。1947 年化州部队来遂溪活动时，队员叶土生因生病，不能随部队转移，也送来暂住医治。解放后，叶土生还回来探望过救他一命的吴大妈。

2. 重建修械所

1947 年 5 月间，党组织根据武装斗争的需要，又在老马村重建修械所，由马如玲任所长。在修械所工作的西北区籍人员先后有马里生、周华生、马如录、陈福仔、马华抉、陈秀、赵树槐、赵汉、林风章、周锡润、周锡玲、邓发、何恩、张马等人。修械所地址原来设在老马村，但因敌人经常来"扫荡"，所以地址不能固定，经常转来转去。修械所的任务主要是修理各种枪械、翻制子弹、制造地雷等，修械所工作人员时刻面临着两种危险：一是敌人"扫荡"；二是本身工作可能导致的意外事故。如 1948 年下半年的一天，马里生、周华生、邓发、陈福等人在上涌村为前线赶制一批弹药时，不幸发生严重爆炸事故，马里生、周华生、邓发 3 人不幸牺牲。

1948 年 6 月，国民党界炮乡乡长张德审意识到国民党大势已去，便辞去乡长职务，逃到安铺隐藏起来。新任乡长符一掌上任不久就投降，从此，界炮范围得到解放，再没有敌人来"扫荡"了。

3. 配合起义部队休整

1948 年 12 月 19 日，国民党广东省保警第十团在陈一林的率领下于遂溪城起义，并当场击毙前来点验的兵员和召开军事会议的粤桂南区"清剿"指挥部中将副总指挥兼广东第十"清剿"区司令张君嵩、第十"清剿"区少将副司令邓伯涵及其官兵40多人。

保十团起义后，1949年1月28日，国民党遂溪县义和乡乡长杨起德也率领下属50多人起义，并解除国民党遂溪县自卫队的武装。人民武装力量乘势出击，仅半个月在遂溪境内摧毁国民党反动派据点20多处，解放了5个乡镇。

陈一林部队起义后在西北区一带休整，有100多官兵住在老马村，其中陈一林和老婆孩子住在叶大模家，一个营长带着老婆住在马慎元烈士母亲家。他们均受到村民的热情款待。陈一林见到老马村没有一间完好的住房，到处都是被烧的残墙瓦钵，群众居住的茅棚里没有一件值钱的财物，还扎紧裤带支援革命，坚持革命斗争。他感慨地说："过去打共产党，杀共产党人和无辜平民百姓，烧屋抢夺财物，真是罪恶累累，真是对不起共产党和乡亲父老啊！"有一个当兵的看到这种情景，也流着眼泪情不自禁地说："我也是贫苦人家出身，是被抓壮丁当兵的，在'扫荡'时我也烧屋也抢财物，今后一定要将功赎罪。"

4. 支援解放遂溪

1949年10月14日，广州解放后，中国人民解放军第四野战军剑指雷州半岛。11月1日，我粤桂边纵队解放廉江，11月3日，遂溪西北区成立支前司令部，张立明为司令，李炳文为政委，司令部号召全区党员、干部、人民群众马上行动起来投入支前的行列中去。在这次支前行动中，老马村党支部积极响应，发动广大群众有钱捐钱，有粮捐粮，有稻草的捐稻草（做马料）；全村共计捐出大洋100多元、粮食1万多斤、稻草1万多斤等，11月28日，粤桂边纵队攻打城月（遂溪县府所在地），黄兆昌投降，至此，遂溪全境解放。

为有牺牲多壮志，敢教日月换新天。老马村的革命历史，是南路革命中极具代表性的一章，老马村人民为革命的牺牲是难以用笔墨来表达的。今天，在建设中国特色社会主义的新征程中，老马村人民铭记光荣历史，传承红色精神，正在努力把家乡建设得更加美好，为实现中华民族的伟大复兴而奋斗。

曾在老马村工作的南路革命前辈简介

邓成球（1902—1927）：又名邓足恒，遂溪县界炮镇同文村人。遂溪县农民运动的先驱，中共遂溪党组织、遂溪县农民协会的主要创建者和领导人之一。1925年冬加入中国共产党，随后按上级指示以个人身份再加入中国国民党。国民革命军南征后，被党组织派回遂溪从事农运和建党工作。1926年1月，先后在遂溪县第二区组建了一批乡级农民协会和农军武装，4月15日，在城月圩（时为遂溪县府所在地）主持召开遂溪县农民协会成立大会，当选为委员长，同年10月，中共遂溪县部委成立，邓成球担任委员。1927年四一二反革命政变后，4月24日遭遂溪国民党当局逮捕，5月21日被杀害于遂城竹行岭。

黄其江：1914年5月26日出生，遂溪县城月镇平衡村人。1937年2月在广州"江村师范"参加革命，1938年6月参加中国共产党，后受广东省委组织部派回遂溪开展抗日救亡运动和重建南路地区党组织。1938年8月，在遂溪组建遂溪青年抗敌同志会（简称遂溪"青抗会"）；其间，介绍支仁山、邓麟彰、唐才猷、殷杰、招离5人加入中国共产党；9月回广州汇报遂溪工作期间，在"江村师范"介绍沈汉英、陈兆荣、支钟文、陈德生、陈方、谢兆锈、崔永康7人入党。10月重返遂溪先后担任中共遂溪县中心支部、中共遂溪县工委、中共遂溪中心县委书记。1944年8月，参与组织领导"老马起义"，同年10月至1946年4月，先后担任雷州人民抗日游击大队政治处主任，南路抗日人民解放军一支队政治处主任、雷州地区党组织统战委员。1946年4月被党组织安排随东江纵队北撤山东烟台。1947年11月调回南路工作，1948年3月下旬参与组建粤桂边人民解放军第二支队第八团。

解放后，先后担任高雷地委常委兼组织部部长、高雷行署副专员、中共华南分局直属机关党委副书记、华南分局统战部、工业部秘书长、广东省工业部副部长、中共湛江地委第三书记等职；1959年担任湛江医学院副院长，1962年起先后担任党委书记兼副院长；1978年担任广东省高教局副局长。1985年12月离休，2008年1月19日在广州病逝。

唐才猷：1917出生，遂溪县城月镇吴村乡人。曾在海康"省立雷州师范"读书，1937年3月参加革命工作，1938年8月由黄其江介绍加入中国共产党。先后担任遂溪"青抗会"农村工作队队长、遂溪竹山村第一任党支部书记、中共遂溪中心县委组织部部长、中共合浦中心县委组织部部长、遂溪县级军事特派员。1944年8月，参与组织领导"老马起义"，担任雷州人民抗日游击大队大队长、南路人民抗日解放军第一团（"老一团"）政委。后带领第一团西征，先后担任中共桂滇边工委委员、桂西指挥部政委，中共滇东南工委书记，滇东南指挥部司令员兼政委，中国人民解放军粤桂边纵队副司令员。解放后，先后担任广东南路军分区第一副司令员，广西军区钦州军分区司令员，北京高等军事学院战略教研室教员、四系毛泽东思想教研室副主任，湖南省军区副司令员，正军职顾问。荣获中华人民共和国二级独立自由勋章、二级解放勋章，中央军委授予独立功勋荣誉章。2019年10月在广州病逝，享年102岁。

支仁山（1916—1950）：遂溪具黄略镇支屋村人。1933年在遂溪中学毕业，1938年8月入党，1940年夏起任中共遂溪县委委员、书记（特派员）。1944年秋，参与组织领导"老马起义"，后担任南路人民抗日解放军第二团团长兼政委。1948年4月，担任粤桂边纵队第二支队司令员，1949年8月调任粤桂边纵队政治部副主任。后任中共高雷地委委员、高雷（南路）军分区政治部副主任。1950年11月21日，因战争年代旧疾复发抢救无效，在广州病逝，后被追认为革命烈士。

陈兆荣（1915—2015）：遂溪县陈川济村（今属赤坎区）人。1936年考入广州"江村师范"，1938年8月被党组织派回遂溪参与组建遂溪"青抗会"，1938年9月回广州"江村师范"和沈汉英、支钟文、陈德生、陈方、谢兆锈、崔永康7人，由黄其江介绍加入中国共产党。后再次被派回遂溪参加抗日救亡活动和发展革命力量。1939年3月，创建中共陈川济村党支部，任首任支部书记。1939年5月至1942年初，受党组织派遣先后到遂溪县丰厚村、志诚乡、化县、廉江县、徐闻县等地开展革命活动。1942年底，调往遂溪县西北区老马村一带开展革命活动；1944年8月，参与组织领导"老马起义"，出任遂溪人民抗日联防大队政委。1944年至1949年10月，先后担任遂南大队政委；遂（溪）海（康）边两县工委书记、茂电信地工委副书记、高州地委副书记及粤桂边纵队第五支队副政委兼政治部主任。1949年10月，带队参加解放高州、信宜战斗。1949年12月，任高雷军分区独立23团政委；1950年11月，任中共电白县委第一书记；1953年1月，调往河南省郑州工作，任郑州电力学校校长；1954年调往北京工作，先后任燃料工业部电力设计管理局计划处长、电力建设总局机关党委副书记、政治部副主任；水利电力部中国电力科学研究院政治部主任、机关党委书记、党委副书记；1982年12月离休。

李晓农（1917—1988）：湛江市东海岛民安镇三盆村人。1938年参加遂溪"青抗会"，1939年7月在遂溪师范加入中国共产党，1940年春担任中共遂溪师范任党支部书记。1941年7月被调到纪家负责党的工作，1942年9月被调到遂溪深妮塘"国民小学"任教，以教书为掩护开展革命工作。1943年2月日寇入侵雷州半岛后，李晓农组织民众成立了深妮塘抗日联防队。1944年8月，李晓农率部参加"老马起义"后加入南路第一支由我党领导的人民武装"遂溪人民抗日联防大队"，担任三中队政治指导员；后参加西进广西合浦。

1946年担任中共遂溪西南区区委书记，1947年3月17日，粤桂边人民解放军新一团成立，李晓农任团政委。1948年率部700余人西征十万大山，历时28天，行程600多公里。后任滇桂黔纵队第一支队政治部主任。

解放后，历任云南军区武定军分区政治部主任，昆明军区后勤部22分部政委、昆明军区后勤部政治部主任、昆明军区后勤部副军级顾问等职，1981年离休。曾获国防部授予解放勋章一枚，中央军委授予独立勋章一枚。

李鸿基（1920—1999）：遂溪县界炮镇山内村委会新村仔村人。

1934—1938年，在遂溪县立第一小学读三至六年级。1938年8月25日，参加"遂溪青年抗敌同志会"，担任民众抗日自卫团独立中队小队长。同年秋，考入遂溪师范四年制简师班。1940年7月，加入中国共产党。1943年2月，参加抗武装斗争。1944年8月，参加"老马起义"，担任"遂溪人民抗日联防大队"第三中队队长。后担任南路人民抗日解放军第一团（俗称"老一团"）二营营长。参加山内、乐民、下担、九坡、白水塘、三合、豆坡等战斗。

1945年10月9日夜，李鸿基率领二营参加夜袭遂溪风朗飞机场；12日，李鸿基所属的二营与三营一齐前往遂溪往城月公路茶亭路段伏击国民党运载军用物资的汽车队。15日，李鸿基带领二营在山内新村仔晒谷场参加西征誓师大会后随老一团西征。1946年春，李鸿基随队转入越南，在保霞开展华侨工作和参加越南人民民族解放战争，组织华侨抗法武装。1947年秋，李鸿基奉命从越南回国，参加果莉、百合、英华、清华、水口、离桥、马关、铁厂、满才寨、大平、马桌川、三塘、滇南等战斗。先后担任越南北部华侨自卫队一支队副支队长、队长，滇桂黔边纵四团团长、八团团长，一支队副支队长、参谋主任、支队长，滇桂黔边纵滇柬前线指挥部第二指挥员等职。

1950年，原滇桂黔边纵队一支队整编为中国人民解放军武定军分区，李鸿基先后任该军分区参谋长、副司令员。1952年秋，被调到北京任中国人民解放军防化兵学校防化系主任、防化研究所所长兼政委。1957年，调任南京军事学院防化兵技术教研室主任。1970年起，李鸿基先后任兰州军区防化部部长、兰州军区后勤部副参谋长。1982年，中央军委授予李鸿基副军级职务。同年12

月，李鸿基离休回广州军区梅花园白云山干休所。李鸿基于 1957 年 6 月 7 日获国防部授予"二级解放勋章"一枚；1988 年 7 月 15 日获中央军委授予"独立功勋荣誉章"一枚。

张世聪：1909 年出生，原广东合浦县白石水（今广西浦北大成镇）人，乳名云生，字学明。因排行第二，有绰号"世聪佬"和"张二叔"。1928 年秋，考入广东省立第十一中学（廉州中学），1935 年秋，考入国立中山大学。1936 年 11 月，在校加入中国共产主义青年同盟和"抗日先锋队"。1938 年 2 月，加入中国共产党。同年 8 月，受党组织派遣回合浦地区创建抗日根据地。同年 10 月，在家乡白石水、大成从事革命活动，担任甘子根党支部书记。1940 年夏，领导组织 2000 多人举行抗日武装起义，任白石水抗日自卫武装大队大队长。1941 年后，被党组织派到遂溪西区一带发动民众，发展抗日武装队伍。1945 年春，任南路人民抗日解放军第三支队队长兼政委、钦廉四属党组织联络员兼军事特派员。1945 年 5 月 6 日，在浦北县大成大窝山与抢夺抗战胜利果实的国民党顽军作战，为掩护部队转移壮烈牺牲。

林杰：原名张盛祥，1920 年出生，广东梅县人，黄埔军校第四分校第十五期毕业。1942 年参加革命，同年加入中国共产党。1944 年 8 月参加"老马起义"，后历任遂溪抗日联防大队副大队长、雷州人民抗日游击队参谋（长）、南路人民抗日解放军第一团参谋（长）。1945 年参加西进合浦和"老一团"西征十万大山，后曾担任越南第一战区游击干部训练班教育长、越北军事特派员、粤桂边区部队第一团副团长、桂滇边部队第一支队支队长、滇东南指挥部参谋长、滇桂黔边纵队第一支队司令员等职。

中华人民共和国成立后，林杰任云南军区武定军分区司令员，后任云南军区作战处处长。军事学院毕业后，任总高步校教官、军事科学院研究员、云南省军区代参谋长。1960 年晋升大校。1982 年离休，2010 年 5 月 12 日在广州病逝。

黄其炜（1919—1944）：遂溪县平衡村人，出生于富裕家庭。1935年考入雷州师范学校初级班，1938年升入高中师范班。1939年加入中国共产党，1941年担任雷师党支部第二任书记。后参加武装斗争，曾任卜巢山抗日武装中队队长，其间，将家里部分田产卖掉资助抗战，还动员弟弟黄其坚参加卜巢山中队。1944年初，任共产党领导的西区抗日联防队队长。1944年2月3日（农历正月初九），联防队在白水塘附近遭日军伏击，在战斗中，黄其炜和12名队员一起壮烈牺牲。

老马英杰

马如杰（1914—1984）：又名马德良。1938年，马如杰在家乡参加抗日宣传活动。1939年1月参加中国共产党。曾担任中共老马村第一任党支部书记，中共遂溪县西北区区委书记。1944年8月，参与组织领导"老马起义"，担任雷州人民抗日联防大大队长，后担任高雷抗日人民解放军第九团团政委。1946年北撤到山东省，1949年，重返广东工作，先后担任粤桂边纵八团政委、第二支队副政委。1949年11月遂溪县解放后，马如杰先后担任中共遂溪县委书记兼县长、中共徐闻县委书记、中共化州县委书记、中共阳春县委书记、湛江专员公署副专员、广东省贫协秘书长等职务。

叶大茂（老三）：别名叶马勇，1911年2月6日出生，1942年入党。1942年至1944年是老马枪械修理厂负责人、民兵队长，1944年8月9日参加"老马起义"。1945年2月担任西北区抗日民主政府第一联防区办事处主任；1945年9月至1946年5月，被党组织派到廉江县上林山九坡工作。1947年2月至1948年3月，担任老马村第7任党支部书记；1948年4月至1949年，调任遂溪县南乡党支部书记。1950年至1951年3月，先后担任遂溪县政府干事、区委书记。1951年4月至1951年12月调高州，其间，在广东省党校学习。1952

年1月至1954年，在高州县牛头、东岸分界等区担任区委书记。1955年至1960年，在分界农场捐任场长。1961—1963年，担任中共高州县县委常委兼公社书记。1964—1966年，担任中共高州县县委常委兼县林业局长。1968年3月至1974年，担任高州县委常委，1974年至1979年8月病休，1980年10月起改为离休，1989年12月15日病逝。

叶大林（老四）：别名叶胜，1913年出生，1939年5月入党。曾担任遂溪西区联防队中队长、武工队队长；1944年8月参加"老马起义"，后随起义部队转战粤桂边地区，先后参加袭击遂溪风朗机场和西进合浦金街、白石水、谷埠等大小战斗，担任"老一团"手枪队长，后被派回遂溪西北区工作；1946年3月至1947年2月，担任老马村第6任党支部书记。解放后，先后担任遂溪县武装部副部长，遂溪县民政局局长。1987年离休，1998年病逝。

叶卓峰（老五）：别名叶旺、叶大爹，1916年出生。1938年参加革命，1939年2月入党，1939年5月至1940年8月，担任老马村第2任党支部书记。1940年8月后，被上级调派到广州湾从事地下工作，负责中共南路特委与八路军香港办事处的联系。1948年1月，担任中共西北区区委书记。解放后先后担任遂溪县公安局局长、湛江渔业公司党委书记、湛江市外贸局党委书记、湛江市纪委常务副书记。离休后享受厅级干部待遇。2008年病逝。

叶爱（老七）：1921年出生，1939年5月入党。1940年8月至1943年10，担任老马村第3任党支部书记、界炮区抗日联防队副小队长；1944年1月20日（农历十二月六日），在山内河与日伪军作战中牺牲，时年24岁。解放后被定为革命烈士。

叶高（老八）：别名叶邓，1924 年出生。1941 年参加革命，1942 年入党。1944 年 8 月参加"老马起义"，1944 年农历十二月参加支仁山带领的起义部队南下海康、徐闻；1945 年 4 月随部队从徐闻撤回遂溪。1946 年被派到遂溪西北区（北联乡）搞地下工作；1947 年下半年被抽调和梁甫、马光、马朝翼去茂电地区（信宜）开辟新区；1948 年 1 月调回北联乡工作，1949 年 5 月任北联乡党支部书记、区委委员。解放后担任河头区委组织委员，后任区长；1953 年 2 月调任县财政科科长，同年 5 月，派去北京干部学校学习一年零一个月，回后任县民政科科长。1959 年并县后赴廉江武陵水库当指挥长，武陵水库建成后调回雷州青年运河七联道槽工区任区长，工程任务完成后回县农村部任副部长。1964 年，调任青年运河西埇管理处处长，1965 年调任望高劳动大学书记、校长。"文化大革命"期间下放"五七"干校劳动学习。1970 年参加筹建遂溪水泥厂后任书记、厂长；1973 年任遂溪县民政局局长；1975 年任县贫协主席，其间，还负责指挥建设湛江到城月 11 万伏、城月到北坡、河头、杨柑 3.5 万伏变电站工作。1978 年任县革委会副主任；1981 年任县人大副主任；1984 年任县政协副主席，1987 年离休，享受正处级待遇，2016 年病逝。

老马村大革命时期入党人员（3 人）：
马巨登、马巨祯、马成麟

老马村大革命时期参加革命人员（11 人）：
马巨登、马巨祯、马成麟、马益慎、马如星、马朝谦、马扬、马康、马祥九、叶春芳、潘良芬

老马党支部历任书记（1939 年 2 月至 1949 年 5 月）
马如杰（1939 年 2 月至 1939 年 5 月）
叶卓峰（1939 年 5 月至 1940 年 8 月）
叶　爱（1940 年 8 月至 1943 年 10 月）

马朝荤（1943 年 10 月至 1944 年 8 月）

马观福（1944 年 8 月至 1946 年 3 月）

叶大林（1946 年 3 月至 1947 年 2 月）

叶大茂（1947 年 2 月至 1949 年 5 月）

老马革命前行者简介

1925 年，界炮乡同文村进步青年邓成球加入了中国共产党，他经常到老马村搞革命活动，把共产党的信仰和宗旨带到老马村。1926 年 1 月，在老马村发展了马巨祯、马巨登、马成麟三位青年加入了中国共产党。在三位党员的带领下，老马村成立了农会和农军。

马成麟（出生不详—1927）。中共党员，1924 年在老马村开设私塾，教书育人。在邓成球的带领下，积极参加各种革命活动，到界炮、杨柑、豆坡等地宣传共产党理念和宗旨，号召广大贫苦大众团结起来，人民当家做主，推翻国民党的反动政府，建立一个以人民当家作主的国家。1927 年，国民党发动四一二政变，在全国各地疯狂捕杀共产党人，残酷镇压革命活动。其间，马成麟等人因在杨柑圩搞宣传活动时，不幸被捕。被捕后受尽酷刑仍然意志坚定，没给敌人提供党组织任何信息，同年 10 月 22 日被杀害。

马巨登（出生不详—1951）。1926 年 1 月加入了中国共产党，1927 年大革命失败后，为了留下革命火种，马巨登被组织隐藏起来。1939 年之前，马巨登任过一期老马村的保长；1943 年，老马村重新成立农会，马巨登被任命为会长。其间，他积极联系村民，把群众组织起来，参加抗日和各种革命活动。1946 年 3 月，国民党急于恢复乡、保、甲三级政权，马巨登再次被党组织安排做"白皮红心"的保长。其间，他多次利用保长身份，到界炮国民党政府内窃取情报，交给党组织，使党组织随时掌握国民党的动向，有利于开展各项革命活动。1946 年 3 月，国民党反动武装"围剿"老马村，抓去村联防队员马进及群众马成寿、马进帮、马朝元、马成芬、马如辉、马瑞瑛、龙康友、招秀驱、袁兴宽等十多名群众押送到县城。后马巨登利用保长身份，多方面活动，把联防队员及群众全部保释回村。

在父亲的影响下，马巨登的大儿子马益顺于1926年参加老马村的农军，任村农军队长，1927年又加入遂溪县农军转战北海斜阳岛；1931年在北海被捕，同年被押回安铺镇杀害。马巨登的二儿子马吴生抗战时期入党后，1944年2月2日在杨柑白水塘战斗中英勇牺牲。1950年，解放海南岛其间，马巨登以农会长身份发动群众捐资捐物，积极搞好解放海南岛的支前工作。

马巨祯（1898—1938）。1926年1月，由邓成球介绍加入了中国共产党。马巨祯在村中开办一间私塾，广收本村和邻近村学生，在教书的同时也宣传共产党的理念和方针政策。1927年四一二反革命政变后，遂溪县共产党组织受到严重的破坏，马巨祯被派往江苏、福建联系上级。由于当时全国都在白色恐怖之下，当地的党组织也遭到破坏，无法联系，只好原路返回。由于经费已用完，开始一路乞讨一路往回走，后来靠给别人算命筹集路费。途中，遇到广东第四路军中的共产党的党代表，在交流中，谈到了双方现况，党代表建议马巨祯还是回到家乡隐藏和坚持斗争，等到革命形势好转再谋求发展。听了党代表的建议后，马巨祯带着满腔热情赶回家乡。同年年底，经长途跋涉，历尽千辛万苦，马巨祯回到了老马村，再次在村中重开设私塾进行隐蔽，其间，马巨祯经常带学生到界炮圩、杨柑圩、豆坡圩、权留村等地宣传共产党理念宗旨，搞革命活动。有一次，在杨柑圩搞革命宣传时，马巨祯刚离开会场到外面方便，国民党军警就把会场包围捉人。好在马巨祯经常带着的马朝益人小机灵，趁敌人不注意，他逃离会场，找到马巨祯躲过了敌人。

在马巨祯私塾的学生，后来许多人都走上革命道路，成为南路革命骨干。如本村的马如杰、叶卓峰、叶爱、招秀松、袁杨英、袁杨权、马兰富等人。

（本文据马兰富、马卓礼、叶陈盛口述，马进兴之子马理光整理）

南路杰出战将陈炳崧生平

陈炳崧：1914年出生，老马乡赤坎仔村（现下赤仔村）人，父亲陈士拨、母亲吴氏，有八兄妹（四兄二姐一妹和他），排行第七。1931年春，少年的陈炳崧"从军食粮"，跟随姐夫到上海参加国民党军队，在十九路军78师156旅当兵。

九一八事变后，十九路调防保卫上海，陈炳崧随军参加了第一次"淞沪会战"。后国民党、蒋介石与日本签订卖国条约《淞沪停战协定》，十九路军从上海撤下被调往福建"剿共"。将领被撤换，陈炳崧愤然返乡。1937年8月，第二次"淞沪会战"发生，陈炳崧重返部队编入国民党军156师（后改159师），奔赴前线，在战场当上代理排长。同年11月，陈炳崧受伤被送到湖北恩施的后方医院治疗；1937年12月伤好后被批回乡探亲，回队途中因原部队被打散而失去联系。后在高明加入县联防中队任分队长，不久，因在缉私中抓了县长的弟弟而被贬，只好回老家老马乡。

陈炳崧回到老家后积极参加我党组织领导的抗日救亡活动和地下武装组织，1938年9月担任界炮乡联防中队队长；同年9月加入中国共产党。1944年8月参加"老马起义"，担任西北抗日联防区副主任。后随起义部队整编为"雷州人民抗日游击队第一大队"，担任副大队长。"老一团"成立时，陈炳崧担任一营副营长。

1945年8月抗日战争胜利后，"老一团"奉命拟在广州湾（现湛江市）和遂溪一带接受日军投降任务和准备西征战略转移，但国民党军队和日军百般刁难与捣乱，阻挠我南路革命抗日武装的行动。10月16日晚上，陈炳崧作为前敌指挥亲自带领突击队，对遂溪风朗机场拒不投降的守敌突袭。经过几十分钟的激战，突袭战果辉煌，全歼敌人100多人；俘敌飞行员、机务员8名，缴获75加浓炮一门、轻重机5挺、日式步枪130多支，以及一大批弹药和军用品物资。这场胜利既调动尾随第一批西征部队的敌人主力回防遂溪，使第一批西征部队突出敌人的包围；同时，也为第二批西征部队消除了障碍。而且，这场战斗我方付出代价少，只牺牲一名同志。

1946年3月，陈炳崧随"老一团"进入越南整训参加越南抗法战争、担任越军第57中团第171小团（"老一团"一、三营与越军混编）团长兼越军军事教官，其间，在越南广治省、顺化市训练越军班排干部400余人。1947年11月随军回国参加解放战争，先后担任中国人民解放军桂滇黔边纵队第二支队副支队长、中国人民解放军桂滇黔边纵队第一支队第十五团团长。

解放后，陈炳崧先后于1950年3月任中国人民解放军云南省军区玉溪军分区参谋长；1951年5月任西南军区补充训练第六师参谋长，赴东北训练新兵入朝作战。1953年1月，进入中国人民解放军南京军事学院炮兵系第一期学习；1956年1月毕业后任沈阳军区炮兵训练基地参谋长。1956年12月底，因当时国家重点城市湛江建设的需要，调任广东省军区湛江军分区参谋长。1959年8月转业参加组建国营第七九四厂，任副厂长。1964年8月调任第四机械工业部第七研究所（后改为电子工业部第七研究所）副所长。1984年3月离休，经中共中央组织部批准享受副省（部）级干部医疗待遇，2014年6月病逝。

陈炳崧曾先后荣获解放西南纪念章、解放华中南纪念章、三级独立自由勋章、二级解放勋章；2005年荣获抗战胜利60周年纪念章。

链接：

沈鸿伟（1925—）：女，又名鸿慧、鸿惠，原广东省防城县（现属广西）那良镇大勉村人。陈炳崧夫人。1940年9月考入钦县简易师范学校，在校期间受地下党组织教育引导，组织读书会学习进步书籍，接受进步思想，积极参加抗日救国等革命活动，1941年11月加入中国共产党。

1943年9月从钦县简易师范学校毕业后，回乡大勉村小学当教师，以学校作为地下党组织联络点，从事地下革命工作。1945年6月，沈鸿伟参加我党领导的"那良抗日武装起义"。后所在的防城县抗日游击大队编入南路人民抗日解放军第一团（"老一团"），沈鸿伟任第四营文化教员。1946年3月，随"老一团"进入越南整训。整训期间，在驻越南高平的中共粤桂边工委机关担负医务工作。1947年11月随军回国参加解放战争，先后任中国人民解放军桂滇边纵队第一支队卫生队副队长、中国人民解放军桂滇黔边纵队第一团卫生队队长、中国人民解放军桂滇黔边纵队第一支队第十五团卫生队队长，参加解放云南战役等战斗。

解放后，于1950年3月任中国人民解放军云南省军区玉溪军分区政治部文印股股长，1955年4月转业离开部队。1958年3月在湛江钢铁厂工作，后调入湛江食品厂，1963年10月随丈夫调到广州，先后在国营第794厂、中国电子科技集团有限公司工作。1980年离休，离休前是处级干部。2021年经中共中央组织部批准，沈鸿伟享受副省（部）级干部医疗待遇。沈鸿伟还先后荣获解放西南纪念章、解放华中南纪念章、抗战胜利60周年纪念章、抗战胜利70周年纪念章。

老马乡部分革命前辈简介（排名不分先后）

1. 马康胜（1916—1993）：1938年加入遂溪"青抗会"，1939年入党。1943年参与击毙伪军团长周之墀战斗；1944年8月参加"老马起义"；1945年8月，参加夜袭遂溪凤朗飞机场战斗等战斗；并随"老一团"西征十万大山，其间，因伤病留在广西（后返回遂溪）。1950参加渔（土）改工作，1954年至1984年在湛江商业系统工作，后在地区五金交电公司任职，直至离休。

2. 马卓礼（1925—）：男。1944年入党（介绍人：叶大林），1944年8月参加"老马起义"；后随起义部队南下徐闻，任八团一连战士和新四团一连司务长。解放战争后期曾任老马区文书至解放。解放后在家乡工作，1959年至1961年任西湾村党支部书记；1965年至1982年任界炮公社社长，1983年起先后任界炮区区长、界炮镇镇长、镇党委书记，离休后享受副处级待遇。

3. 马兰富（1922—）：男。1939年参加革命，1944年8月参加"老马起义"；老马村联防队队员、"老八团"战士，在部队历任警卫员、手枪队小队长。1950年复员回乡务农。

4. 马华新（1938—）：别名马华，男，1949年3月入党。老马交通站交通员，1944年8月参加"老马起义"，1947年参加广东南路"东征"，1952年在陆军部队考入空军，转业后曾任中国民航第二十飞行大队副大队长、通航公司顾问。

5. 马成仁：别名马静，男，1920年8月出生。1944年4月入党，参加"老马起义"，同年随部队北上化廉和西进合浦。1946年1月至1947年12月，在南路武装担任机枪组组长，在合浦、廉州等地进行武装斗争。1952年至1953年，担任豆坡乡担任乡长；1958年至1960年在老马大队担任中共老马总支书记；1961年在中共老马公社党委会工作；1963年至1982年8月，在湛江雷州青年运河管理局工作。1983年6月以正科级离休。

6. 马朝翼：男，1925年出生。1940年3月参加遂溪西北区"青抗会"，1942年6月加入中国共产党，1943年7月至1944年6月分别在遂溪西北区、海康、徐闻等参加抗日武装斗争，1944年6月至1947年上半年从事地下工作；1947年下半年和梁甫、叶高、马光调往茂电地区（信宜）参加开辟新区和开展武装斗争，1948年下半年担任电白第四区区委会委员。解放后曾担任海康（现雷州）城镇党委副书记。

7. 袁扬球：男，1913年出生，老马乡赤坎仔村（现下赤仔村）人，中共党员。抗战时期参加革命，1944年8月参加"老马起义"；同年随部队北上化廉和西进合浦，后参加"老一团"西征至广西十万大山。全国解放后，袁扬球复员回乡务农，积极参加社会主义建设；1958年6月，"鹤地水库"动工建设，袁扬球带头报名参加工程建设，曾连续日夜奋战累倒在工地。1960年，因积劳成疾病逝。

8. 袁扬琼：男，1915年出生，老马乡赤坎仔村人（现下赤仔村），袁扬球之弟，中共党员。抗战时期参加革命，1944年8月参加"老马起义"；同年随部队北上化、廉和西进合浦，后参加"老一团"西征至广西十万大山。全国解放后，回家乡参加土改工作后，历任遂溪县豆坡乡党委书记、遂溪县杨柑镇（公社）书记、遂溪县畜牧局副局长等职。离休后享受处级干部待遇，2004年3月病逝，享年89岁。

9. **马如伟**（1917—1998）：原名马康贵，男。1940年参加革命，同年加入中国共产党，1944生8月参加"老马起义"，1945年随部队"西征"广西。解放后被保送到南方大学学习结业，后回遂溪工作，曾担任草潭食品站主任。1977年退休，后享受离休待遇。

10. **马朝英**（1921.7—2013.5）：男，中共党员。1939年1月参加革命，1944年8月参加"老马起义"；1946年10月至1951年8月在本区北联乡交通站、黄坡乡从事地下工作。解放后，1951年8月至1952年5月在党校学习；1952年5月至1953年11月在遂溪县搞土改（队员）；1953年11月至1956年9月在信宜县搞土改（队长）；1956年9月至1959年1月在省文化补习学校学习；1959年1月至1960年3月在阳春铜矿担任工会主席；1960年3月至1972年2月在湛江燃料局任科长、农机公司任经理；1972年2月至1983年8月在广东省盐业机械厂担任副厂长。1983年9月离休。

11. **陈炳真（珍）**：男，1912年6月出生，老马乡赤坎仔村（现下赤仔村）人，陈炳崧堂哥，中共党员。1931年，陈炳真和陈炳崧一起跟随陈炳崧姐夫参加国民革命军，在十九路军78师156旅当兵，曾参加两次"淞沪会战"。1942年，因不满国民党军队腐败状况脱离部队返回家乡。

1943年，陈炳真加入老马抗日联防队，参加白水塘与日军之战。1944年8月参加"老马起义"后，随起义队伍改为"雷州人民抗日游击队"，后在"老一团"一连（即洪荣连）任军事教官；1945年1月左右调到第二团一连当军事教官（正排级）。同年9月，第二团于在遂溪中区整编，整编后留后方游击区。1946年5月，调到西北区武工队工作。1947年3月间，调到新二团一连任军事教官（正排级）。1948年2月，陈炳真调到八团，后来又调到遂溪海队。海队于1949年3月编入粤桂边纵队新四团第一营第三连（即张弟连），陈炳真任该连副连长兼军事教官。

解放后，因父母年老多病、无人照料，陈炳真申请复员回乡务农。1961年病故。

12. **马进兴**：男，1928年出生。1943年加入老马村儿童团，并任团长、老马地下交通站交通员，中共党员。1944年8月参加"老马起义"，后在老马修械所（兵工厂）工作。1950年10月复员回乡务农，后就读遂溪县中医学校毕业，先后在老马大队、龙塘大队、忙溪大队合作医疗站工作，1979年落实政策在北潭卫生院工作，任中医师、药剂师。1980年去世。

老马党支部党员（1939年至1949年，96人）：

马朝善（又名马叔良）、马如杰、马如豪、马康胜、马泰、叶大茂、叶大林、叶卓峰、叶爱、叶高、马观福、马朝荦、马朝堂、马朝伟、马朝驱、马朝丰、马朝英、马朝佳、马朝龙、马朝信、马朝清、马朝翼、马朝益、马朝嵩、马兰富（别名马希贤）、招秀松、黄志英、马冠球、马德光、马里生、马勾德、马成儒、马成云、马华新、马吴生、马慎元、马进德、叶大模、叶土四、袁扬权、袁扬琼、袁扬英、袁马贵、马如球、马如侨、马如琼、马如盛、马如腾、马如玲、钟华引、钟明佳、钟滔如、钟明络、钟基龙、钟基才、钟九、王家槐、王家励、马观英、马家驱、邓成有、招翠珍、陈嵩南、陈玉成、陈高华、陈月荣、周锡缅、李锦瑞、李锦章、李芳茂、李成伟、李家驱、李锦秀、李东、马卓礼、马瑞章、马康富、马成斌、马成秀、马成名、马成章、马成才、马成仁、马子汉、张培高、邓如善、郭济仁、马何裕、马进喜、马进兴、马康贵、马养、马进、马缅、马尽、马五。

老马村解放前脱产参加革命队伍人员（42人）：

马如杰、马如豪、马康胜、马泰、叶大茂、叶大林、叶卓峰、叶爱、叶高、马德光、马进、马如聪、马如乔、马如琼、马成斌、马成毓、马成儒、马成云、马成泰、马成名、马成恩、马成才、马康贵、马朝荦、马朝佳、马朝胜、马朝清、马朝献、马朝堂、马朝益、马瑞章、招秀松、招秀球、叶大模、马卓礼、马兰富、马华新、马理生、戚显通、马侨光、马颂、马进兴。

解放前老马村参加革命的家庭（17家）：

马朝善家庭：马朝善、马朝伟、马朝驱、马朝丰（兄弟）

马如杰家庭：马如杰、马如豪、马康胜、马泰（兄弟）

叶大茂家庭：叶大茂、叶大林、叶卓峰、叶爱、叶高（兄弟）

马观福家庭：马观福、马康贵、马养（兄弟）、陈月荣（马观福妻子）

招秀松家庭：招秀松、黄志曲（招秀松妻子）、钟华引（招秀松同母异父兄妹）

马朝佳家庭：马朝佳、马德光、马朝清（兄弟）

马朝益家庭：马朝益、马朝嵩、马兰富（兄弟）

马瑞琪家庭：马瑞琪、马瑞兰、马瑞章

马巨登家庭：马巨登（父）、马益顺（子）、马吴生（子）

马巨祯家庭：马巨祯（父）、马进兴（子）

马朝献家庭：马朝献（父）、马华新（子）

马如琼家庭：马如琼、马里生（兄弟）

马朝堂家庭：马朝堂、马勾德（兄弟）

马朝龙家庭：马朝龙、马朝信（兄弟）

马成儒家庭：马成儒、马成云（兄弟）

马成斌家庭：马成斌（独子）

马朝莘家庭：马朝莘（单丁，牺牲）

马慎元家庭：马慎元（单丁，牺牲）

部分"老马起义"前后参加革命人员（152人）：

马如杰、马如豪、马康胜、马泰、叶大茂、叶大林、叶卓峰、叶爱、叶高、马观福、马康贵、马康富、马卓礼、马如灵、马如强、马如兴、马如滕、马如盛、马如聪、马如家、马如琼、马如侨、马如性、马如球、马如滔、马朝莘、马朝佳、马朝清、马朝益、马朝嵩、马兰富、马朝驱、马朝仲、马朝英、马朝龙、马朝信、马朝胜、马朝献、马朝庆、马朝兴、马朝德、马朝伟、马朝善、马成郁（毓）、马成德、马成斌、马成儒、马成云、马成泰、马成名、马成仁、马成昌、马成秀、马成章、马成芬、马成才、吴成恩、叶大模、叶土四、招秀珠、招秀躯、招秀松、招炳常、招炳光、招翠珍、陈炳菘、陈炳真（珍）、陈玉成、陈章南、陈菘南、陈炳裕、陈福仔、陈月荣、袁土生、袁马造、袁扬权、袁扬英、袁扬琼、袁扬球、袁扬章、袁善佳、袁康胜、郭济仁、郑超、郑贤沛、伍南邱、万胜志、万士通、麦兆祯、何光辉、赵华汉、赵树槐、赵福、林凤章、黄九毛、马德光、马华扶、马冠球、马安仔、马吴生、马理生、马理安、马理华、马华新、马慎元、马志清、马进光、马进喜、马进有、马进德、马进兴、马进安、马进邦、马伟进、马瑞琪、马瑞兰、马瑞章、马勾德、马侨光、马振、马养、钟辰、钟发仔、钟红九、钟贵儒、钟滔儒、钟观付、钟明家、吴大妈、谭四奶、戚亚通、周锡润、邓成有、梁家献、梁如胜、梁居才、梁安秀、潘存发、潘佐、李成伟、李成驱、李成芳、李春泉、李华荣、李连居、李成杰、李九美、李锦秀、李锦章、李东等人。

先后参加"遂溪人民抗日联防大队"人员

马如杰、马如豪、马康胜、马泰、叶大林、叶高、叶大茂、马康富、马成斌、马成儒、马成云、马康贵、马理生、马理安、马华新、马德光、叶大模、马瑞兰、马瑞章、马安仔、马振、马如盛、马如聪、马如灵、马如琼、马如腾、马成仁、招秀松、招秀球、招秀躯、马观福、马朝胜、马朝英、马朝献、马朝堂、马朝荣、马朝清、马朝佳、马朝颂、马朝益、马朝嵩、马兰富、马侨光、马成才、马进兴、马进、马成敏、马成泰、马成名、李成杰、李成伟、李成驱、李春泉、李华荣、李连居、李锦秀、李锦章、李芳茂、陈炳菘、陈炳真（珍）、陈玉成、袁土生、袁马造、袁扬权、袁扬球、袁扬琼、袁扬英、袁扬章、袁善佳、袁康胜、郭济仁、钟辰、钟发仔、钟红九、钟康余、周锡润、伍南邱、郑超、梁家猷、万胜志、麦兆祯等党员和积极分子80多人。

老马党支部管辖范围内烈士

叶爱、马朝莘、马成秀、马朝驱、马吴生、马慎元、马勾德、马康富、马如家、马理生、马泰、马进、马冠球、袁马贵、袁扬权、李芳茂、李东、李九尾、钟贵余、郭济仁、陈嵩南。

白水塘战斗中牺牲人员

黄其炜、莫利佳、妃荣、陈家宝、马朝驱、马慎元、马吴生、马如家、马康富、李东、马成秀、马勾德、马如强。

部分解放前参加革命人员在解放后最后任职名单

马如杰：广东省贫下中农协会秘书长

马康胜：湛江地区五交化公司科长

马朝伟：茂名石油公司车间党委书记

马朝丰：湖南省建委科长、高级工程师

叶大茂：中共高州县委常委

叶大林：遂溪县民政局局长

叶卓峰：湛江市纪律检查委员会副书记

叶高：遂溪县政协副主席

马德光：广西壮族自治区公安局劳教处处长

招秀松：广西柳州市物资局局长

马观福：湛江市民政局科长

黄志英：广西柳州市某居民委员会党委书记

马朝英：湛江市盐务局机械厂党委书记

马华新：中国民航局通航公司顾问

马侨光：茂名市供销总社主任

马成斌：韶关市民政局局长

马成儒：电白县人大常委会副主任

马成云：遂溪县杨柑公社书记

马卓礼：遂溪县界炮镇镇长

马朝翼：海康县城镇党委副书记

忆马如杰的成长及在老马村的抗日活动

叶卓峰、马康胜、马朝英

（一）青少年时期

马如杰，小名观德，1914年2月出生于老马村一个贫苦农民的家庭。父亲叫马贤才，母亲陈氏，都是诚实的农民。如杰有兄弟四人，他排行第二，还有三个妹妹。小时候他家里很穷，与堂弟马观福合耕一亩多水田，自家另有五亩左右的瘦瘠坡地和一只捞海泥的小船，这就是他家的全部产业。由于家里人口多，生活困难，两个小妹妹被迫卖给人家做婢女。如杰自小聪敏好学，他父亲平时省吃俭用供他读书，祈望他成才，将来为马家争一口气，因此如杰在10岁的时候便开始跟本村马巨祯先生读书。马巨祯和马成麟及邻村的邓成球、赵不庸等人，都是大革命时期的革命同志，他们的革命思想和革命活动，对如杰起了很好的影响和启蒙作用。后来，如杰又相继转学于枫树、山家和北潭等地。他读书十分刻苦勤奋，白天上学，晚上还常跟父亲和哥哥下海捞海泥作肥料。由于他勤奋过人，兼天资较好，故许多古书如《故事琼林》《古文观止》等都背得混瓜烂熟。在这些书中，任由你抽出哪一句，他都能马上只字不漏地背出下一句。他还能写得一手好毛笔字，村里每逢喜庆之事，总喜欢叫他给写帖子或对联，他也从不推辞。由于他为人爽直，又有文化知识，在青年中间威信很高，乡亲们都非常敬重他，有"小领袖"之称。当时村里有个叫马朝居的流氓，平日自恃身粗力大，欺负村中的弱小群众，横行乡里，还经常偷窃财物，是个有名的"烂仔头"。如杰曾多次登门对他进行批评教育，但他劣性不改，如杰便联络一班青年斗争了他，从此，这个流氓便再也不敢为非作歹了。因此，村中群众对如杰愈加佩服。

（二）投身革命

1937年7月卢沟桥事变后，全国抗战爆发，当时如杰正给一个盐商当账房先生，国难当头，他决心献身于民族解放事业，因而在第二年便辞了职，参加了抗日活动。接着他的哥哥马如豪和弟弟马康胜、马康泰也在其影响下先后参加了革命。

1939年，如杰由马叔良（老马村人，共产党员，原是遂中高才生，毕业后回乡教书，从事革命活动）介绍参加了中国共产党。如杰入党之后，革命热情更高了，常把《论持久战》等书带在身边，精读细研，并身体力行，积极宣传党的抗日主张，团结各阶层人民抗日。他非常注意在农村中培养积极分子，发展党员，仅老马村，经他亲手培养发展的第一批党员就有叶卓峰、马观福、马康胜、叶爱、叶大林等十多人，并在他的指导下，成立了老马村党支部。老马村党支部成立之后，积极开展抗日活动，主要办了以下几件事：

1. 开办民众夜校，发动全村男女老少都来读书。夜校校址设在马氏祠堂，如杰经常到夜校给大家讲课。夜校除函教农民识字之外，还教唱《大刀歌》《义勇军进行曲》等抗日救亡歌曲，讲"国破则家亡，中华儿女要抗日卫国保家"的道理，用党的民族统一战线政策来教育群众，提高群众的政治觉悟，因此群众的抗日情绪普遍高涨。

2. 组织巡夜队，保护群众生产。当时，老马村附近有个涧水圩，圩中有几间鸦片烟馆和赌场，经常聚集不少烟鬼和赌徒，这些人吹大烟花光了钱或赌输了钱之后，便偷群众的番薯等作物，甚至入屋偷窃财物，搞得周围群众不得安宁。为了保护群众生产，维持社会秩序，团结群众抗日，我们在如杰的发动和组织下，以党员骨干为基础，以自然村为单位，每村组织二三十人的青壮年巡夜队，总队长是马巨登。巡夜队成立后，白天参加生产劳动，晚上集中巡逻，这是一种群众性的抗日联防的最初形式。

3. 歃血为誓，团结抗日。为了进一步巩固我们的工作成果，检阅我们的队伍，如杰又提出要搞一次全村大会餐，并带头捐献会餐费。在他的带动下，其他党员和积极分子也跟着捐献，有的出钱，有的出米，有的献糖波酒，有的献粉丝，还有一部分青年下海捉鱼捞虾，很快便筹足了会餐物资。大会餐时，菜肴非常丰盛，开席前，如杰同志向全村几百人讲了话，就席后，党员分散到各席，同群众一面吃，一面倾谈，一碗鸡血酒轮流饮，十分亲热。在这种场合，群众不受拘束，容易说出心里话，使我们能较实际准确地了解群众的思想状况，掌握群众的情绪，从而及时进行教育，同时也便于检查我们的工作。这种形式的活动，我们搞了几次。

4. 想方设法，筹款买枪。1943年初，为了做好抗日武装起义前的准备，上级党组织指示我们要加紧筹集枪支。如杰同志家庭经济虽然困难，但为了带动群众，他将自己家里仅有的一块秧田卖掉，买了两支步枪；党员马朝荤和马成斌分别买了一支步枪和驳壳枪。在党员的带动下，群众也纷纷响应，马成德卖掉一只小船，买了5支步枪交给我们，当时全村买了31支长短枪，加上收集来的24支，共筹集了55支长短枪。

除了上述活动外，如杰同志还领导我们成立了帮工队，帮助劳力少和孤寡老人耕种；带领村里青年围海造田，种粮备荒。他还发动大家合股办供销合作社，以方便村中群众的生产和生活，减少商人从中剥削。通过以上活动，从思想上、组织上以及物资装备等方面，为抗日武装起义作了较充分的准备。

（三）做老百姓的"父母官"

1940年初，上级党组织指派如杰担任界炮乡老马保保长，他意识到这个担子不轻，既要掩护党组织，保护群众的利益，又要应付国民党的各种差事。怎么办呢？他懂得"独木不能成林"的道理，要完成这个特殊的任务，必须首先做好全乡各个保长的工作。在界炮镇镇长陈开濂（共产党员）的支持下，他首先摸清全乡各保长的情况，然后根据各保长的实际情况，好的就将其稳定下来，一般的则进行教育，提高其觉悟，对于差的则设法争取，若争取不过来就想法将其调开。他决心把全界炮乡的保甲组织变成团结抗日的进步组织，变成"白皮红心"的两面政权，为达到这一目的，他日夜操劳，耗费了不少精神。同时，他还妥善地统一安排了对付国民党拉丁征税的行动，在他任保长四年中（1940—1944年），群众所负担的壮丁、捐税额得以大大减少。他对付前来抓丁的乡兵的办法，一是教育，二是拿自己腰包的钱接待。对付征税，他则采取"一推、二说服、三抵抗"的办法，实在抵抗不了时才收些钱款去应付。群众说："我们能够安心生产，又少出钱，靠的就是这个'父母官'。"

1943年2月，日本帝国主义入侵雷州半岛后，如杰同志的工作更加繁忙了，他一方面要做好武装斗争的筹备工作，另一方面又要开展"锄奸"工作。这个时期，他领导我们做了下面两件比较大的事情：

1. 除掉汉奸周之墀夫妇。周贼是老马乡人，流氓出身，日寇入侵遂溪后，周贼充任杨柑伪军团长，他的小老婆"黑肉鸡"任副团长，俩夫妇狼狈为奸，经常率部"扫荡"革命村庄，"围剿"抗日游击队，烧杀抢掠，无恶不作。由于周贼是本地人，熟悉当地情况，对老马一带的抗日斗争极端不利，因此，我们认为必须设法把这两个坏蛋除掉。1943 年 9 月 22 日，我们侦察得知周贼在赤坎仔村饮酒，如杰便派叶爱、马康胜、叶大林、马康贵、马如琼、马潮清、马朝莘等游击队员，扮成买猪人，冲入周贼酒后抽鸦片烟的房间，开枪将其击伤，周带伤逃到村边，被我游击队追上击毙。当时，"黑肉鸡"正在另一间房饮酒，当她听到枪声后，即慌忙逃走。1944 年农历正月初九，如杰再次派出老马联防队，与张世聪、黄其炜游击队配合，攻打杨柑圩伪军据点，继而奔袭东边田村伪军指挥部，活捉了"黑肉鸡"，然后把她处决了。从此，当地的汉奸再也不敢出来活动了。

2. 做好各次战斗的善后工作。这方面的工作主要有两次。一次是在 1943 年 11 月，界炮乡抗日联防队在眼镜塘村附近同日伪军打了一场仗，联防队副队长叶爱同志在这次战斗中光荣牺牲了。叶爱是牺牲较早的一位同志，如杰同志对此非常重视，他动员了 16 位保长抬着棺材步行十多里，把烈士的遗体送回老马村，并发动了一万多群众到场举行葬礼。群众看到此种场面很受感动，都说这样死得有价值，真是"重于泰山"。烈士的父亲叶春芳得知儿子牺牲了，本来非常悲痛，这时也被这场面所感动，在大会上讲了话，他说："一定要把抗日坚持下去，打败日本鬼子，才有好日子过。我还有四个儿子，现在都在抗日前线参加战斗，我要鼓励他们好好干。"叶爱烈士的生前好友马亚泰、马慎元等也表示要多杀日寇和汉奸，为烈士报仇。通过这种悼念仪式，党员、群众以及烈士亲属，都受到了一次深刻的教育，化悲痛为力量，决心抗日到底。

另一次是在 1944 年正月初九，界炮、杨柑等联防队与日寇在白水塘发生战斗。老马村联防队在这次战斗中牺牲了十多位同志。当时，村里群众和党员的心情都非常沉重，牺牲者亲属哭声不断，如杰同志把悲痛强压在心头，沉着地做了安排。他首先召开党员会议，安定大家的情绪，他说："要抗日，要革命，便会有牺牲。我们这次损失这么大，应该吸取教训，挺起腰杆，继续战斗，为死难的烈士报仇！"他随即布置党员分头去做好烈属的工作，并挑选人员到战场去了解情况，把烈士的遗体运回来，然后把召开追悼大会，注意加强警戒等事项，一一布置妥当。他还亲自上门做好烈属的思想工作，特别是到几个独生子烈士的家里做过细的工作。为做好烈士们的善后工作，他还专门召集村中父老开会，征求他们的意见。开追悼会那天，廉江县和城月等地都派来了慰问团，烈属们深受感动，感到自己的亲人为国为民牺牲确实是光荣的，都表示要继承烈士的遗志，将抗战进行到底。

1944年8月，中共南路特委决定以老马村为中心举行武装起义，建立我党领导的独立自主的武装队伍。特委先派唐才猷同志到老马村与如杰同志一道做好武装起义的准备工作，特委书记周楠同志还亲自到老马，召集支仁山、唐才猷、陈兆荣和如杰同志，传达和布置武装起义的具体事项。8月8日（农历六月二十）深夜，我党组织首先把驻在界炮圩的杨起德属下的一个中队拉到老马村，缴了他们的枪。9日（农历六月二十一）早上，山家、山内、金围、豆坡、杨柑、深泥塘等地的联防队、自卫队、常备队也纷纷开到老马村集中，武装队伍有200多人，附近村庄有1000多名群众赶来参加大会。上午十时左右，大会在老马村祠堂前开幕，宣布武装起义。县委领导人支仁山同志在大会上宣布"遂溪人民抗日联防大队"成立，大队长马如杰，政委陈兆荣，参谋林杰，联防区主任陈开濂。大队下辖三个中队，第一中队长洪荣，指导员陈慎辉；第二中队长郑世英，指导员李少香；第三中队长李鸿基，指导员李晓农。这次武装起义，大大地推动了雷州地区的抗日斗争形势的发展。不久，由于工作需要，如杰同志又被派到其他地区，进行发动群众，组织武装，开展抗日武装斗争的工作。

叶大林回忆录

（一）

我出生在遂溪界炮的老马村一个贫苦家庭，爸爸名叫叶春芳，妈妈没有名字，因外家姓吴，村里人都叫她为吴大妈。我原来有兄弟姐妹九人，两个哥哥、一个姐姐、一个妹妹、四个弟弟。大哥名叫叶寿，十几岁时生病无钱医死，五弟叶贤广饿死，大姐卖给地主当奴婢。从我懂事起，每天都是吃两餐番薯（地瓜）稀粥，从来没有吃过米饭。加上父亲风湿半瘫痪，不能参加重体力劳动，特别是我 10 岁那年，父亲犯了风瘫病，自己起不了床，大小便都要人帮扶起来，生活难以自理；母亲也生了毒疮，也有半年不能走路。12 岁时，父亲又被迫准备把六弟叶爱卖给湛江的资本家，后来，因为我们兄弟和父母亲都围住六弟痛哭，六弟看见如此场面就坚持不肯去了。

1926 年，大革命的风暴影响到遂溪，老马村有八个人参加了风起云涌的农民运动，村里成立农民协会，妈妈鼓励爸爸当上了农民协会副会长。大革命失败后，陈光礼、欧林昌在老马村隐藏了很长时间才离开。这时，我们兄弟都长大了，我给地主做长工，弟弟叶旺（又名叶卓峰）也去给地主放牛。1937年"卢沟桥事变"发生后，抗日烽火燃遍全国，老马村也在 1938 年秋成立了"青抗会"组织和农民夜校，从此，老马村又燃起了第二次革命烈火。其间，"青抗会"组织的革命同志下户宣传引导农民到农民夜校读书。第一批农民夜校老师是黄槐、殷英等同志；他们一提起共产党抗日救国的主张，我父亲就明白了。爸爸对妈妈说："共产党又来了，'青抗会'就是由当年的共产党所领导，我们农民有希望的。"

从这时起，妈妈就鼓励儿子们去农民夜校读书，参加革命。有时，妈妈在晚上也去听老师讲课。老师讲的内容都是贫苦农民怎样受压迫、受剥削，还讲贫苦农民长年累月生活过不下去，还要卖男、卖女。每当老师讲到这些内容，都触到妈妈的心酸处，她都会痛哭起来。后来，老师又讲到贫苦要组织起来，打倒三大敌人，贫苦农民才能得到翻身解放。其间，殷英同志经常到我家坐，还有唐才猷、张世聪、林杰（绰号：没牙林）、唐多慧等同志也常来，他们都在我家吃蕃莳（地瓜）稀粥；他们在我家吃番莳（地瓜）稀粥都没有菜，只有蟹汁。每次唐才猷同志都风趣地说，就蟹汁最好。唐多慧因患有肺病，后来，他就不再来吃粥了。妈妈知道后，便经常把自家鸡下的鸡蛋拿去给唐多慧吃，每过了一段时间，也会煮鸡汤送去给唐多慧喝。在妈妈的鼓励下，不久，我们几兄弟都参加了革命和入了党，哥哥叶大茂、弟弟叶卓峰、叶爱和我先后都担任过老马村党支部书记。

1943 年，日本侵略者登陆雷州半岛，日伪军到处作恶。弟弟叶爱被党组织调去界炮区抗日联防队负责党的工作，去前，叶爱问过妈妈，我去联防队打日本仔好不好？妈妈说领导叫你去，你就去；你去了还要好好工作。同年 12 月

20 日，界炮抗日联防队在山家和日伪军的战斗中，叶爱中弹牺牲。叶爱遗体被送回老马村时，镇长亲自为叶爱遗体洗澡穿衣服，16 位党组织安排担任的保长抬棺材，30 名抗日联防队员持枪护送；还召开追悼大会杀猪公祭，组织了界炮各界成万人参加。在追悼会上，痛失爱子的妈妈强忍悲痛，当场向其他儿子表示：阿爱死得光荣！让我们为牺牲的叶爱报仇，为穷人翻身继续革命到底。

1944 年农历正月初九，弟弟叶卓峰调走去搞地下工作，西区区委决定攻打东边田村据点，消灭"黑肉鸡"这股伪军。我和哥哥叶大茂、弟弟叶高都参加这场战斗，战斗前一天当晚，我们给妈妈说明天去打伪军，妈妈说："人家都去，你们也要去，要勇敢不能落后。"与伪军的战斗中取得了胜利，活捉了"黑肉鸡"。因军事经验少，后来遭到日本仔伏击，牺牲了 14 位同志。其中有一位牺牲的还是家中的独仔独孙，他家人哭得死去活来，妈妈知道后赶去做思想工作，还表示今后会让自己的儿子来照顾他们家。"老马起义"后，我们四兄弟一起参加了部队。后来因为工作需要，马如杰同志让哥哥叶大茂留下，妈妈听说后，还对哥哥说："快去部队不要留下，家里的事有我。"哥哥听了妈妈的话便去与马如杰同志说还是去部队，之后，因这一带地区确实缺干部，党组织又把哥哥调回到地方工作。

部队撤走后，敌人在老马村一带疯狂"扫荡"，老马村多次遭到敌人烧光和抢光，我家草房也被敌人烧毁了，妈妈带着大嫂再搭建回来。就在这时，每区都建立有一个地下交通总站，各个重点村都有交通分站。当时我家也是一个分站，同时来往我家人员很多，当时，家里只有妈妈和大嫂两位劳力，既要搞生产，又要照顾来往人员，经常忙不过来。但不管白天黑夜或刮风下雨，妈妈从不耽误分站的工作。如 1945 年 5 月的杨柑战斗，我们有很多受伤同志被送回老马村，其中，指导员陈博（陈拔）、陈仕（慎）辉受伤重，妈妈把他俩安排在自家交给嫂子细心照顾。后来要把陈博（陈拔）、陈仕（慎）辉抬去赤泥地医疗站医治，有个别村民人不想抬担当，当晚，妈妈顾不上吃饭，走了上村走下村做思想工作进行动员，最后才找人齐抬担架。日本仔投降后，国民党在遂溪农村地区建立乡保会，老马村一带已暴露的干部要撤退或隐蔽，原来许多交通员都撤退或隐蔽了。经常因为由总站半夜的来信没有找到人送，妈妈自己就亲自送信。夜晚没有渡船，为了要把信送到目的地，妈妈经常是直接涉水过河；有时潮水涨，妈妈便把信件放在头顶上双手紧紧压住，仍然坚持过河，过河后全身湿透，又没有衣服换，只能由湿穿到干。

妈妈除了要完成交通站的任务，又要兼顾农活，还有来来往往的人员要接待。其间，妈妈带着两个儿媳犁田插秧，在自家几分水田和几亩坡地忙前忙后。但遇到上面总站来了紧急情况，不论是插秧或收割，她都把自家农活放下，忙着去送信。1947年，形势有了好转，交通工作又活跃起来，工作量也增加了。同年5月，化县被敌人反攻，化州的四团撤来遂溪在赤坎地活动，全团共有60多人因不服水土人犯了坎水病。组织上交了40个病人给妈妈。面对40个病人，一没有屋住，二没有被盖，也没有医生和药品，就是煮草药的药煲都需要很多。40个病人当中有些是轻症，有些病得很重，没有房住，妈妈在晚上就把他们带下山睡觉，早上再送上山；无钱买菜，妈妈每天一早便去岭上挖些山芋回来煲，也没有油，就是清水煲山芋给病人吃。坚持了一段时间，一些病情轻的逐步好了归队，病重的还要继续留在这里休养。在这种情况下，妈妈只能到处向别人借钱买药和请土医生，还动员村里其他妇女帮忙煲药。有一个名叫叶土生的战士病情比较严重，医来医去都不好，而且病危了几次。有一次看到可能是救不了，已经把他抬上村外岭头，找了几片簾片盖住等他断气。刚好这天晚上刮大风下大雨，妈妈整夜不睡觉，大雨未停又上岭头看他，但找到天光都找不到他。直到9点钟才找到，原来他被大雨浇醒后，准备自行回部队，但在岭头附近转来转去认不清路。妈妈好言相劝把他劝回，后来把他医好了回到了部队。解放后，叶土生还回来老马村探望过救他一命的妈妈。

1948年，革命形势大好，我们部队打下了界炮乡，敌人在界炮大势已去。但为防止敌人大军偷袭，部队需要及时掌握敌情，所以，通信工作还是紧张。妈妈经常从老马村这里通过涧水河送信到河对岸后田的袁四婶家，再由袁四婶转送部队。涧水河白天有渡船，但夜晚没有船，潮水涨时白天也没有船，为了把敌情及时送给部队，妈妈经常冒着生命危险，涉水过河。她说个人生命是小事，我们部队这么多人，如果被敌人偷袭了，我们损失就大了。无论什么时候凡有紧急信件，妈妈从不推辞与耽误，因此，她曾四次没有渡船要涉水过河送信，身上的衣服全湿了，也没有衣服换，湿衣服都是由湿穿到干。到了1949年，因身体疲劳过度，妈妈从这时起就经常吐血，身体便垮了。

解放后，政府把妈妈按烈属身份安置在遂溪光荣院，安享晚年，1965 年 9 月在光荣院去世，享年 80 岁。妈妈生前时常教育、鼓励自己的子孙要永远听党话，跟党走。一直以来，我们也是牢记妈妈的教诲，努力做好本分工作，一心一意为国家和人民贡献自己的力量。母亲去世已经 20 年，如今我也离休了，谨以此文怀念亲爱的妈妈！

（二）

1943 年日军侵占遂溪后，住城月的日军派出 30 多人占领北坡墟，在北坡当铺里建立据点。在洋青的日军也派出日伪军 80 多人占领了豆坡墟，在豆坡当铺里建立据点。界炮镇枫树村的赌棍、烟鬼、流氓头子周之墀马上到北坡投靠日军，即被任命为杨柑自警团团长，其小老婆陈惠珍（绰号"黑肉鸡"）为副团长。其间，周之墀和陈惠珍经常带领三四十人四处抢掠，勒索钱财，强奸妇女，无恶不作，对抗日武装及群众的生命财产安全造成极大威胁，群众对周贼愤怒极大，纷纷要求铲除这两个毒瘤。1943 年农历九月二十二日，获悉周之墀回上赤坎仔村李朝胜家饮喜酒的情报，马如杰、张世聪、陈兆荣立即召开会议研究派叶爱、马康胜、马如琼、叶大林、马朝莘、叶高、马康贵等人前往赤坎仔村铲除周贼。

周之墀被铲除后，"黑肉鸡"接任自警团团长，扬言要杀绝老马人；其变本加厉，经常率部到杨柑圩附近的马城、新埠、蒙塘、老河一带村庄烧杀抢劫，当地群众恨之入骨。1944 年 2 月 2 日（农历正月初九日），西区区委接到梁华栋、梁志远同志的报告，获悉"黑肉鸡"龟缩在杨柑镇东边田村据点。西区区委决定攻打东边田村据点，消灭"黑肉鸡"这股伪军。马如杰、张世聪、陈兆荣、黄其炜等人研究后，决定由张世聪、黄其炜组织带领界炮、杨柑联防队攻打东边田村据点。老马片联防队 120 多人为一个中队，黄其炜为中队长；杨柑片联防队 50 多人为一个中队，肖光章为中队长。同时，山家、山内、同文、金围、斗伦等村的联防队赶到杨柑小学集中待命，由张世聪作战斗动员和部署。半夜时分，部队由老马村出发，由侦察员带路直奔东边田村。此时已是凌晨 3 点多钟了，我们把村包围起来，但是由于对该村各条小路不熟悉，被敌人发觉。我们开始进攻时，大部分敌人都逃跑了，只剩下个别伪军被俘。战斗结束后，发现远处有一个妇女背着小女孩往白水塘村方向急急忙忙地奔走。当时我一看，发现就是原来被我们击毙的伪团长周之墀的老婆"黑肉鸡"；我马上向马如杰汇报这个情况，马如杰下令让我带领三个战士直接赶到白水塘村捉"黑肉鸡"。刚赶到白水塘村边便看见刚才背着小女孩的"黑肉鸡"，她以为我不认识她，她开口说："同志找谁？"我说："找'黑肉鸡'。"她说："什么'黑肉鸡''白肉鸡'？"我说："就是你！"随即，几个战士上前把"黑肉鸡"捉住。把她带到杨柑牛棚审讯，我问她："这么多伪军逃跑，没有一个带枪支的，究竟伪军的枪支藏到何处了？"她说："你们来包围，我们知道顶不住你们，就把枪支藏在东边田村群众的木柴栅屋用木柴盖住。"

于是，我们吃完午饭就开往东边田村寻找枪支，当部队经过白水塘村西面时，路两边都是塘，我们从中间穿过，也没派出侦察兵，就一路走，由黄其炜、张世聪带领一个中队。当部队行到一半路时，遭到日伪军在松林对我们伏击，敌人有几挺机枪，火力十分凶猛，想逼我们下塘浸死。这场战斗我们牺牲了 13 人，失踪 3 人（其实是受伤后被捕杀害了），教训是惨痛的。

因为情况紧急，部队撤退时伤员来不及带回来，如张世聪同志伤势很重，战士们找来找去都找不到。后来他在当天晚上从白水塘爬回来，因爬错路，先爬到泥沙嶓村，知走错了又爬到肖坑村坎，被乾留村看鸭的陈发同志用牛车拉回老马村对面河，由我们划船过去把他接回来抢救。第二天我们把张世聪同志抬到泮塘村，在村中找顶黑色通帽、长衫、眼镜，然后将张世聪同志抬到湛江医治。后来我们和张世聪同志在化县中垌乡又相见了。

第二天，我们再次去到被伏击的地方及附近把其他伤员都找到了，重伤的送到其他地方医治。但是，牺牲的同志遗体一时还未找回，村中父老姐妹都哭声不断。这场战斗说明我们没有军事斗争经验而造成了损失，要教育群众化悲痛为力量。我们党组织一面分头做好烈士亲属的安抚工作，使群众懂得要革命就会有流血牺牲，革命成功就是我们人民群众翻身之日，经过教育，群众的觉悟有了提高。另外，又派人去白水塘将烈士的遗体都运回来村。

第三天，我们派人买回棺木收敛烈士的遗体并杀猪举行公祭。在举行公祭当日，界炮区周边的革命村庄都派代表参加公祭，烈士下葬时，100 多名战友们鸣枪致敬送行。同时，各地党组织都派出慰问团前来慰问，廉江县由莫怀同志带领钟永月、莫波同志慰问，深泥塘联防区也组织慰问团到老马村慰问烈士亲属，这样做烈士亲属很满意，觉得自己的子孙死得光荣伟大。

（三）

1944年8月（农历六月），根据上级指示，要在老马村举行抗日武装起义。为做好武装起义的准备工作，起义前村党支部发动和组织附近几条村庄的青少年起来做好事，把任务分到妇女会、儿童团、青年、学生，每人都要深入各个农户宣传党的方针政策。同时派马如玲同志到合浦，请陈作克、姚玲、薄林几个师傅来老马村修枪、装枪。我们将搜集来的旧枪、土炮都拿来修，修理厂就设在老马村的庙仔山里面，并布置人放哨。这些武器有长枪、短枪、子弹，并制造地雷、装手雷，将修好、制好的武器保管好，为武装起义做准备。

同年8月8日（农历六月二十日）夜，起义部队把界炮镇联防队的30多支枪收缴，把队伍拉到老马村，对不愿意加入我们队伍的人员给路费让他回家。各地的联防队按界炮镇联防队的做法，参加起义的人数达400多人。第二天（农历六月二十一日）早上，起义部队拉到老马村，还有各村的游击小组、自卫队都汇集老马村。上午10时召开大会，支仁山同志宣布成立"遂溪人民抗日联防大队"，马如杰同志任大队长，陈兆荣同志任政委。当晚杀牛，用牛血冲酒，大家饮血酒宣誓。同时妇女们做好子弹带，让战士们每人都有一条用布条做的子弹带，补好衣服，战士们精神抖擞地走向前线。当时的场面十分感人，有父母送儿子的，有妻送夫的，也有子送父的，大家依依不舍。我和哥哥叶大茂、弟弟叶高三人都参加了"老马起义"。

起义部队在老马村当地住了两天，就按上级指示转到了卜巢山休整。后部队又开往新雷村，但该村的群众不知道我们是什么部队，全村人都跑光。究竟是什么原因？后来我化装出去找群众了解情况，说明来意，并说明我们是一支什么部队。同时，领导又派一部分人去做宣传教育群众工作，一部分人在村内大搞卫生和修整村道，把村内的卫生打扫得干干净净，群众回来后看到干净的村庄和被修整好的村道，都很满意。晚上，我们在村里开晚会，全村人都来参加，村民们都说，这样的军队才是真正的好军队，是为人民的军队。

后来部队转到河头吾良活动一段时间，原来一个大队整编扩充为两个大队，一个南下海、徐；一个大队北上廉、化、吴、合浦、灵山、陆川等地活动。起义队伍主力撤离老马一带后，上级领导提出要保护好老马、山家等革命村庄，怎样才能保护好？上级领导规划从老马村挖一条战壕到山家村，深度有一米五，宽度有二米多。这条战壕对保护老马、山家政村很有效，曾经与敌人战斗几次，消灭敌人数十人。有一次敌人大"扫荡"，联防队利用战壕与敌人打了一天，敌人用尽各种火力，还有和大炮都攻不下我们这条战壕。

日本投降后，老马、山家一些村庄都曾被国民党"烧光、杀光、抢光、奸淫妇女"等行为破坏，老马、山家保卫战是上级领导提出的，老马、山家靠谁保护？靠老马、山家的村队，靠的是联防大队。联防大队共有六个中队，打每一场仗联防大队都参加，因为这六个中队都是脱产的，也是主力后备军，因为主力不断扩大，都是从联防大队补充兵源的。

1945年，联防队配合我们主力部队在合沟之战打了半天，我们牺牲12位同志，打死敌人38人，打伤敌人无数。这也讲明了联防队的英勇善战，联防队既保护老马、山家政权，又能主动打击敌人。如表牙仔之战，敌人100多人"扫荡"金围、洋高等村庄，被我们联防队给予有力打击，这次战斗共打死敌军7人，伤多人，但我们联防队也牺牲3人，伤8人。在党的正确领导下，保卫战不但保护了老马、山家，而且保护西北区的红色政权，联防队作出了应有的贡献。

在老马保卫战中，各村联防队配合得很好，互相呼应；当敌人来时，海螺一响，四周村庄的联防队马上集合围攻敌人，使敌人无法进攻老马、山家因此；在这段时期，老马、山家两村没有损失，保卫战取得了胜利。

（四）

不久，我们部队按上级要求北上化（县）廉（江），北上的目的是帮助廉江举行武装起义，协助化县部队建立。我们部队从金围村出发，在南坪村下海，渡过三条河出海口，从营仔新围港上岸。部队300多人在低潮时下海，先头部队顺利渡过，后随部队渡海时潮水已经没过头顶，同志们就手拉着手，互相拉着过去。但是大多数同志都没有衣服换，穿着湿衣服在陂头村过一夜。

第二天晚上，部队由陂头村拉到廉江金屋地村住，天一亮，敌人300多人就来包围金屋地村。听到步哨的枪响，连长黄英同志、副连长马成斌同志马上走出村外观察，连长黄英同志被敌人的机枪射中三枪，身负重伤，战士们马上把他背走。马成斌同志刚上前又被敌人的机枪打伤。这时村内的部队还未集合，在紧急关头，洪荣大队长命令马上集合，任命马如充同志代替黄英连长指挥战斗。在敌人冲入村内的情况下，郑世英同志下令部队不要集合，各自为战。他让我带领一个排20多个驳壳枪队员向敌人的薄弱点突围，掩护郑世英同志带领部队突围。当把敌人外围防线冲破时，还有部分部队在村内打巷战，后来村内的敌人见村外的敌人撤了，村内的敌人也开始往外撤。此时，我们及时掌握机会进行反攻，对村内的敌人进行内外夹击，将敌人300多人打回青平镇当铺内不敢出来。我们部队又集结了几百人，攻击当铺内的敌人，战斗一直打到天黑。这场战斗我们伤了5人，牺牲2人，一人叫曾四，另一人忘记了名字。

第二天，我们部队转移到烟塘村和东埇村才开饭，吃完饭我们开始行军直接拉上坡头村，与第二路部队会师。第二天拉上三合圩，打下三合圩乡公所。晚饭后，部队连夜拉到化州中垌村，与化吴部队会师。但是，第二天，天刚亮我们还来不及开饭，敌人保十、保十一团就突袭而来，我们马上应战一直打到下午才把敌人打败。我们和化吴部队会师，也与张炎部队联系，同时打下中垌乡公所，留下一个连守住粮仓并开粮仓分给群众。

第三天夜晚，敌人又包围了我们部队，先把我们的步哨抓了，随后用机枪向我们驻地门口猛烈扫射，把门口封死。敌人有一个营兵力，我们才80多人；情况危急下，领导命令用滚进方式在室内滚出一个班，这个班就顶住敌人，让第二个班滚出，第二个班也顶住敌人，就这样全连都撤了出来，开始向敌人反击。这一天我们在中垌与敌人战斗了一天，与此同时，主力部队也在三合也和敌155师大打。

三合这一战我没有参加，我们从中垌拉到三合时，战斗已经结束。听说三合这场仗也很危急，这天刚好是三合逢墟（集市），有很多农民趁墟（赶集），敌人的手枪队先潜入墟内打听我们的情况。后来，老百姓出来向我们报告情况，我们即派手枪队也入墟，一名队员跟一个敌人，看眼色统一行动，一齐开枪将敌人手枪队开火，击毙8个敌人，缴获了8支手枪。外围的敌人大队人马听到枪声后马上冲过河来，我们部队也立即在三合河边进行阻止，将10多个敌人消灭在河里，又反攻把敌人追赶了10里才收兵。三合这仗，我们也牺牲了一名叫李相的同志。

也在这天下午，张炎部队住在灯草，晚饭时被敌155师突然袭击，张炎部队不堪一击，全部被打散了。这一夜，我们都被派出去收集张炎部队被打散的人员，一晚上找到了100多人。第二天，我们和张炎部队被打散的人员，马不停蹄回到廉江磨谷山过夜，张炎带着老婆和婢女骑着马跟随我们部队行军，在途中，张炎叫他的部队停了下来。到了磨谷山下营地，不料，敌人早有准备，先派人假装自己人，借口来找我们参谋长陈炳崧，幸亏我们战士警惕性高，哨兵顶住不让他进来，说你要强行进来，我就开枪。待他站定后，再派人去叫陈炳崧参谋长出来，当发现不是自己人后，我们马上登山。敌人大队来到我们营地后扑了空。而吴川大队却因步哨警惕性低，敌人来了要找林大队长，他的步哨就让敌人直入，结果步哨被抓，全大队被敌人打死的死，被俘的俘，林林（别名：林琳）大队长也牺牲了。

第二天，我们这个中队（驳壳手枪队）由郑世英同志指挥打敌人一个乡公所时，被敌人发现退上山。我们发起冲锋，敌人被我们打得四散逃走。我带三名队员冲去俘虏敌人5人，缴敌长枪20支、衣物一担。这一仗，牺牲了李秋同志。

（五）

1945年2月5日，遂溪部队和合浦部队整编西征合浦，合浦部队由张世聪带领指挥，我们大队由洪荣大队长带领，我是大队手枪队长，全大队有200多人，其余部队撤回遂溪。我们遂溪部队向合浦进发后，沿路敌人的乡公所都让我们手枪队一弹不发，一人不伤，就缴获了敌人五个乡公所的枪支100多支，子弹上万发。我们一路进发，离合浦金鸡村30里时，金鸡村的群众已提前获知，他们夹道进行欢迎、送礼物，大声欢呼张二叔（即张世聪）的部队回来了。

刚到金鸡村时是农历十二月三十（除夕），群众送来肥猪等年货给部队过年。初一早上，我们部队便去打白石水敌人据点，打了一天都打不下，晚上把部队撤回金鸡村。在金鸡村的部队是一个连，共有 114 个战斗员，卜国伟当连长，郑世英同志和李筱峰参谋长都在这个连指挥。

年初二，敌 155 师就由张黄镇开过来，我们放一个排哨在张黄路上，敌人来了我们排哨就开枪打。排哨枪响了，我们主力没有吃饭就马上登山。有两个女战士没有吃饭不肯上山，被敌人包围，她们假扮村妇才得以脱身。我们部队登上金鸡岭，敌人一个师包围了金鸡岭。在这个岭我们与敌人打了两天两夜，战士们在这两天两夜里都没有饭吃，而且连水都没喝一口。这一年天气特别冷，每个战士都是穿一件单衣，但是战士们的战斗情绪很高，每天不停地战斗。每天夜里敌人都来进攻二三次，都被战士们用手榴弹把他们打下去，敌人无法攻上来。第二天，敌人用大炮打，把我们的机枪炸坏，二箱子弹也被炸了，使我们的弹药减少。我们每支步枪都配有 180 发子弹，但都打完了。机枪手的双腿被敌人的炮弹炸坏，弹药手也被炸伤。在这种情况下，郑世英副大队长和李筱峰参谋长决定当夜撤退下山。

年初四休息一天，年初五郑世英副大队长和李筱峰参谋长召集各连领导商量，决定由手枪队突袭敌人设在金鸡学校的指挥部。战前，我们找来当地可靠的群众了解清楚敌人驻地布防等敌情，了解学校门前不远有一条沟，大概有一米深。年初五夜晚，手枪队由可靠群众带领由这条沟进入直到学校门口。凌晨 1 点多钟突袭开始，这时敌人哨兵在打瞌睡，我们趁机一冲而上，把敌人的两个哨兵抓了，立即把各个窗口打破，用手榴弹和驳壳枪火力压制，使敌人的火力不能发挥。由于我们的手榴弹和驳壳枪火力凶猛集中，打得敌人狼哭鬼叫，死的死，伤的伤，呼叫救命连天。

从金鸡岭打第一仗歼灭敌人 168 人，突袭敌指挥部这一仗又打死敌人 60 人多，使敌人不敢守在金鸡，天一亮就撤走了，连被打死的尸体都不处理。为什么要把敌人赶走？因为金鸡是我们活动的咽喉地方，敌人住在这里对我们活动很不便。因为我们部队一到金鸡，张世聪同志曾宣布，在金鸡横直 30 里，我们被敌人打散的同志，你到群众家，群众都会给饭你吃。张世聪同志说的话的确没错，因为金鸡岭这一仗打了两天两夜，我们主力撤退后，但是排哨未接到命令不敢撤退，在这个山头饿了三天。后来他们把枪埋在山上，下山找群众要饭吃。当群众知道是张二叔的战士饿了三天，便让排哨休息，他们马上煮饭，还在村边放哨，等饭煮好了才叫排哨起床吃。排哨吃完饭后回到山上，找到自己的枪继续放哨。

年初六，我们收回排哨，部队直接拉上马栏，接着打下马栏乡公所，发动群众去搬敌人设在马栏的三个仓谷。之后拉去灵山住在中灵乡，我们与该乡伪乡长说明我们的来意，教育他投诚。后来，这个乡长带领全乡的乡保人员和武装都整编为我们的部队。

3月，部队向升平（村）、伯劳（乡）方向挺进，直插谷埠村。23日，部队到了伯劳的第二天，当地恶霸何祝三率领反动民团配合敌155师与我们打了一天后，上级命令部队渡过武利江等待命令。伯劳与谷埠距离100多里，部队行军一天也没有饭吃，战士们又饿又累，许多人双脚都行肿了。部队1点多钟达到武利江（即谷埠河）西岸的谷埠，准备稍事休息后渡过武利江回白石水。团部派洪荣带一个连先渡过武利江，占领江东的制高点。李学英同志送来子弹和汇报多蕉的敌情，多蕉有敌人400多人，离这里有40多里。当时洪大队长估计如果伯劳和多蕉两股敌人夹攻，我们又背水之战，这是兵家大忌。但团部还在谷埠开会，先头部队已经过江几个小时，大部队还在谷埠，洪荣大队长派人回团部请求让先头部队先开饭。团部回复不同意先头部队先开饭，说大部队准备渡江，到了晚上7点钟大部队仍然在谷埠没有过江，洪荣大队长又派人过去催，说你们不过江，我们就地休息。团部同意就地休息的意见，先头部队休息到晚上10点钟左右，多蕉的敌人就来袭击，当时知道背水之战是危险的。江对面的团部听到枪响才开始集合，在紧急时刻，洪荣大队长命令先头部队再渡江回西岸和大部队会合。因天黑看不清方向，过江时秩序大乱，以致被淹死31人，其中淹死的有我们手枪队的曹家祥、卜二、梁委、李豪保4人，洪荣大队长也牺牲了，还被追击我们的敌人俘去6人。这是一个惨痛的教训，被称为"谷埠事件"。

部队从谷埠撤退往福旺镇，但我们没料到地方反动势力黄希程民团和敌

155 师联手，在福旺镇伏击我们。当时敌 155 师部队和反动民团布满山头，火力异常密集，在这种情况下我们只能撤退。这场战斗中，我们伤亡了几位同志，牺牲的有邓文英同志，受重伤的是袁善佳同志。因当时无法带走袁善佳，于是便把他藏在山里，七天后才回来找他。原来以为他牺牲了，找到他后仍活着没死，我们把他抬回高溏村请医生治疗。但因为他开不了口，没法吃东西，最后还是没有挺过来，牺牲了。由于我们部队遭到几次失败，一些意志薄弱的人便害怕起来，有的甚至逃走。如卜国伟把他的这个连拉走，郑世英决定撤退，两个连互相掩护，部队边打边撤。由于卜国伟的反水，致使我们部队被敌人追赶了一个星期，被敌人追赶到没得吃，也没得睡，肚子饿到走不了路，领导便带头在路边的田沟里喝田沟水。因为大家都喝了田沟水，连喝了六天田沟水，走起路来大家的肚子都咚咚响，部队走了六天才到了马栏。就在这样极度疲劳的情况下，部队仍坚持攻打了马栏乡公所。打下乡公所后，部队发动老百姓搬了三仓的稻谷，我们部队也有米煮饭了。可是饭还未煮好，当战士们拿着饭碗去要米汤喝的时候，没料到敌人又来了，敌人在各个山头以烟火为信号，一个山头的烟火点起来，其他各个山头都一起开火。郑世英命令副连长袁杨权同志带领一排为后卫排掩护主力撤退，有 20 多名女同志走不动，这 20 多名女同志每人都要两位男同志护着走。我记得有位叫李秀珠的女同志原来身体很硬朗，行军打仗从来都不用别人帮忙的，这次她却落后了一百来米。我叫人去拉她，她说不要拉我了，你们赶快走不要管我，我能走得了就走，走不了就死。结果，李秀珠落下被敌人俘去，后来听说李秀珠受尽敌人各种酷刑都不屈服，被敌人杀害，牺牲时仅 23 岁。

在马栏战斗中，袁杨权同志带领后卫排 33 位战士英勇战斗到最后一粒子弹，最后在敌人的四面包围中全排都壮烈牺牲，没有一个人被敌人俘虏。也就是因为有后卫排的牺牲，我们主力才能安全地撤退出来。在合浦的两个多月中，我们部队就牺牲了 70 多位战友，这让我们士气十分低落。特别是洪荣大队长的牺牲，让同志们更加悲痛，纷纷要求把部队拉回遂溪游击区。

3 月中旬，部队接南路特委派人通知部队撤到马屎嶂（马子嶂山）和遂溪队伍会师休整，然后，唐才猷、陈章两名同志即带领部队在马屎嶂会师后拉回遂溪。

（六）

部队回到遂溪两天，就去攻打北坡乡下担，当时，我是团部驳壳手枪队队长，这场仗我们伤了几位同志，如黄鼎如同志的一只眼睛后来因枪伤感染而坏死，后来便被战友称为"单眼黄"。接着4月下旬又攻打杨柑乡，敌人是黄名遇、杨起德的挺进队，共500多人，我们部队也有400多人。由于我们的武器比敌人的差得远，这一仗，我们又牺牲了5位同志，伤了6位同志。其中，指导员陈辉（陈慎辉）重伤，经抢救无效牺牲了，而我们也打死打伤敌人40多人，杨柑这一仗打到天黑才结束。

战斗结束后，我们部队回山家村住，但是敌人又尾随跟了上来，这样又在山家村打了一仗。当时供给很困难，子弹打得差不多了，每支枪都不超过十颗子弹。把敌人打退后，我们拉到赤泥地休整进行补给。不久，日本宣布投降，当时我们准备开进湛江接收敌伪的武器、弹药、人员。但是，日本仔不同意让我们部队接收，趁敌人不注意，我们突然袭击了敌人的遂溪（风朗）机场，缴获了敌人武器，水龙机枪3挺、机关炮3门、子弹几万发。

紧接着，国民党军大兵南下抢占胜利果实，遂溪游击区处在白色恐怖下，为保存力量，上级决定我们老一团整编西征；编余出来的老、弱、残、病、幼的战士都交给地方安置，一些编余人员都被安置回家乡。同时，当地联防队也有部分队员整编入老一团，其余的都安置回农村家乡。因工作需要，我也转回遂溪西北区工作（1946年3月至1947年2月，担任老马村第6任党支部书记）。当时西北区联防队是脱产的，因为西北区的政权是公开的。老一团整编后分成两队，一队南下海、徐，另一队北上廉、化、吴，直上合浦灵山、陆川、博白等地活动，老一团主力西征前，我西北区政权是依靠联防队来保护。老一团西征后，西北政权解散，联防队也解散了。

（七）

国民党大军南下，敌人恢复了乡、保、甲制，恢复反动统治，敌人统治计划完成后，就开始大规模"清乡""扫荡"，村村驻兵，乡乡都有反动乡兵，五户联保，互相担保，不亲共，不通共，不藏共。如果有一户藏共，另四户就要受罚。开始大"扫荡"，逐户清点人口，敌人找借口到处杀人放火、敲诈勒索、抢劫财产、奸淫妇女等。老马一条村就被烧房屋117间，牵走耕牛78头。敌人的行为，激起群众的刻骨仇恨。同时，敌人还威逼从部队回来家乡的同志去自首。在界炮地区，伪乡长张德安是最反动的，界炮乡公所也是杀人最多的反动乡公所。因为我们没有武装队伍，开始任由其横行霸道，行动来去自如，令我们损失很大。其间，张德安经常亲自出马带领乡兵"扫荡"村庄，长毛田村陈冬仔被打死；因我们警惕性不高，织萝村又被张德安突然袭击，占竟龙同志牺牲了。当时，界炮乡只留下我一个干部，针对这些情况，我及时采取措施应对。如让从部队回家乡人员定期汇报当地的情况，有无敌人威逼你自首，是否有坏人破坏等。同时，要求各村密切监视敌情，发现敌情要及时报告等，后来又组织了武工队，有时武工队白天去打他们两下，夜晚也去袭击，使他们无法睡觉，把敌人搞得死去活来。同时也发动群众检举配合敌人"清乡"的坏分子，经核实后，由武工队协助我们制裁。其间，共制裁了配合敌人"清乡"的坏分子23人，乡兵也不敢下乡"清乡"了。当时，全县各区都组织了武工队，如西北区有长枪30多支，短枪10多支。武工队白天和群众一起劳动，夜间到各地宣传党的政策、方针。我们的武工队神出鬼没，使敌人藏在自己所住的墟镇不敢出来"扫荡"，敌人不敢出来，我们却找上门不让敌人安宁。如界炮乡的几挺机枪都被我们廉江县的武工队偷出，张德安养的犬也被我们下药毒死。

从1947年起，形势进一步好转，上级把西北区武工队转归新成立的"新一团"，又通知编余回家人员回来补充部队。

1985年6月

（注：老马村革命历史相关资料由老马村党支部提供，并参考中共党史出版社2004年出版《中国共产党遂溪县地方史》第一辑、《遂溪文史》第十二辑、黄其江同志《抗战初期遂溪党组织的恢复经过》一文，叶军、叶青提供老马村革命前辈叶卓峰、叶大林、叶高生前回忆录，马卓礼、马兰富、袁章南、叶召强、叶碧敏、马密、吴瑞、郑健、陈云生、陈华友、马向明、马伟光、马荣、马进荣等人提供相关史料及大力支持。）

麻章区田寮村

田寮村党群服务中心

田寮村简介

麻章区田寮村位于现国道 325 线与湛江疏港大道交会处附近，解放后人民公社时期曾和邻近甘霖村同属一生产大队，现有 302 户，人口约 2000 人，有李、林、左、郭、黄、陈 6 姓。村民日常用语是粤语、雷州话和普通话。

解放前的田寮村只有 500 多人口（注：土改时确认共 103 户，384 人），村民基本没有土地，大多数村民靠去邻村给地主当长工维持家庭生计，饱受地主的剥削和压迫，是一座远近闻名的穷村庄。田寮村虽然村庄不大，且只有六姓，但全村非常团结，村民人心齐。战争年代，田寮村全体村民一心一意听党话，跟党走，成为当时遂溪区域的一条革命村庄。七七事变后，田寮村一批青少年，参加了我南路党组织发起成立的"遂溪青年抗敌同志会"（简称"青抗会"）和"农民夜校"学习，积极投身于抗日战争救亡运动。初期，田寮村和甘霖村两村的共产党员曾同属为一个党支部，1941 年下半年，田寮村党支部正式成立。1942 年底，田寮村组建了我南路党组织领导的抗日自卫队（即村队）；1944 年 10 月，有 17 人参加了遂溪东区抗日游击队，后整编为南路人民抗日解放军第一团（即"老一团"），为南路革命出生入死、浴血奋战；当中有 5 人英勇牺牲，先后有 27 人参加了中国共产党，其中 7 人是女党员。目前尚健在的是 100 岁的郭水清同志。1957 年，田寮村被广东省人民政府认定和命名为首批抗日战争根据地革命老区村庄。

解放后，田寮村与全国农村一样，历经土地改革、合作化、人民公社、家庭联产承包责任制时期；广大村民满怀感恩之情，发扬战争年代的革命传统，在党的领导下，辛勤劳动，艰苦创业，积极参与和支持社会主义建设。在中国特色社会主义新时期，田寮村广大村民积极响应党的号召，在各级政府引导与行之有效的帮护下，通过社会主义新农村建设、乡村振兴等系列工程，全村的村民自建楼房比比皆是，家家通水电、电视、网络，村中通道全部已实现硬底暗渠排水和路灯化，村容村貌发生了翻天覆地的变化。目前，田寮村根据麻章区整体发展战略，紧密抓住湛江城市发展和广湛、合湛高铁建设的良机，主动作为把村庄建设融入其中，力争在麻章新一轮的建设热潮中有所担当，有所作为，有所贡献，让田寮村这座抗日根据地革命老区村庄焕发新的活力。

田寮村革命历史

　　七七事变后，抗日救亡运动也在高雷地区风起云涌，1938年秋，支仁山、王国强、李文等共产党人在甘霖村办起了农民夜校和"青抗会"组织，宣传共产党抗日救亡的正确主张和发展壮大革命队伍，田寮村许多青年也积极参加农民夜校和"青抗会"的活动。其中，田寮村最早参加的是李春秀、左永金和林建。1938年底，田寮村也先后成立了遂溪"青抗会"的通讯站（也称"青抗分会"）、妇救会、护村队、帮工组等革命群众组织。1939年初，田寮农民夜校也在村中的"李氏宗祠"设立，由李春秀、黄明太、黎姐负责任教。支仁山、黄其江、王国强、廖华、沈汉英、梁汝新等共产党员亦经常来夜校指导和演讲，播撒下了革命的种子。夜校的教学内容有：学习文化知识、教唱抗日歌曲、宣传抗日救亡道理。农民夜校这些上课内容十分吸引人，当时，全村的青少年基本都参加了学习，接受进步思想和爱国主义教育。1939年秋，由于遂溪的抗日救亡运动在短时间内发展很快，遂溪"青抗会"发展最鼎盛时，会员已达数万人之多，许多群众和农民都被"青抗会"的抗日救亡活动所吸引，革命情绪空前高涨。对此，一些恶霸地主、土豪劣绅等反动势力为之惊慌，害怕抗日救亡活动涉及他们的利益。于是，国民党当局强行解散"青抗会"，打压共产党组织领导的抗日救亡活动，许多农民夜校也被迫取消。但革命的火种已在田寮村点燃，成燎原之势，参加过夜校学习的青少年，后来有不少人走上了革命道路参加革命，占了当时全村人口相当大的比例，在南路革命和武装斗争中谱写了可歌可泣的红色历史篇章。

全村一股绳，跟定共产党

　　田寮村解放前是远近闻名的穷村庄，全村共有耕地717亩（含水田），绝大部分耕地是周边地主占有，所有农户是靠到"泥地"（指高阳以西一带的坡地）砍柴卖维持生活。500多人中有10多人给邻村的地主当长工，绝大部分人是文盲，全村里只有两个人识字。田寮村虽然分李、林、左、郭、黄、陈6姓，但村民历来团结、齐心，富有正义感和反抗压迫的精神，这是接触过田寮村村民的革命人士的一致评价。解放前，生活在社会最底层的田寮村村民受地主阶级及国民党反动政权的剥削和压榨，长期处于悲惨的生活之中。自从中共南路党组织来田寮村点燃抗日救亡的火种后，田寮村全体村民就认定只有跟共产党闹革命，才有翻身的希望。所以，田寮村具有坚实广泛的革命基础，无论是抗日战争时期，还是解放战争年代，全体村民都真心拥护共产党，倾尽全力支持、协助我南路党组织和革命武装开展革命活动和参与武装斗争，在艰苦卓绝的战争中贡献自己的力量。

抗日战争和解放战争其间，遂溪党组织在田寮村开设两个活动据点，具体是在村民左福家开设地下交通站和在原来的"林氏宗祠"开设"国技馆"。

左福是一名纯朴的单身村民，为人忠厚正直，经过参加农民夜校学习，在夜校任教的共产党员的教育引导下，认识了许多革命道理，对出来闹革命的共产党员十分钦佩。后来，左福自己也入了党，成为这个地下交通站的站长。1941年下半年，田寮村党支部成立后，左福还担任了首任支部书记。其间，左福以宰牛和贩卖牛肉掩护，负责向外传送指示和情报，同时负责接待来往的地下党领导。黄其江、支仁山、王国强、黄明德、沈汉英、廖华等南路党组织的领导同志，先后在左福家的地下交通站住过。左福的贩卖"牛肉"生意一直做到湛江解放，成为遂溪东区一个牢不可破的革命据点，为南路革命作出了重要贡献。左福于1961年病逝，但他对革命的忠诚和贡献，是后人学习的榜样。除了左福，田寮村先后在地下交通站工作的党员有：林建、李吴庆、林王生、林王进、左远昌、左远明、左永轩、郭喜、左叫莲、王梅英等人。

1942年，赤坎知名武师李侠雄（绰号：哥大，后入党）受地下党委派在赤坎"振隆园"设立武馆。不久，张岐雄的师傅孙均泰也受地下党委派，在赤坎"怡园"（今为市八小跃进校区附近）开办"国技武馆"。两馆均作为地下党活动场所，开办经费由地下党员陈信材设法提供。其间，张岐雄和其他几位师兄弟在"国技武馆"教授武术。1943年下半年，地下党员陈军、杨扬和进步女青年苏虹在"国技武馆"内设立夜校，后又改为"国技小学"，陈军担任校长，地下党员戴洪、吴雪、陈明先后任教。后陈军调离，由戴洪接任校长。由此，张岐雄与戴洪相识，结为知己。1945 年 8 月抗战胜利后，孙均泰和李侠雄两人的武馆合二为一，搬迁到赤坎文章湾（现新江路），改为"群英武术社"，成为中共南路特委在赤坎的一个重要地下交通联络站，馆主就是李侠雄。

1945 年底，时任地下党组织负责人的戴洪（时化名：洪泰）来到田寮村，在"林氏宗祠"开设"田寮国技馆"，聘请了赤坎"群英武术社"的张岐雄、陈伟清和本村的左里（花名：铁拐里）担任教练，以教国技（武术）作掩护开展工作。我"老一团"西征后，国民党反动政权卷土重来。1946 年初某天晚上，遂溪国民党当局派兵包围田寮村，在"田寮国技馆"把张岐雄、左里、林王安、林广 4 人抓走，押回遂溪审讯。在严刑拷打下，其中左里、林王安两人还被打致重伤，但 4 人始终没有暴露田寮村革命据点和地下党组织的半点情况。张岐雄在被扣押一年之久才被放回。张岐雄是茂名人，自幼练武术。1935 年，18 岁来到赤坎，师从赤坎知名武师孙均泰（梅录人）。

湛江解放后，张岐雄出于种种原因，也只是默默无闻地在赤坎雕刻社（即后来的湛江市雕刻工艺厂）当一名普通雕刻师，连自己的儿女们都不知道自己的父亲为革命曾经作出贡献的事迹。退休后，张岐雄牢记师傅孙均泰"不要放弃对功夫的追求，要坚持，我们要把功夫传承下去"的嘱咐，每天坚持去公园练功授徒，传承其最拿手的粤西洪拳等武术。1984 年，赤坎"群英武术社"场地回归后，张岐雄不顾年事已高，经常回到武馆指导，教育后辈铭记武馆的革命历史。2018 年 8 月，广州电视台综合频道《岭南英雄传》曾慕名来湛江，为张岐雄拍过练武专题节目。2020 年 3 月 15 日，104 岁的张岐雄师傅走完人生旅途。他对田寮"国技馆"和南路革命所作出的贡献，将永远铭记在田寮人民心中。

2021 年 5 月，田寮村南路革命老前辈郭水清曾对撰写田寮村革命历史的执行主编和相关人员交代，写田寮村革命历史，记得要把"国技馆"和梅录师傅（指李侠雄）、张岐雄师傅、左里（花名：铁拐里）、林广写上，是他们保护了田寮村的党组织。

田寮村除了两个革命据点在革命斗争中发挥了重要作用，还有村妇救会（也叫"姐妹会"）也在革命斗争中立下不可磨灭的贡献。村妇救会有蔡莲、王梅英、左叫莲、林少梅、左琴英、左卿、吴雪英7名党员。在她们的带领下，田寮村所有妇女都发起起来，把中国妇女的传统美德发挥到极致，为革命不辞劳苦。此外，村党支部组建了一个由20多名青壮年组成的运输队，随时根据需要出动，为部队挑送粮食和军需物资，支援前方将士。

纵驰粤桂边疆场显威名

1943年2月，日军登陆雷州半岛，为奋起抗击日军的侵略，我南路党组织加快组织发展抗日武装。据遂溪县《麻章乡老区与革命活动地区历史资料》记载，此时，上级派廖华、梁汝新两名党员和本村党员李春秀在田寮、迈龙、迈合、三柏洋、田头等村活动，组建抗日自卫队（村队）。以后又在抗日自卫队（村队）的基础上改编为抗日游击队。在战争年代，田寮村这些优秀子弟跟随我南路革命武装出生入死，浴血奋战，先后参加了袭击冯家塘日伪税所、化州中垌遭遇战、康江青平金屋地突围、合浦金街血战、浦北武利江遭遇战、遂溪合沟伏击战、夜袭风朗机场、伏击"铁胆"、攻打赤坎、笔架岭之战、解放湛江等大小作战100多次。

1943年3月田寮抗日自卫队（村队）成立，初时武器极少，全队只有3支79步枪和几把大刀。为了收集武器，扩展力量，同年秋，左永金、左成、左永祥、左林、李高、李连贵、林进7名队员在唐森同志（绰号：山贼）的带领下打入敌人内部，加入伪和平队驻扎在港门、江洪一带。唐森同志利用做队长的方便，在这支伪和平队里，把好的武器发给左永金等人，然后准备伺机消灭这支伪和平队。不久，趁敌人不备时，唐森同志带领我方人员消灭了伪和平队的敌人，把所有枪支弹药和军用物资悉数缴获，取得村队建队后第一次战斗的胜利。另外在这次战斗后，党组织安排熟悉火药制作的左永金带领一个小组，利用田寮村几百年来用火药制作礼炮的传统，在现黄略茅村村委的牛路头村负责制作弹药。经反复试验，成功研制一批适合游击战使用的土地雷和手榴弹（酒瓶弹）。后来，我游击队在与日伪军和国民党军作战时，用左永金他们制作的手榴弹（酒瓶弹）炸得敌人胆战心惊，魂不附体。

1944年10月，廖华和梁汝新按上级要求整编各村抗日自卫队，在甘林水粉村成立东区抗日游击中队，全队100多人，黄桂（又名：黄贵）担任中队长，廖华担任指导员，梁汝新担任副队长。在这支新组建的我党抗日武装中，田寮村武工队原来的17名队员全部在列。从此，这17名热血青年跟随队伍转战南路地区，出生入死，为革命浴血奋战。东区西乡抗日游击中队组建后，在水粉村训练10多天，立即派出侦察员到新圩仔附近的冯家塘进行侦察，了解到该村祠堂住有一股日伪税政人员，配有步枪、轻机枪。于是，游击中队决定突袭这股日伪税政人员，在摸清敌情后，游击中队突袭成功并全部缴获了日伪税政人员的武器，打响了本地区抗击日寇的第一枪。田寮村的郭水清、林东、左河仔、左流徒、左林参加这次战斗，这场战斗我方中队长黄桂和两位队员牺牲，指导员廖华负伤。

1944年11月，中共南路党组织把在遂溪各区的抗日游击队集中到遂溪西北区的金围村，组建雷州人民抗日游击队第二大队，大队长洪荣，政委王平，副大队长郑世英。全大队200多人，编为3个中队和一个政工队，东区抗日游击中队被编为第三中队。农历十月十六日，第二大队在化州中垌附近高中乡被敌军包围，田寮村的郭水清、林东、左成、左赖、左永祥、左何仔、左流徒、左南、左华、左林、左六、李荣生、李定安、李前兴、李连贵、林进、黄进光（别名：黄打铁）悉数参战。激战中，我方牺牲多人，其中田寮村的左赖（时年25岁，排长）、李定安（时年25岁，排长）英勇牺牲。随后，在部队向廉江青平、金屋地挺进中，又与敌人遭遇。战斗中，郭水清因枪把档了子弹才幸免于难。左何仔负伤，后被送到后方治疗，伤好后转回家乡。

1945年1月，我党领导的南路各县抗日武装主力部队统一整编，组成南路人民抗日解放军，周楠任司令员兼政委，温焯华任政治部主任、李筱峰任参谋长。下辖两个支队，第一支队司令员为唐才猷，政委陈恩，政治处主任黄其江。全支队约800人，编为三个大队，一大队大队长支仁山，政委唐多慧；二大队大队长洪荣，政委沈潜，副大队长郑贤儒；三大队大队长郑世英，政委王平。当时，原东区抗日游击中队所在部队是二大队三连。

1945年1月后，为冲破国民党顽军的"围剿"，在第一大队南下海（康）

徐（闻）后，第二、三大队奉命北上廉（江）化（县），配合吴（川）化（县）抗日武装起义，并挺进化县北边和第二支队会师。2月，根据形势发展需要，上级决定以第一支队二、三大队为主，抽调第二支队一部800多人，由参谋长李筱峰率领西进合浦（今属广西）白石水地区。

1945年2月7日，部队从廉江青平金屋地村出发，11日到达白石水金街与合浦大队会师，并组建前线指挥部，黄景文、张世聪分别任正、副指挥，另抽出合浦大队的一个中队与第二支队一大队的两个中队组成"黄河大队"。2月15日，国民党顽军保安第一团、合浦第二自卫大队、合灵边乡保队共1000多人，趁我主力离开白石水时进犯金街。由于敌强我弱，我守卫部队伤亡20多人，经血战后才得以突围。战斗中，田寮村的林进（时任三连司务长）英勇牺牲。

2月下旬，国民党害怕我抗日武装发展壮大，急调从抗日战场不战而退到桂西的46军155师越过日军防区前来南路，妄图消灭我抗日武装。3月24日，我西进部队在浦北小江的谷埠村附近武利江西岸，准备稍事休息后渡江回白石水。为此，由洪荣大队长带一个中队从水坝先行过河在黄姜坪村警戒。当晚11时左右，敌155师465团和保一团由东追踪而来，负责警戒的这个中队被迫仓促应战，因寡不敌众被迫退回河西。由于天黑，也不清楚船只通行的水坝河口的踏板被过往船只的船夫拆去，致洪荣大队长和27名战士踏空落水牺牲，其中也有田寮村的李前兴。

1945年3月28日上午，第一批西进部队回到遂溪北潭的合沟村，有村民报告，说有一股100多人的日伪军，从安铺向北潭方向来"扫荡"，第一支队司令员唐才猷决定伏击这股日伪军。约1小时后，这股日伪军进入合沟村抓到一些鸡鸭和几头猪后，便放火烧村民的草房，然后大摇大摆地离开。待日伪军走到村后山坡时，在唐才猷司令员的指挥下，我伏击部队在山坡上往下一齐开火，打死打伤多名敌人，把敌人压到200多米远的一片旱塘里。此时，郑世英大队长指挥另外的伏击部队发起冲锋，打得这股日伪军鬼哭狼嚎的，只好丢下抢来的东西狼狈逃回安铺。我伏击部队边打边追，一直把这股日伪军赶到安铺附近才罢休。从此，驻扎在安铺的日伪军再也不敢出来"扫荡"了。这场战斗是抗日战争期间遂溪地区抗日武装打得最漂亮的伏击战，田寮村的郭水清、林东、左成、左流徒参加了战斗。

抗日战争胜利后，国民党蒋介石反动政权急于下山"摘桃子"，悍然发动内战，派兵抢占南路地区并"围剿"我党武装。1945年9月，为冲破国民党军的合围，我"老一团"分两批在东、西两个方向突围，挺进广西十万大山。第一批突围部队由团长黄景文带领，第二批突围部队于10月由团政委唐才猷带领，郭水清所在的团部手枪队跟随团政委唐才猷是第二批突围。突围前，接到地下党的情报，说国民党军正在接收日军遂溪风朗机场的武器仓库，敌守军仅一个连。为了补充部队西征所需的武器装备，同时策应先前开始突围的第一批突围部队，唐才猷决定突袭风朗机场。

突袭前，唐才猷派出几批人员侦察后组织26名队员击队实施攻击。突击队分为5个战斗小组，第一、二战斗小组以团部手枪队为主并从各连挑选精悍战士18人组成，林三和陈贵分别担任小组长，主要任务是攻击敌机场警备连营房。第三小组8人，由陈蔡、陈安天带领，主要负责攻击敌飞行员和地勤人员宿舍。第四小组3人由团部手枪队指导员唐森带领，主要负责攻击敌弹药库和汽油库。第五小组是机枪队共5名队员，由一营二连副连长李池带领兼机枪手，主要负责掩护第一、二小组。另以一个连警戒，一个连为预备队及组织民兵接应搬运队伍。此外，团政委唐才猷和一营副营长陈炳崧坐镇设在机场外西南角风朗河边的指挥部进行指挥。是役，郭水清被挑选为突击队员，左成负责带队阻击敌人援军。

突袭机场的战斗震动整个雷州半岛，使国民党军惊慌失措，正在追击第一批突围部队的敌六十四军一个师急忙停止追击，并收兵回守遂溪城。突袭机场的战斗结束后，第二批突围部队全体人员则相机冲出了敌人重围，与第一批突围部队胜利会合后一分为二。一部由团长黄景文和政委唐才猷带领，踏上挺进广西十万大山和后来转战云南的征途。田寮村左成和黄进生参加了西征，后黄进生在部队挺进十万大山的战斗中牺牲，田寮村其他队员随同另一部由副团长郑世英带领回师雷州半岛整编，继续坚持武装斗争。

1947年3月8日拂晓，我60多名突击队员按照预定伏击方案埋伏在遂湛公路大路前村路段两侧，伏击"铁胆"（戴朝恩）这个罪大恶极的反动头目。当时，田寮村郭水清作为突击队员参加伏击，3月9日，广州湾《大光报》登出戴朝恩及其 4 名卫士被击毙的消息。

1947 年 9 月，国民党广东省主席宋子文到任后，即派省保警处处长陈沛到南路接替林英，任"粤桂南区清剿指挥部"总指挥。陈沛到任后，急调保 1、保 2 总队和保 9 总队 1 个营及地方反动共武装 1800 多人，"重点进攻"我遂溪游击根据地。1947 年 11 月 4 日，我新 1 团和新 12 团撤退时被敌人紧紧追至笔架岭调罗湾村附近，为挫追敌的锐气，中共遂溪中心县委书记沈汉英和我方部队连以上干部商量后，决定利用笔架岭有利地势，迎击追敌。是役，田寮村郭水清、林东随新二团郑世英团长增援笔架岭战斗。

是役，敌人装备和炮火占绝对优势，投入进攻兵力约 1800 多人，伤亡 100 多人，我方参战兵力合计不足 1000 人，伤亡 48 人，其中牺牲了杨伟昌、戴总保、梁彪 3 位连长。但我方全体指战员不怕牺牲，英勇迎敌，重挫敌军，取得胜利。

1948 年 7 月，中共粤桂边党委临时军委决定，由粤桂边纵队第二支队司令员支仁山和政委温焯华（后沈斌），负责组织实施袭击国民党高雷统治中心——湛江市赤坎。田寮村的郭水清和林东参加战斗。

建设革命历史公园　传承田寮红色基因

从组织"青抗会"到雷州半岛解放的 10 年时间内，500 多人的田寮村一共有 36 人加入共产党和参军作战，在艰苦卓绝的革命斗争中有 5 位年青同志献出了宝贵生命。为了纪念本村的革命历史和缅怀革命老前辈，2020 年 5 月，田寮村党支部和村委会在上级的支持下，在村边调整了两块荒地建设一个"田寮革命历史公园"，作为开展爱国主义和革命传统的教育，更好地继承田寮村红色基因。

2021 年 6 月整理

（本文根据田寮村尚健在抗战老战士郭水清口述和相关文献撰写，参考核对中共党史出版社——《中国共产党遂溪地方史》第一卷相关内容完成。）

解放前入党的老同志名录（27人）

郭水清、左成、林东、李春秀、左永金、林建、左福、左叫莲（女）、王梅英（女）、左赖（烈士）、林进（烈士）、李定安（烈士）、李前兴（烈士）、李吴庆、李荣生、林王生、左远昌、左远明、左永祥、林王进、郭喜、左永轩、蔡连（女）、吴雪英（女）、左琴英（女）、左卿（女）、林少梅（女）。

5位烈士名录（5人）

左赖、李定安、林进、李前兴、黄进生。

抗日战争时期参加抗日游击队名录（17人）

郭水清（党员）、林东（党员）、左成（党员）、左永金（党员）、左永祥（党员）、左赖（党员、烈士）、李定安（党员、烈士）、李前兴（党员、烈士）、林进（党员、烈士）、李荣生（党员）、李连贵、李高、左流徒、左南、左华、左河仔、左六、左林、黄进光（别名：黄打铁）、左保。

解放前参加革命老同志简介（36人）

（1）郭水清（1925年农历正月廿六，健在）：男，中共党员。1943年2月参加本村抗日自卫队，1944年3月加入遂溪东区抗日游击队（后整编为南路人民抗日解放军第一团三连），参加西进广西，经历南路地区抗日战争和解放战争中的大小作战100多次。其中，多次被挑选为突击队员参加夜袭风朗机场、伏击"铁胆"、突袭湛江等著名战斗。先后担任粤桂边纵队二支队司令员支仁山、纵队司令员兼政委梁广同志贴身警卫员，解放后转业在粤西贸易公司、湛江专区糖烟酒公司、湛江市果品公司等单位工作至离休。离休前是湛江市果品公司党支部书记，离休后享受副处级待遇。

（2）左成（1913—2004）：男，中共党员。1943年9月参加消灭伪和平队战斗，1944年3月加入遂溪东区抗日游击队（后整编为南路人民抗日解放军第一团三连），历任排长、连长、营长、团长。1944年11月，参加化州县中峒战斗，1945 年 10 月，参加夜袭风朗机场后随队西进广西，后参加"西征"十万大山。解放后转业到地方工作，先后担任副矿长、矿长，离休后享受副厅级待遇。

（3）林东（1925—2018）：男，中共党员。1943 年 2 月参加本村抗日自卫队，1944 年 3 月加入遂溪东区抗日游击队（后整编为南路人民抗日解放军第一团三连），参加西进广西，经历南路地区抗日战争和解放战争大小作战多次。曾作为突击队员参加"突袭赤坎"。1948 年 5 月开始先后担任粤桂边纵队二支队政委温焯华、三支队司令员黄明德同志的贴身警卫员。解放后在南路军分区、湛江军分区工作；1985 年在遂溪县武装部离休，离休后享受正团级待遇。

（4）左永金（1914—1991.10.30）：男。1938 年秋参加甘霖村农民夜校学习，1939 年初和李春秀、林建创办本村农民夜校，1939 年上半年入党。1943 年 2 月参加本村抗日自卫队（村队），同年秋和本村另外 6 名村队队员打入敌人内部，加入伪和平队驻扎在港门、江洪一带。后参加消灭伪和平队的战斗，战斗结束后被派回黄略牛路头村，带领一个小组为革命武装制造土地雷、手雷，被誉为"炸药大王"。解放后在本村务农，先后担任过农会委员、农业合作社主任、大队长、支部书记。

（5）左永祥（1917—1963）：男。1941 年 1 月入党。1943 年 2 月参加本村抗日自卫队（村队）；1943 年 9 月参加消灭伪和平队战斗，1944 年 3 月加入遂溪东区抗日游击队（后整编为南路人民抗日解放军第一团三连），担任排长。1944 年 11 月参加化州中峒战斗后，因伤被安排回本村负责地下工作。解放后在本村务农，先后担任过农会会长、乡长。

（6）李春秀（1909 —1969.12）：男。原为本村私塾老师，1938 年秋参加甘霖村农民夜校学习，1939 年初和左永金、林建创办本村农民夜校，1939 年上半年由时任中共遂溪县委委员支仁山的介绍下入党，是本村第一名共产党员。1942 年至 1943 年，和上级党组织派遣的廖华、梁汝新同志一起先后在本村和迈龙、迈合、三柏洋、田头等村组建抗日自卫队。解放战争其间，南路革命处于低潮时，受党组织安排，曾出任本村"白皮红心"的保长。1948 年因患病去外地治病而脱离革命队伍；湛江解放后在遂溪县西溪乡定居，"文化大革命"期间曾受到冲击。

（7）左南（1929—2010.4.14）：男。1943 年 3 月参加革命，1944 年 3 月加入遂溪东区抗日游击队（后整编为南路人民抗日解放军第一团三连），担任传令兵、警卫员。1944 年 11 月，参加西进广西，后随队转战回遂溪。解放后复员回本村负责民兵训练工作；1953 年 3 月在麻章供销社工作，担任采购员；1954 年至 1955 年被抽调负责遂溪三区 5 个乡政府的通信投递工作，1980 年离休。

（8）左流徒（1925—2011.5.28）：男。1943 年 2 月参加本村抗日自卫队，1944 年 3 月加入遂溪东区抗日游击队（后整编为南路人民抗日解放军第一团三连）。参加西进广西，后随队转战回遂溪。解放后在本村务农，享受"五老人员"待遇。

（9）李荣生（1922— 2004.4.25）：男。1941 年 2 月入党，1944 年 3 月加入遂溪东区抗日游击队（后整编为南路人民抗日解放军第一团三连），担任副排长，1944 年 11 月在化州县中垌战斗后转回本村地下交通站工作至解放。解放后在麻章供销社工作至离休，享受正科待遇。

（10）李连贵（1923—1978）：男。1943 年 2 月参加本村抗日自卫队，1943 年 9 月参加消灭伪和平队战斗，1944 年 3 月加入遂溪东区抗日游击队（后整编为南路人民抗日解放军第一团三连）。参加"老一团"两次西进广西，1945 年转回本村从事地下工作。解放后在本村务农，享受"五老人员"待遇。

（11）李高（1923—2004.5.2）：男。1943 年 9 月参加消灭伪和平队战斗后，1944年3月加入遂溪东区抗日游击队（后整编为南路人民抗日解放军第一团三连）。参加西进广西，1945年转回本村从事地下工作。解放后在本村务农，享受"五老人员"待遇。

（12）**左何仔**（1922—1993）：男。1943年2月参加本村抗日自卫队，1944年3月加入遂溪东区抗日游击队（后整编为南路人民抗日解放军第一团三连）。1944年11月后，先后参加化州县中垌和廉江金屋地等战斗，在廉江金屋地战斗中负伤转回后方医治。伤愈后留地方工作，解放后在本村务农。先后担任村民兵队长、农业互助组组长、生产队长。

（13）**左林**（1922—1992）：男。1943年2月参加本村抗日自卫队，1943年9月参加消灭伪和平队战斗，1944年3月加入遂溪东区抗日游击队（后整编为南路人民抗日解放军第一团三连）。参加"老一团"两次西进广西，1944年11月后，1945年转回本村从事地下工作。解放后在本村务农。

（14）**黄进光**（1921—2001）：别名黄打铁，男。1943年2月参加本村抗日自卫队，1944年3月加入遂溪东区抗日游击队（后整编为南路人民抗日解放军第一团三连）。1944年11月后，先后参加化州县中垌和廉江金屋地等战斗，1945年转回本村从事地下工作，解放后在本村务农。

（15）**左六**（1911—1978）：男。1943年2月参加本村抗日自卫队，1944年3月加入遂溪东区抗日游击队（后整编为南路人民抗日解放军第一团三连）。时任炊事员。1944年11月后，先后参加化州县中垌和廉江金屋地战斗，后因病致残离队。左六是本村左赖烈士的胞兄，解放后在农村接受政府救济。

（16）**林建**（1911—1981）：男。1938年秋参加甘霖村农民夜校学习，1939年初和李春秀、左永金创办本村农民夜校，1939年上半年入党。1942年2月担任本村地下交通站的交通员工作。解放后在本村务农，先后担任过农会委员、生产队长。

（17）**李吴庆**（1921—1994）：男。1940年入党。1942年2月担任本村地下交通站的交通员工作。解放后在高州粮食系统工作至离休。

（18）**左福**（1915—1961）：男。1941年5月入党。抗日战争期间是本村地下交通站的负责人，后为田寮村党支部首任书记，解放后在本村务农。

（19）**左叫莲**（1918—不详）：女。1939年上半年入党，1941年担任本村地下交通员，1943年担任本村地下交通站总务。解放后，在本村务农，享受"五老人员"待遇。

（20）**王梅英**（1921—不详）：绰号扬梅，女，三柏洋村人。1940年10月入党，本村党员林建的妻子，村"妇救会"负责人，1943年担任本村地下交通站的地下交通员，东区地下交通线著名的"6朵英花"之一。解放后，在本村务农，享受"五老人员"待遇。

注：与王梅英齐名的另外"5朵英花"分别是许文英（绰号：甜姑、牛路头村人），牛路头村地下交通站交通员；李玉英（绰号：长衫么、黄略白沙村人），白沙村地下交通站交通员；梁培英（绰号：甜姑丁、甘霖村人），城外村地下交通站交通员；梁才英（绰号：秀凤、甘霖村人），甘霖村地下交通站交通员；梁兰英（绰号：亚定、甘霖村人）。

（21）**林王生**（1916—1993）：男。1941年3月入党，入党后被党组织安排在甘霖水粉村进行地下工作，后调回本村地下交通站。解放后，在本村务农，先后担任过本村农会委员、农业合作社社长、生产队长。

（22）**郭喜**（1915—1972）：男。1941年3月入党，1942年在本村地下交通站担任交通员。解放后在本村务农。

（23）**左远明**（1923—1981）：男。1941 年 3 月入党，1942 年在本村地下交通站担任交通员。解放后在本村务农，担任过村民兵营营长、生产队长。

（24）**左远昌**（1910—1996）：男。1941 年 3 月入党，1943 年在本村地下交通站担任交通员。解放后，在本村务农，担任过生产队长。

（25）**左永轩**（1925—2002）：男。1941 年 4 月入党，1943 年在本村地下交通站担任交通员。解放后在本村务农，担任过生产队的队长。

（26）**蔡莲**（1925—不详）：女。1943 年入党，负责本村"妇救会"工作，被尊称为"蔡姐"，享有遂溪东区"革命三姐"之一的殊荣（"革命三姐"中的另外两姐即甘霖村的吴姐和郑姐）。解放后"蔡姐"长期担任本村妇女主任，享受"五老人员"待遇。

（27）**吴雪英**（又名：李拾来，1930—不详）：女。1947 年入党，本村妇救会会员。解放后在本村务农。

（28）**左秀琴**（又名：左琴英，1930—不详）：女。1948 年入党，左赖烈士的侄女，本村妇救会会员。解放后在农村务农。

（29）**林少梅**（1924—2001）：女。1948 年入党，林进烈士胞妹，本村妇救会会员，后党籍随居住地变更转至赤坎区。

（30）**左卿**（1924—2002）：女。1948 年入党，本村妇救会会员。解放后在农村务农。

（31）**林王进**（1915—1998）：男。1941 年 1 月入党，1943 年 2 月参加本村抗日自卫队（村队），1943 年 9 月参加消灭伪和平队战斗，后在本村地下交通站担任交通员。解放后在本村务农。

（32）**李定安**（1919—1944）：男。中共党员，1944 年 3 月加入遂溪东区抗日游击队（后整编为南路人民抗日解放军第一团三连），担任排长，1944 年 11 月在化州县中垌战斗中牺牲。其生前是左永轩和郭水清的入党介绍人。

（33）**林进**（1921—1945）：男。中共党员，1944 年 3 月加入遂溪东区抗日游击队（后整编为南路人民抗日解放军第一团三连），担任三连司务长，1944 年 11 月，参加化州县中垌和廉江金屋地战斗，1945 年初在合浦白石水金街战斗中牺牲。其生前是林王生同志的入党介绍人。

（34）**李前兴**（1921—1945）：男。中共党员，1944 年 3 月加入遂溪东区抗日游击队（后整编为南路人民抗日解放军第一团三连），1944 年 11 月，参加化州县中垌和廉江金屋地战斗，1945 年初在浦北县小江谷埠村附近的武利江牺牲。

（35）**左赖**（1919—1944）：男。中共党员，1944 年 3 月加入遂溪东区抗日游击队（后整编为南路人民抗日解放军第一团三连），担任排长，1944 年 11 月在化州县中垌战斗中牺牲。其生前是左远昌和郭水清的入党介绍人。

（36）**黄进生**（1922—1945）：男。1945 年下半年参加革命，参加在"老一团"西征广西，在进军十万大山中牺牲。

（注：田寮村革命历史相关资料由田寮村党支部提供，并参考中共党史出版社 2004 年出版的《中国共产党遂溪县地方史（第一辑）》、田寮村革命前辈郭水清本人口述。）

霞山区新村

新村林氏宗祠

新村简介

　　新村位于霞山西郊，自始祖林佳公开基后，林氏代代相传，繁衍至今已460多年，源衍出"醇、汝、健、文、奇、汉、永、凤、泗、日、益、钟、枝（尉）、的（新）"等十九世；目前，新村人口发展到6000多人，其中农业人口1700多人。新村是典型的雷州半岛村庄，具有丰富的传统文化，雷州话是村民主要方言，每年正月最后一天是新村传统年例（庙会）日。1949年12月湛江解放后，新村隶属几经变化，2002年开始隶属于湛江市霞山区新兴街道办。

　　1898年4月至1899年10月，在海头汛人民抗法斗争中，新村人高举"新村营"抗法义旗，与法国殖民者展开了英勇斗争。新村也是湛江市人民政府认定的抗日战争根据地革命老区村庄和解放战争时期革命老区村庄。在抗日战争时期，新村是中共党组织在广州湾重建恢复活动的革命摇篮，也是中共广州湾支部开展抗日救亡运动的重要基地。解放战争时期，新村人民在中共党组织的领导下，前赴后继与国民党反动政府抗争，积极开展隐蔽战线斗争和支援南路革命武装，特别在配合解放湛江和接管城市的过程中作出巨大贡献。

　　中华人民共和国成立后70多年以来，新村人听党话、跟党走，弘扬革命传统，甘于奉献，开拓创新，发展壮大村集体经济，坚持走共同富裕的道路，成绩斐然。1987年4月6日，新村农民铁路专线工程破土动工，经过8个月的施工铺设，铁路部门将湛江发电厂的铁路专用线驳接上新村货场的轨道上，铺设了两股道长达649米的铁路专线，书写了中国农民首办铁路的崭新篇章。进入中国特色社会主义的新时期，在村党支部的带领下，新村人民把握历史发展机遇，紧跟新时代砥砺前行的步伐，深入开展社会主义新农村建设和乡村振兴建设。现时，新村已经初步成了欣欣向荣的社会主义新农村。

　　从1993年至今，新村的党建工作成效显著，新村党支部连年多次被中共湛江市委、中共霞山区委分别授予街、市、区级"先进党支部"称号；被中共广东省委指定为广东省党员干部现代远程教育领导带学活动优秀终端站点。1995年8月，"新村小学"旧址（新村地下交通联络站）被霞山区委授匾挂牌为"霞山区爱国主义教育基地"，2013年11月，被中共湛江市委党史研究室确定为"中共湛江党史教育基地"。

新村村委会也连续十多年分别被霞山区、湛江市评为市、区级文明单位和文明村庄。近年来，新村先后被授予"湛江市改革开放示范村""新农村建设模范村""湛江市文明单位""广东省民主与法制示范村"和"国家授予全国民主法治示范村（社区）"等光荣称号。

2022年10月，中国共产党第二十次全国代表大会胜利召开，党的二十大的胜利召开是中国共产党历史的一个重要里程碑，是实现第二个"一百年"奋斗目标的进军号。新村人满怀豪情，决心以二十大精神为指引，鼓足干劲，开足马力，加快乡村振兴的前进步伐，建设好共同富裕的美好新村，信心百倍地向着两个"一百年"的奋斗目标阔步迈进！

新村革命历史

新民主主义革命时期，新村是中共广州湾支部最早开展抗日救亡活动和发展革命力量的村庄之一，全村先后有80多名进步青年学生以及村民走上革命道路，投身于革命斗争的滚滚洪流之中。

中共广州湾支部重要活动基地——新村小学

1938年10月，林琳（林林）、周明（周天明）、阮明三名共产党员受中共粤西南特委的委派到广州湾（今湛江市）开展工作，同年11月便发展了林熙保、陈以大为中共党员。1939年3月，陈以大介绍菉塘村的私塾老师林其材入党，随后，中共广州湾支部在菉塘村边香蕉密林中成立，林熙保担任支部书记，陈以大担任宣传委员，林其材担任组织委员。从1939年下半年开始，中共广州湾支部利用"新村小学"作为重要基地开展革命活动，并设立新村地下交通联络站，先后巧妙地掩护了到广州湾从事革命工作的地下党员王勤生、王乙里、车前驹、陈家康、苏德中、蔡健、曾尚纪、吴金初、马业兴、周新（女）、李乃之（女）、何敏慧（女）等人。

为配合全国抗战形势，广州湾支部以"新村小学"、调罗村"启英小学"、西营益智中学等学校为阵地，宣传中共正确的抗日救亡方针，广泛开展形势教育和抗日救亡宣传，唤起广大村民同赴国难，以各种斗争形式抗战救亡。同时，揭露日寇"以华制华""以战养战"以及惨无人道的"三光"政策的罪行，揭穿蒋汪勾结、投降日军，积极反共反人民的本质和图谋。其间，林熙保等人利用对外合法身份在"新村小学"组织师生表演雷州歌、白话剧，演出《国破家何在》《王老五》《可怜的王嫂》《药》《打城隍》等地方戏剧节目；还组织师生、市民、村民们在新村小学举行各种集会，大张旗鼓进行形势教育和宣传，大唱抗战歌曲《流亡三部曲》《抗日军歌》《延安颂》《在太行山上》《黄河大合唱》。新村的上空，不时到处响彻着一阵阵振奋人心、鼓舞斗志的革命歌声。通过校园和集会平台，及时向师生、村民传送通告"光复南澳""攻克台儿庄""平型关首捷"等抗战获胜的喜讯并召开庆祝大会。1941年1月，发生国民党顽固派袭击新四军的"皖南事变"。林熙保等人知道这一轰动事件后，马上在"新村小学"召开追悼会，组织师生进行抗战宣誓，追悼烈士，寄托哀思，盟誓要向敌人讨还血债。

这一时期，"新村小学"还有部分老师也是中共地下党员，他们利用老师的公开身份，经常组织进步师生秘密将信件、情报、传单、书籍等送往菉塘、陈铁等地，掩护外地革命工作人员在村里、学校住宿。同时，"新村小学"一直是新村地下党秘密开展各项对敌斗争的重要"据点"。谢东程、刘拜府等一些外地党员曾由上级党组织派到"新村小学"当教师，掩护身份从事地下情报工作。

《萌芽》在新村小学创办和油印

为更好地宣传共产党的抗日救亡主张和发展革命力量，组织发动进步师生开展抗日救亡运动。1939年3月，中共广州湾支部成立后，随即在"新村小学"创办了支部刊物《萌芽》油印本，由林熙保、林其材、陈以大等人撰稿，并利用"新村小学"一间密室油印成册后在广州湾的中小学散发。

新村夜校与特制班

为提高村民抗日救亡的理解与认识，中共广州湾支部在"新村小学"开办农民夜校，对村民群众进行扫盲，进行革命道理宣讲，提高村民群众的觉悟。林熙保等人在夜校担任教员，发动村民群众上夜校，接受他们的扫盲和革命道理的讲解。当时，参加夜校学习的成年人、妇女达到几百人，群众学国文、讲道理的情绪非常高涨。林熙保等人在新村创办夜校，为中共广州湾支部在乡村开展党组织活动、发动群众投身抗日救亡运动中去打下了坚强的群众基础，播下革命火种。与此同时，中共广州湾支部还在"新村小学"举办毕业生特制班，组织毕业生深入农村进行中国社会经济现状的调查，阅读革命书籍，从中培训出一批革命骨干。在中共广州湾支部地下党的培养教育下，新村先后有80多名进步青年、学生及村民走上革命道路，在铁血岁月里投身民族解放的革命斗争洪流，其中有24名党员、青年锻炼成长，后来被推上县团级的领导干部的岗位上。

筹款支持革命活动

中共广州湾支部在新村开展工作后，"新村小学"办学经费遇到困难，林熙保和胞兄、新村开明人士林元庆就一方面拿出自己的储蓄慷慨解囊，一方面争取村中开明人士捐献资助，还发动学校师生、员工出钱维持新村小学的办学经费。另外，林熙保通过胞兄林元庆出面为组织筹集到两万多元国币。广州湾支部派党员陈宏志代表党组织将这批国币中的一万多元交给陈信才、黄文初、林为友（林石）三人。三人不负党组织重托，将款项用来筹办学校、经营旅店商铺筹措革命活动经费，支持革命斗争。广州湾支部利用新村邻近西营城区的有利条件，在新村油行开办米店，一边进行经营为革命事业筹集资金；一边利用米店开展地下活动，积极开展抗日救亡和对敌斗争。林熙保等人用开办米店筹集的部分经费，初步解决从高雷各县、海南岛、香港，以及南洋（马来西亚等国）等地撤退至广州湾的革命人员约100人中的部分人员的生活开支。1941年，广州湾支部组织新村、菉塘等村小学师生为抗日前线募捐，一次就集资捐款300多元毛银，及时转送到八路军驻香港办事处。

开展隐蔽战线斗争

中共广州湾支部成立后，根据形势的发展及人员、物资分散隐蔽的需要，先后在新村、调罗、陈铁、楼下、祝美等西营近郊农村建立多个交通联络站点，逐步形成一套严密的地下交通网络。林熙保在"新村小学"、新村油行和林为友（林石）家建立了三个地下交通联络站。其中，新村油行负责人是林福

（后坡），林福利用油行经营为革命筹集经费，解决过往人员的住宿费用问题。

早在 1941 年 7 月，为南进需要，日本与法国签订《广州湾共同防御协定》；1943 年 2 月，日军登陆雷州半岛的雷州湾，局势急转直下。不久，日军与广州湾法国当局签订了《广州湾联防协定》，趁机占领了广州湾。此时，国民党大批特务也四处活动，与广州湾的汉奸互相勾结，打压共产党的各种抗日救亡活动，致使逐步恢复的高雷地区各级中共组织只能秘密开展工作。新村地处西营西端，离赤坎也不远，交通便利。新村地下党组织根据革命斗争形势的需要和上级党组织的要求，在新村等村庄或是西营等城区设立了多处交通联络站和秘密"据点"，广泛开展对日寇斗争。

营救黄秋耘

1940 年春天，国民党广东省政府南路行署逼迫抗日名将张炎（时任广东省第七行政区专员兼保安司令）解散坚持抗日活动的"广东省第七行政区抗日学生军"，并宣布取缔香港学赈会青年回国服务团。其间，中共南路特委通过统战关系安排在学生军和学赈会服务团工作的林琳（林林）、陈信材、黄秋耘等10 多名党员先后撤退到广州湾隐蔽。南路特委指示黄秋耘在赤坎开办大风书店（生活书店前身），让他以店老板身份秘密开展对敌斗争。作为南路特委在广州湾地区开展对敌斗争活动的联络点，黄秋耘在赤坎大风书店经常撰文，介绍共产党，宣传共产主义，出售进步书籍。因此，黄秋耘被广州湾法当局军警逮捕。南路特委派黄景文和陈信材组织营救。林其材让林为友（林石）找到新村籍林苑香在法国人开办的咕喽（咖啡）店当店员的儿子林祥安，通过咕喽（咖啡）店法国人老板出面疏通法当局任职的翻译官吴谋。让黄景文直接与吴谋谈判，吴谋要价 600 多元毛银才肯答应担保放出黄秋耘。这 600 多元毛银中，陈信才拿出 300 毛银，南路特委筹措 300 毛银。黄秋耘出狱脱险后，随即转移到香港开展新的工作。

开展地方统战工作

抗战全面爆发后，全国沿海城市相继沦陷，广州湾成为华南地区暂时唯一的安全出海口，战略地位尤其特殊和重要。日本侵略中国，也侵犯了法国在远东的利益，日法矛盾加剧。抓住日法矛盾，开展对陈学谈为代表的亲法地方势力的统战工作，成为中共广州湾支部当时一项紧迫而重要的任务。工商界和地方乡绅是广州湾一支重要的政治力量，面对外敌入侵、山河破碎，他们有爱国热情，大多数人支持抗日。中共广州湾支部的林熙保、林其材、陈以大等人以同学、同乡关系，开展对殷商、乡绅的统战工作。通过殷商、乡绅的支持，林熙保、林其材、陈以大先后在新村、蒌塘、陈铁、调罗等村庄发展爱国抗日力量。

（1）争取村中开明人士

在新村，林熙保发动开明乡绅捐款捐物支持抗日救亡。1939年至1942年期间，林熙保利用其影响力向自己的胞兄林元庆以及陈宏志等开明乡绅做思想动员工作，通过他们筹集国币三万多元，用来筹办民众夜校，开办旅店、商行。然后，通过经商办实业赚到的钱购买货物用来支援革命。

（2）妥善安置在新村隐蔽的党员、干部

1940年，国民党顽固派掀起"反共"高潮。其间，由于统战工作开展得比较扎实，中共广州湾支部在协助上级党组织安置党员、干部在广州湾城区与农村之间交叉隐蔽中发挥了重要作用。这一时期，从"七区"、海南、香港，以及南洋等地撤退到广州湾的革命人员约有100人，广州湾支部将这些革命人员安置在广州湾城区与农村之间交叉隐蔽。为有利于掩护隐蔽，广州湾支部把他们主要安置到各中小学校任教师，一边教书一边开展革命工作。是时，张炎领导的广东省第七行政区抗日学生军和香港学生赈济会青年回国服务团被解散取缔后，经过中共南路特委安排，相当部分成员也先秘密撤退到广州湾新村、蒌塘等村庄隐蔽起来，伺机再转移到各地。林英（新村人）、吴德忠（祝美村人）、林美瑜（林槐瑜）、曾尚纪、陈青山等人被党组织安排到蒌塘世基小学任教。林福（后坡）返回新村，以新村油行为据点继续进行革命活动。林琳（林林）、苏德中等人在新村小学隐蔽其间，以教师身份作掩护，秘密从事革

命活动。林琳还举办了好几期革命骨干培训班。其间，学校的经费有困难，广州湾支部除了动员争取到村中开明人士捐款，林熙保等新村党员也拿出自己的积蓄解决学校的经费和林琳、苏德中等人日常生活所需。

（3）减租减息

为了团结贫苦广大村民参加抗日救亡，按照上级的部署，新村地下党组织为了争取村中富户同情支持革命，对于本村富户的租，地下党组织则是采取灵活的措施和针对性办法来应对。通过村中父兄长辈出头，以天灾人祸为由说服富户适当减租减息。为了做好新村的减租减息，1942年2月，林熙保回到新村动员说服母亲，带头对佃户林表、林丁、林锦章、林公启实行减租减息，放债不收利息。

输送骨干开辟徐闻新区

1940年秋，上级认为中共广州湾支部成员的社会关系较复杂，为安全起见，停止了广州湾支部的组织关系。虽然组织关系被停止，但中共南路特委还经常派人与林熙保、陈以大、林其材联系，布置工作。1941年底，日寇向南推进，广东南路斗争形势更加严峻。

1942年2月，根据中共南路特委委员潘云波的布置，南路特委干部曾尚纪和林熙保、陈以大、林其材等人先后率领第一批10名进步青年参加开辟徐闻新区，分别有新村的林福（后坡）、林少香（林鸣）、林英、林琴英、林碧云（林明仙）和菉塘等村的林美瑜（林槐瑜）、林特笋（林展）、林平、蔡健、吴静江。为了不引人注意，他们兵分两路出发，林美瑜（林槐瑜）、林特笋（林展）、林平三人走陆路，林福（后坡）、林英、林琴英、林碧云、林少香（林鸣）、蔡健、吴静江走水路。林美瑜改名林槐瑜，和林英假称兄妹关系，安排在锦山小学。林碧云改名为林明仙，和蔡健假称夫妻关系，被安排在昌发小学。吴静江安排在大塘小学。林特笋改名为林展，和林平、林福（后坡）被安排在前山的羌园小学。第一批赴徐闻人员的新村籍林福（后坡）、林少香（林鸣）、林英、林琴英、林碧云后来都在抗战期间入了党。

同年4月，林熙保和林元庆、陈鸿志等人到徐闻县曲界，林熙保到徐闻县初级中学任教。林元庆和陈鸿志则以经商为名开展革命活动。1942年8月、9月间，曾尚纪、林其材通过林熙保、林元庆与国民党徐闻县政府教育科长吴其豪的关系，又分别将广州湾一些进步青年安插到龙塘、锦山、昌发、大塘、下海、羌园等学校。其中，曾尚纪率领林英、蔡健、黎爵（陈铁村人）等青年到吴其豪家乡青桐村任教，建立青桐中心小学交通联络点。曾尚纪、林其材布置林元庆、吴德新（太平镇洋村人）等人到和安乡水头圩和吴其豪合资开设"日美庄药店""联泰鱼行"，作为地下交通联络点，并筹措抗日活动经费。

同年8月，曾尚纪、林其材回广州湾带第二批人员苏德中、唐南、黎爵、黎梅清、黎珠（黎秀珠、黎亚珠）等人赴徐闻，在广州湾时，林其材经曾尚纪介绍，由南路特委委员杨克毅办理手续，恢复组织关系。林熙保、陈以大因人在徐闻，未能及时恢复组织关系，但他俩始终以党员标准来开展工作。其间，林熙保、陈以大和中共徐闻特支的林飞雄（徐闻下洋地塘村人）、支秋玲（遂溪黄略支屋村人）等人一起具体组织第一批人员以教书、经商、办农场作掩护，组建游击小组、抗日联防队及交通联络点，开展抗日工作。

组建抗战群众团体

抗战初期，广州湾西营近郊的新村、调罗、陈铁、特呈岛等乡村纷纷建立起农会、妇女会、姐妹会、婶嫂会、国技馆、自治自卫团等各种群众组织，发动和组织村民群众开展抗日救亡活动。其中，在1939年至1941年，中共南路党组织先后派遣女党员何敏慧、夏益如、周新、李乃之等人到"新村小学"教书。她们在新村成立妇女会，宣传男女平等、抗日救国的道理，对"男尊女卑""女子无才便是德""女子小人莫谈国家事"等封建思想进行批判，动员妇女学习文化，接受革命思想教育，把女学生、女青年逐步培养成为革命力量。新村的林英、林琴英、林碧云等30多名女青年、妇女积极参加了在村里开展的各项抗日救亡活动。

其间，新村参加革命的女青年有：林英、林琴英、林碧云、林赤桂、林康娣、林奇英、林琼、林桂英、林超、林秀金、林花、林伟明、林少雄、林振英、林桂木等人。林英、林琴英、林碧云在1942年2月还参加开辟徐闻新区，在烽火岁月的革命斗争中经受考验，逐步成长为南路革命妇女队伍中的骨干。

建立地下游击小组

1942 年 2 月，粤南省委组织部部长王均予、中共南路特委书记周楠参加粤南省委会议后，返回特委机关所在地广州湾后召开会议，决定坚守南路，广泛建立秘密游击小组，收集民间枪支，做好抗日武器斗争的准备。广州湾西营以及近郊的新村、菉塘、陈铁、调罗、楼下、特呈岛等村庄的党组织积极响应，迅速组织人建立抗日游击小组，投身到抗日联防保家卫国的斗争中去。根据中共南路特委的要求，新村地下党组织在新村物色人员，很快就在下井、中村等七个自然村片建立起新村抗日游击小组。

日军占领广州湾后，在新村附近的法军机场进行扩建，增加设施。根据上级党组织的指示精神，中共党员林其材委派林为友（林石）、林平、林福（后坡）、林喜等人在广州湾西营市区开展工人运动，适时建立工人抗日游击小组。1943 年 11 月，林为友（林石）等人通过广州湾当局的上层人士林芳的关系，先后进入广州湾联合汽车公司下辖的西营、赤坎两个汽车站当任站长和职员，并在汽车公司的岗位上频繁接触工人，传播革命思想，在司机工人中发展和介绍加入抗日游击小组。他们积极开展抗日救亡活动，在西营、赤坎两地分别在汽车队、轮船队和装卸队中建立抗日游击小组，组织工人开展抗日斗争。翌年 10 月，他们在建立抗日游击小组的基础上又分别成立了广州湾装卸工会和广州湾海员工会，团结和依靠广大工人兄弟，广泛开展抗日斗争。

1944 年 10 月和 1945 年 1 月，林熙保、林福（后坡）、林少香（林鸣）、林为友（林石）等人两次按照南路特委廖颜冰和林其材的指示，在新村分别将出身贫苦、思想觉悟高、社会关系好的青年组成地下抗日游击小组。

解放战争期间

1945 年 8 月 15 日，日本战败投降，中国人民坚持 14 年抗日战争终获胜利。同年 8 月 21 日，国民党第二方面军副总司令、粤桂南区总指挥邓龙光率兵 2 万余人进驻雷州半岛，抢占战略要地，9 月 21 日，驻雷州半岛日军代表渡部市藏中佐在赤坎签署投降书，邓龙光代表中国政府接受日军代表投降书。与此同时，也结束了广州湾被法国殖民统治的历史。1946 年 2 月 16 日，民国湛江市政府正式成立，广州湾更名为湛江市。

除"接受"日军投降外；国民党第二方面军以"剿匪"为由，扶植反动地主武装，大肆进攻南路革命武装。1945 年 9 月后，针对时局形势的变化，中共中央对广东的革命斗争有指示，基本方针是：分散活动，坚持斗争，部队北撤。中共广东区委遵照中共中央的指示精神，调整斗争策略，指出广东时局必有相当严重的黑暗时期。1946 年 4 月，中共广东区委采取相应措施，撤销南路特委，改为设立南路特派员，实行上下线联系。在这段艰苦卓绝的日子里，新村的党员也转入地下坚持斗争，积聚力量，准备迎接革命高潮的到来。

1. 新村革命斗争的核心

1944 年，由于徐闻抗日形势和环境发生变化，开辟徐闻新区工作出现了重重困难。于是，上级把从广州湾派去徐闻人员撤回，同时，在徐闻本地身份暴露的李世民、李世华、李世书、张光彩、蔡民生、蔡建等人也暂时撤到广州湾新村等处隐蔽，之后又分别转移到南路各地从事游击活动。同年 5 月，林其材单线吸收林为友（林石）入党。仅过了两个月，林为友（林石）转为正式党员，同年 8 月，吸收新村的林英、林福（后坡）和蒗塘的林展、林梓祥、林普中、林一株、林坚等原广州湾支部培养发展的骨干入党。同年 9 月，中共湛江市特别支部（1945.9—1946.5）成立。余明炎为书记，廖铎为副书记，林其材为委员。1946 年 5 月改为中共湛江市特派员。

根据林其材的指示，林为友（林石）于 1946 年 2 月和 5 月分别两次回新村发展党员筹建党支部，先后介绍林秋波（林伟）、林克诚、林忠、林玉（林育）入党。新村党支部于 1946 年 6 月成立，由中共湛江市特派员直接领导，林福（后坡）担任支部书记，林为友（林石）、林秋波（林伟）、林克诚、林忠、林玉（林育）为支部委员。从 1942 年至 1946 年，新村的党员队伍逐步壮大，新村籍党员有 24 人之多。其间，一些外来党员被派在新村工作，其中，从电白县立中学读书出来的苏克，于 1944 年 4 月参加革命，1945 年 9 月，苏克先是被党组织派往东海岛,以教师身份作掩护从事地下工作。1948 年 1 月,党组织根据革命斗争需要,调苏克来到"新村小学"继续以教师身份作掩护,从事地下斗争。苏克在地下斗争中与林为友(林石)相识,后结为革命伉俪。

到了 1947 年 6 月,新村党支部改由中共遂溪东南区委领导;1948 年 2 月后,先后由中共湛江市城区工委(1948.2—1948.6)、中共湛江市临时工委(1949.1—1949.7)、中共湛江市工委(1949.7—1949.12)领导。新村党支部成立后,主要开展了以下多项工作:

(1)开通与上级联系的地下交通线

1946 年 6 月,根据斗争形势发展的需要,中共南路特委派吴德忠开辟南路党组织与设在香港的中共广东区委的交通联络线。同年 7 月,吴德忠在妻子张兰馨的香港娘家建立地下交通站,与湛江的菉塘地下交通站直接联系,开辟了南路党组织与广东区委的海上交通线。交通员有新村的林才连和菉塘等村的张兰馨、林毓精、林显荣、林牲、黄庚、欧耀海等人。林才连等人驻守湛江市区和新村等村庄,利用客轮押运员的身份来往湛江与香港两地,负责传递文件情报,护送党的干部、电台机要人员,运送军用物资、医药用品等。

1947 年春,中共南路特委湛江城区地下交通站负责人林才连回到新村,找到同村兄弟林发(林安隆),让他到香港帮忙运回一批购回的"货物"。林发 16 岁起就给西营洪屋街财主吴京潭打工,养猪贩牛。后来,他自己出来个人经营,经常跑香港贩运肉牛。每个月都要走海路乘船到香港贩牛。林发到香港后按惯例收购了几大箱牛骨,再把林才连购买的"货物"隐藏在装牛骨的大箱底下,然后运回安全地交给菉塘海边。这时,林发才知道林才连让他帮运的"货物"是军火,是计划送给粤桂边区纵队对敌作战的武器。后来,林发正式被林才连发展成为地下交通员,专门负责往返港湛两地为地下党组织秘密运送枪支弹药、医药等物品。其间,林发全力配合林才连工作,并先后从香港带回 560 块大银、2500 元交给党组织作经费,成为港湛这条海上交通运输线的"奇兵"。直到林才连牺牲后,这条秘密运输线才被停止。

林中平家坐落在村中央,是有着 160 多年历史的清代古民居。在抗日救亡时期,这座古民居成了新村地下党组织的据点之一,林康德、林车仁、林伟等人先后在林中平家开展隐蔽的地下对敌斗争。

林秋旺是新村地下交通员，他的家成为秘密开展斗争的隐蔽"据点"。他经常扮装乞丐和收买废品的"丁丁佬"，负责给两地党组织带送信件情报，安全护送有关人员到菉塘、平乐、陈铁、坛头坡、白水坡、北沟、古河、聂村等地的联络站点去开展工作。

林盈的祖屋也成了新村地下党组织开展秘密斗争活动的流动性"据点"。林克诚等人经常掩护本地或外地革命同志前来养病疗伤和食宿。

新村部分党员、游击小组成员分散居住在赤坎、西营等市区老城。他们因地制宜，以"家"为"据点"，秘密而机智地开展广泛的对敌地下斗争。林常在西营逸仙路的家开设"广兴行"（又称"九八行"），他把"广兴行"作为地下交通联络站，负责华南分局物资以及茂名、电白、信宜三县来往人员转运到菉塘站，林常还依靠着这个林记铺号掩护林克、林健在西营开展情报搜集和传送工作。林秋波（林伟）在赤坎的私人住所也成了新村地下党组织的地下交通联络站。林秋波（林伟）利用住所先后安全掩护了林为友（林石）等人在赤坎城区开展地下斗争活动。1947年6月，中共湛江市城区工委负责人廖铎（绰号：四眼刘）在广西北海被捕叛变，造成赤坎林秋波（林伟）家这个地下交通联络站暴露，由此停止使用。

（2）积极发展党员、壮大力量

1947年11月至湛江解放其间，新村党支部先后又发展了一批党员，他们是：林车洪、林福（长房）、林孝、林华忠、林珠（女）、林初、林克、林大、林少雄（女）、林花（女）、林何、林伟明（女）、林康德、林桂英（女）、林乐、林尖、林车本、林安乐、林车仁、林进、林耀等21名青年。以上人员入党后，分别被党组织输送到作战部队参加武装斗争和派去西营、赤坎开展地下工作，留守在新村的党员则就地坚持地下斗争，直到配合解放接管湛江。

（3）组织地下游击小组

1944年10月和1945年1月，林熙保、林福（后坡）、林少香（林鸣）、林为友（林石）等人两次按照南路特委廖颜冰和林其材的指示，分别将出身贫苦、思想觉悟高、社会关系好的青年组成地下抗日游击小组。为了适应斗争形势的发展需要，解放战争时期，新村党支部又吸收了50多成员加入这个游击小组，其中骨干成员有：林车仁、林葵、林乐、林秋波、林秋旺、林华忠、林山、林车洪、林车美、林忠、林星、林东、林里时、林健、林耀、林克诚、林大、林克、林初、林车本、林福（长房）、林孝、林何、林尖、林日生、林车利、林江清等人。1946年八九月间，中共南路正、副特派员温焯华、吴有恒到达南路湛江地区，决定抓住国民党正规军陆续北调和人民群众革命热情高涨的有利时机，在南路各地尤其在湛江地区用武工队活动方式恢复和进行武装斗争，借此扩大武装队伍。其间，林华桂是林森才的八弟，1947年，林华桂和同村的林车富、林康田、林水旺等6名进步青少年在党组织的资助下考入正义中学（现湛江市二中）。该中学校长王富州是中共地下党党员，利用学校着力培养进步青少年和党的骨干。中学毕业后，林华桂等人参加了新村游击小组，积极开展对敌武装斗争。

湛江市区、郊区党组织也积极发展城市地下武装，在西营等市区建立了100多人的工人游击小组，在潮满一带迅速发展。解放战争后期，新村的游击小组队伍得到迅速扩大，长房、下井、东坪、下村园等每一条自然片都有青壮年人参加，总人数达到200多人。

（4）偷袭汽车停车场

1946年6月，国民党军征用数十辆汽车，组织一个团的兵力，准备"围剿"遂溪、化县、廉江等地的中共领导的游击区。获得情报之后，新村、菉塘交通站立即派出交通员连夜潜入市区，通知工人游击小组负责人林为友（林石）。林为友又通过林景智迅速组织工人、司机"偷袭"汽车停车场，连夜拆毁国民党军征用数十辆汽车的零配件，使得大部分军用汽车"瘫痪"，从而及时破坏了国民党军队对游击区的"围剿"计划。

（5）隐藏与护送"日本南"

"日本南"（南哥）原是日军的一名机枪手，因不满日军在华的暴行而在一次作战中逃离战场，参加了我南路革命武装，成了反战同盟的成员，在粤桂边纵新一团一连当机枪手。1947年春，新一团、八团在遂溪笔架岭伏击国民党军。在激战中，身为机枪手的"日本南"冲在最前沿英勇射击，敌兵一个接一个倒在他的眼前。激战中，"日本南"不幸被敌人的枪弹击中了下身睾丸，战友把他从战场上救了下来后，"日本南"被安排到新村林才连家里养伤。临别时，新一团领导李国林叮嘱林为友（林石）、林才连等人一定要保证"日本南"的安全。"日本南"在林才连家里养伤其间，新村游击小组安排人员日夜放哨望风，严密封锁消息。由于医疗条件不足，上级领导决定由林才连、林发将"日本南"经海路转移到香港开刀治疗。临走前，南哥多次对新村地下党组织和新村革命群众对他的照顾和关怀表示感谢，并希望他伤愈归来再与大家重逢。林才连、林发在香港细心照料陪护"日本男"治病养伤一个多月。有一天，国民党军统派人包围了"日本男"的住所。正在给"日本男"清洗伤口的林才连、林发等人马上紧急转移。后来在香港地下党同志的掩护下，安全地将"日本男"护送转移到澳门的秘密地点。

2. 组织营救重要地下党员

（1）营救"两陈"同志

1947年年初，地下党员陈明时、陈良喜在赤坎不幸被敌人逮捕入狱。中共湛江市城区工委委员林为友（林石）给林常（时任新村保长）布置任务，要他想方设法去营救陈明时、陈良喜。林常开始到敌营调查摸底，了解到"两陈"同志在国民党当局的监狱中没有暴露政治身份，敌人手里还没有抓住他们的任何证据。于是，林常以保长的公开身份去找国民党三青团干事长王炯、警察局长黄光弼"说情"，终于使得两个人都同意保释。

（2）营救陈以大

1947年7月，地下党员陈以大按照中共南路特委领导温焯华的指示打进吴彬、吕成性、陈正业开设的芳华油行。以油行职员身份作掩护，在油行所在地西营等地进行秘密活动，搞情报，搞策反，开展统战工作。不久，他被敌人怀疑而遭到逮捕。

陈以大出事后，中共湛江特支指示林才连找林元庆，要求想方设法去展开营救工作。林元庆通过吴彬、吕成性找到国民党师管区司令林英。吴、吕两人长期受到共产党的影响，又出于与陈以大的朋友感情，就想方设法说服林英同意放人。陈以大当时政治面目尚未暴露，吴、吕又主动提出对陈担保，还发动新鹿区绅士和群众联名保释，促使国民党师管区放人。陈以大被关10多天后被保释出来。

（3）再次营救陈以大

8月底，国民党军队"围剿"新鹿区祝美村，遂溪县东南区党组织负责人梁某某在突围时不慎遗失一本革命人员花名册，被国民党兵拾获。国民党当局十分重视，立即通知新鹿区的乡绅、保甲长、保民代表开会。为了解会议情况，陈以大以保民代表身份匆匆参加会议。不料却中了国民党当局的圈套，陈以大等36人不幸被捕。根据南路特委的要求，交通员林才连开始营救工作。他先是动员同是新村人的开明人士林元庆一起设法营救。林元庆找到芳华油行的吴彬、吕成性、吴永孚等人，在明知陈以大等人政治面目的情况下仍然冒险联名出面担保。后来，群众得以释放，但陈以大等4人被指控为共产党员，继续扣押。林元庆、林才连继续做工作，找到国民党湛江市市长柯景濂，通过其争取案件从军队转给地方处理，再动员柯放人。他们约请程长青、陈应槐等友人到广州活动，要求苏浴泉、薛文藻等雷州半岛的知名人士联名担保。经过半个月努力，发动新鹿区的绅士、群众联名担保，陈以大等4人终于获得保释。吴彬、吕成性亲自驱车到监狱接人，并建议他们尽快离开湛江。不久，由党组织安排，陈以大等人前往广州开展新的工作。

（4）营救欧秀瑶

1949年夏，化州游击队遭到国民党军队"围剿"。地下党员欧秀瑶（女）不幸被捕，被押解到国民党湛江"清剿"指挥部。湛江地下党组织要求林熙保等人要设法营救欧秀瑶。林熙保的公开身份是湛江益智中学教师，他有位同事张柏林，此前曾在国民党湛江"清剿"指挥部当过文书。林熙保通过张柏林的关系，找到负责审讯此案的"清剿"指挥部负责人和法官。他向新村的族亲兄弟筹借现金，花钱打通狱警的关系，花费180元大洋给法官等人多次"送礼"，终于将供词换掉，把革命烈士欧鼎寰的妹妹、共产党员欧秀瑶赎出。

3."锄奸"

新村有个"鸦片佬"（即吸食者），名叫林景，在村里好吃恶劳，时常干些欺男霸女之事。为了对付中共新村地下党，国民党当局收买了林景，把他当成"钉子"按插在村里头。他也暗地里死心塌地地为国民党卖命，干些通风报信、盯梢共产党员行踪的勾当。搜集到他的许多恶行，游击小组决定对他进行伏击擒拿，为民除害。

1949年春，有一晚，值班的游击小组成员林九登、林众等人和武工队在村中发现一个鬼票的身影时常出现在村地下交通联络站、游击小组成员的家周围，便暗中跟踪他。当他惊慌地要逃窜出村时，林九登、林众他们配合武工队包抄截住他，发现果然是林景这个坏蛋，经审问得知他在村里侦探地下党的革命活动情况，正要跑去西营向特务机关告密。经报告上级批准后，武工队蒙着他的面押到村外，秘密处决了这个坏蛋。

4. 成立妇女组织

解放战争时期，新村的妇女工作在新村党支部和陈芳、苏克等新村小学教师、陈展文、陈干英、许荣庄、钟萍等外来女干部的支持帮助下，得到蓬勃发展。她们组织起来，成立了"姐妹会""婶嫂会"等青年妇女组织。这些妇女群众团体采取各种形式开展革命活动，动员和团结城乡青年妇女投身其中，为解放战争的胜利多作贡献。

1946年，军属黄珠在新村后坡片成立"姐妹会"，组织青年妇女积极开展活动。参加"姐妹会"活动的积极分子有：林英、林养娣、林秀梅、林赵养、林迹、林甜、林调等人。1947年，新村女青年学生林伟明在中村片成立"姐妹会"，组织青年妇女积极开展活动。参加"姐妹会"活动的积极分子有：林秀养、林玉华、林雪英、林秀英、林秀珍、林秀桃、林秀萍、林妹子、林那娣等人。

新村妇女的"姐妹会""婶嫂会"积极参与和支持新村地下党组织在新村一带村庄开展各项革命斗争活动。村里的村民不少妻子支持丈夫、姐妹支持兄弟、家庭支持亲人积极投身革命，在推动革命斗争进程中发挥了妇女"半边天"作用。"姐妹会""婶嫂会"在新村主要开展了如下活动：一是帮工互助。"姐妹会""婶嫂会"派出有关人员去村中对寡鳏缺少劳力的穷苦人家和革命家属进行种、收季节帮工，解决她们生活、生产上的诸多困难，使妇女工作在村民群众中建立起威信。二是开荒生产，支持革命。在新村的坡岭荒地上，"姐妹会"组织女青年、家庭妇女进行开荒垦田，开垦出新田10多亩，都种上薯粟豆菜。她们将果菜生产的全部收入和个人自愿捐款合起来，购买寒衣胶鞋等衣物送去粤桂边纵的战士们。

1947 年，粤桂边纵的部队要扩大，粮食供应一时遇到困难。新村地下党成员和"姐妹会""婶嫂会"成员就一起深入乡村，以游击区遂溪县人民政府的名义和收条，对村中 10 多户豪绅进行征粮。迫于革命斗争发展形势的压力，多数豪绅都愿意交粮，表示支持革命。绰号"太阳尊"的林尊死赖顽固不给交公粮，地下党通过武工队队员在夜间拉他出去进行"警告"。结果，迫于革命的威力，他也只好同意交粮。经过新村地下党成员和"姐妹会""婶嫂会"成员的艰辛努力，新村在减租减息运动中总共征得公粮 30 多担（折款），及时送到坛头坡交通站，再转到粤桂边纵。

新村地下党组织在新村的村民家庭建立了不少"据点"，发动村民参与地下隐蔽战线的斗争活动。作为每家的"主妇"经常发挥"姐妹会""婶嫂会"的作用，支持地下党组织的工作。她们在家里动员丈夫或子女在新村开展各种秘密斗争活动，有时候还亲自参与其中，林玉华的家成了新村地下党的革命"堡垒"。她曾多次配合丈夫开展工作，掩护过中共地下党员陈以大、陈宏志、陈炳辉等人在新村秘密活动。

1949 年年初，林伟明利用自己在新村的住所，秘密地掩护了粤桂边纵队领导人温焯华及其三个小孩和保姆。

5. 配合城区工委工作

1948 年 2 月，中共粤桂边区地委决定成立中共湛江市城区工委，领导湛江市赤坎、西营以及部分郊区的地下党组织。戴洪任书记，委员有林为友（林石）、王戈木、陈华镇、梁周蓉。湛江市城区党组织的领导力量得以加强，为湛江地下党开展策反攻心战做好组织准备。策反攻心战早在 1949 年年初就开始紧锣密鼓地进行着。湛江地下党组织主要通过民主人士、进步知识分子、开明商人等与党组织有联系的社会各阶层人士，利用同学、同乡、亲朋好友等社会关系，在敌人内部宣传党的宗旨政策，讲解分析形势，使当局有关军政人员与国民党决裂，站到人民这一边，更好地为湛江市的解放发挥作用。

（1）协助南路游击队对敌作战

1948 年秋，林养、林葵两人接受中共新村地下党安排的任务：为配合南路游击队到西营对敌作战，地下党需要切断机场与西营的通信线路。某天夜晚，林养、林葵早早到西郊机场国民党某连守军营地守候，待到深夜游击队潜入西营准备攻击之际，他俩机警地爬上电线杆，用镰刀将电话线给割断，切断敌军增援的联系。

（2）为粤桂边纵排忧解难

1948年上半年，林大等新村游击小组成员冒着风险，多次机智勇敢地护送香港和外区地下工作人员经过坛头坡站转移到粤桂边纵驻扎的营地。同年年底，林才连、林毓精不幸被捕，城区地下党组织遭受破坏，对敌斗争遇到挫折，粤桂边纵队的医药、弹药、寒衣、粮食等物品的供给陷入困境。但是，游击小组成员不畏艰难，越挫越勇，他们在新村等周边村庄发动村民群众开荒生产，自力更生，又通过各种渠道四处购买急需物品，组织村民捐献寒衣和粮食。他们急子弟兵所急，及时将冬衣、粮食和药品送到粤桂边纵队，帮助指战员们渡过饥寒交迫的冬季。

1948年冬，国民党62军在龟岭一带和粤桂边纵八团展开激战。敌军的飞机将我军阻击在深田村一带，林光仁冒着炮火带着村民冲上激战的阵地给指战员送饭送水。战斗结束后，他和八团的战士们一起及时撤出战场。

6. 保护城市设施 迎接湛江解放

1949年6月，国民党败势已定，湛江处于解放前夕，湛江国民党当局计划破坏一批市政设施与工厂，撤走一些项目专家、技术图纸等技术人员和资料。为了让城市完整回归到人民手上，新村地下党组织坚决执行中共湛江市工委的指示，及时开展工作。

（1）保护发电厂

国民党当局企图把位于新村附近的发电厂的重大设备部件装船搬迁到海南岛。中共湛江地下党组织及时做好工人的思想工作，争取到工人的配合支持，在厂区、码头、车站安排人员进行监视，设卡检查，牢牢地控制了船只、汽车等运输工具，致使国民党当局搬迁发电厂的图谋彻底破灭。

搬迁重大设备部件到海南岛的计划破灭，国民党当局计划在撤退之前要炸掉发电厂。当时，厂长吴彬已接到国民党当局要他炸毁电厂逃往台湾的紧急通知，还收到已逃到香港的原国民党湛江头面人物劝他离开大陆去香港的信件。湛江解放在即，中国共产党接管下来的湛江绝不能成了黑暗一片的城市。中共湛江市工委决定在湛江解放之前要想方设法将发电厂保护下来。市工委委员陈以大、林为友（林石）等人接受了这个艰巨任务，深入发电厂去做管理人员的思想工作，尤其是要争取厂长吴彬对保护发电厂工作的支持。市工委委员陈以大让林元庆很快找到厂长吴彬，对他晓以大义，动员说服他和工人一起为保护电厂出一份力。同时，陈以大、吴国华也写信给吴彬，劝他认清形势，争取为人民立功。1949 年 8 月 15 日，中共湛江市工委书记黎江亲自约吴彬到北月村商谈，动员他组织工人保护好发电厂，支持解放湛江。在市工委和新村地下党员的规劝下，吴彬终于答应协助保护好电厂，他让林为友（林石）驻守电厂，通过新村游击小组来组织工人成立护厂队，夜以继日巡逻，对重要车间还有专门小组护守盯防。林为友（林石）他们对上层和下层同时进行工作，相互配合，终于将发电厂完好无损地保护下来。湛江解放时，湛江发电厂的电机正常运转，向市区输送着光明，对当时社会的稳定起到极大的促进作用。

发电厂是当时湛江唯一的电厂，发电量只有 500 千瓦，却负担着整个湛江市的工业、商业、居民照明用电的供应。经过地下党的努力，发电厂被完好无损地保护下来。在保护发电厂的过程中，厂长吴彬的协助起到重要作用。吴彬一直是中共湛江地下党联系多年的统战对象。湛江解放在即，吴彬正在他犹豫不决去留之际，陈以大来到电厂找他谈话，做他的思想工作。国民党人心向背的败局最终让吴彬看清形势，没有离开，经过再三考虑，吴彬明辨了是非曲直，觉得留在大陆更有前途，就决定留守湛江。

（2）争取工程技术人员留下来

湘桂黔铁路，原是孙中山先生"实业计划"之中的一部分，全长 3270 余公里。其中，黎湛段粤境长达 89 公里。粤境工程处成立于 1947 年，拥有工程师以及工程技术人员近 200 人。1949 年上半年，湘桂黔铁路黎湛路段的勘测、测量、定线、设计工作和图纸绘制已全部完成，并且筹备了水泥、钢材等一批建筑材料。眼看着湛江就要解放，正在筹建的湘桂黔铁路粤境路段绝不能因为流失这批铁路工程技术人才而半途而废。为了争取和稳定粤境工程处的工程技术人员，保存好工程处的所有图纸、资料和建材，以便更好地为新中国的铁路建设服务，中共湛江市工委专门召开会议研究对策，安排林景智等人去工程处做工程技术人员"留下来"的动员说服工作。

1949 年秋，中共湛江工委员陈以大、林为友（林石）下达林熙保等人策反国民党工程技术人员、保护好铁路设施的任务。林景智和林元庆（正义中学教师、工程师）、陈秋保、林熙保等人一起利用朋友、同乡、熟人的关系到国民党湛江湘桂黔铁路黎湛段工程处找总工程师、总队长钟晋祥等人谈心，宣传共产党的政策，动员他们留下来为新中国建设出力，不要跟国民党走以致背井离乡。由于林景智他们的思想工作做得及时，能打动人心，工程处的大部分工程技术人员在湛江解放前夕都自愿留下来，做好所有仪器、资料、图纸等的完整保管工作。解放后，这些仪器资料都为国家建设接纳和使用，为后来黎湛新线建设打下扎实基础。解放后，湘桂黔铁路粤境路段工程处的大部分工程技术人员积极参加解放海南岛的支前工作，投身于黎湛铁路、天成铁路的建设。解放初期，在工程技术人员十分紧缺的情况下，他们成了祖国铁路建设的骨干力量。他们和林景智等人一起保护下来的图纸、物资，为黎湛铁路的快速建成发挥了非常重大的作用。

7. 策反国民党 62 军起义

1949 年，光明与黑暗的决战之年，解放战争的战火烧到了南粤大地、南海岸边。9 月，由叶剑英主持的中共中央华南分局指示粤桂边区委继续策动已移驻湛江市的国民党第 62 军部队及广东保安第三师第九团起义。经过动员，托病住在香港的张光琼表示愿意起义，并写信给其亲信、军部警卫营长邱德明与军部参谋何中行等人，示意他们相机举事。邱德明答应率警卫营起义并利用自己的有利条件，策动军部其他直属部队起义。起义前夕，湛江市工委的黎江、陈以大、周明、林为友（林石）等和粤桂边区纵队军代表王克到菉塘交通站开会，研究后勤接应工作。会议决定动员数百名群众，组织大批牛车、渔船帮助抢运枪支弹药，护送起义人员和家属，及时传递情报让党组织和粤桂边区纵队掌握战况。

为了确保起义成功，中共粤桂边区委派粤桂边纵队政治部主任温焯华约见中共湛江市工委书记黎江，指示市工委为起义部队选派向导，破坏西营、赤坎之间和西营市区国民党部队的通信线路，组织担架、运输队，派出一支精干的武工队入城配合起义部队作战。接受任务后，黎江先后在新村、菉塘、沙坡、调罗、陈铁、西厅等村召开会议，研究布置配合起义工作。起义前夕，黎江又在新村、菉塘组织湛江市工委成员、各村党支部书记、武工队长召开会议，具体布置落实各项工作。黎江还从新村等村庄抽调青壮年村民，组成担架队和运输队。

新村党支部安排林车洪、林车美、林孝、林华成等人率领游击小组成员100多人夜间突击，切断敌人沿公路的电话线，挖掉宝满石头桥，以破坏敌人的联络，阻拦敌人对起义部队的追击。10月14日，警卫营营长邱德明率部起义。国民党当局急调汽车中队前往增援镇压。被林景智策反的汽车中队长马自强早已按照中共布置，事先将20多部汽车弄"坏"。当敌军急调汽车中队去配合镇压起义时，20多辆汽车不是这坏那坏，就是缺这少那，全部不能开动，使得国民党军增援计划落空，为起义部队成功转移争取到时间。

林定佳曾是西营一带有名的"烂仔头"，很有地方影响力，但他对国民党当局时常流露出不满情绪。党员林福（长房）抓住林定佳与国民党当局的矛盾，规劝教育他改邪归正。经过林福（长房）的教育引导，林定佳终于明辨是非，弃暗投明。林定佳于1949年的年中加入地下武工队。是年年底，起义行动中，有部分官兵反水，调过枪口对准起义的官兵，中共湛江地下党领导人黎江、陈以大、周明等人被反水的敌军围困。紧急关头，林定佳和地下武工队队员及时赶到战场，压制敌军的火力，掩护和协助黎江、陈以大、周明等人和起义队、接应人员一道安全转移。

这次起义，中共湛江市工委负责人黎江、陈以大、周明、林为友（林石）组织西营周边的新村、菉塘、调罗、陈铁、西厅、坛上、深田、后坑、南山、后洋、黄西、蓬莱、边坡、石头、坛下、木兰等10多座村庄数千名村民群众，配合市区运输队，用大批牛车、渔船、汽车从四面八方来帮助起义部队抢运枪支弹药等军用物资，为护送起义人员及其家属安全转移作出很大的贡献。

8. 配合解放湛江

1949年秋，湛江的历史翻开新的一页。中国人民解放军南下大军乘胜追击，一路凯歌，直抵湛江。1949 年 10 月下旬，粤桂边区纵队配合中国人民解放军四野对敌作战，一举解放了广东梅茂县（现属吴川市）。11 月 1 日、17 日、27 日，南下大军又一鼓作气先后攻克廉江、吴川、遂溪三县。12 月 5 日，又解放了海康县（现今雷州市）。至此，国民党盘踞广东境内仅剩下最后一座城市，湛江成了雷州半岛中的"孤岛"，被南下解放大军团团围住。12 月 7 日，刚刚成立的中共南路地方委员会和南路军分区作出了解放湛江市的决定，并且作了作战部署，随后各项准备工作迅速展开。面对将临的败局，据守湛江市的国民党第 62 军紧张地进行撤退的准备。12 月 18 日，国民党军队派来三艘登陆舰，停泊在西营（现今霞山区）海面上，准备接运第 62 军逃往海南岛和台湾岛。新村地下党组织获得上述情报急报上级，中共南路地委和南路军分区立即急调五个团兵力昼夜兼程，集结于湛江市郊外。第四野战军 43 军第 128 师一个团也从北海往湛江急赶。

1949 年 12 月 17 日凌晨，解放湛江的战斗打响。毗邻湛江市区的各个乡村认真做好支前工作。新村、菉塘、楼下、调罗、陈铁、西厅、坛上、深田、后坑、南山、后洋、黄西、蓬莱、边坡、石头、坛下、木兰等 10 多座村庄的党支部、村队、农会、妇女会积极发动群众参加运输队、担架队、后勤服务队，烧水做饭，抢救伤员，搬运弹药，同游击队、人民解放军并肩作战。

为了支援前线迎接湛江解放，新村地下党组织发动村民群众事先筹粮一万多斤（100 担）以及大批马料。粤桂边区纵队配合第四野战军 43 军南下部队进入湛江。对敌作战开始时，新村地下党组织组织妇女、儿童一齐上阵，给前线作战的指战员们送去饭菜近 100 担，还组织了担架队、茶水队等，抢救护送伤员。新村等附近村庄的村民群众把煮好的包点、番薯、鸡蛋、茶水等食物挑到遂（溪）湛（江）公路边，新村、南柳等村庄的妇女，几天通宵达旦地准备，蒸好 1 万多个甜饼年糕，煮好足够 4 个团吃喝的米饭和茶水，提供给从北海地区赶来参加战斗的第四野战军 43 军 128 师部队，热情慰问子弟兵。见到新村等村庄的村民群众不论老少支前的情绪非常高涨的情形，43 军一位师长高兴地抚摸着一个儿童的头发问道："小同志，你是从哪条村来支前的？"身边的几个儿童一听首长提问，异口同声地回答："我们是新村的。"听到几个儿童响亮的回答，师长又禁不住大加赞赏："你们新村啊，一定是革命的摇篮！"

解放湛江的战斗打响，粤桂边纵队八团负责攻打西营敌军据点。中共新村地下党组织负责组织村民群众对八团指战员的支前工作，尤其是做好作战伤病员的救治工作。新村小学和林氏宗祠被设置为战地医院。村民们不时抬着担架上前线抢救伤员，急忙送到战地医院救治。村中大嫂大妈们煲好饭煮好茶水送到医院和后方指挥所，还有妇女协助军医包扎护理伤病员。解放湛江战斗结束后，

经过三天激战，第四野战军43军128师和粤桂边纵队于1949年12月19日晚攻克国民党军最后一个据点，湛江宣告解放。当晚，全市灯火通明，各条街道的商铺照常开门营业，各家工厂企业正常生产，社会秩序井然。敌人撤退前预言并企望港城漆黑一片的"死城"现象没有出现，美丽的滨海城市迎来了曙光初照的新生。中共湛江市工委及新村籍地下党员为了迎接解放付出了艰辛的努力，争取技术人员"留下"，保护城市重点设施，最大限度避免战争给人民群众带来生灵涂炭、财产损毁的苦果。那些顺应历史潮流、为湛江的新生付出辛劳、献出生命的社会各个阶层人士，也在湛江发展史上留下光彩的一笔。1949年12月20日，中国人民解放军广东省军区湛江市军事管制委员会成立，全面接管原国民党湛江市政权机构。

林熙保革命生平

林熙保（1911—2001）：现霞山区新村人。20世纪30年代初，林熙保在西营（现霞山）益智中学读书时，受进步同学的影响，开始接触马克思列宁主义。1934年7月，林熙保在广州省立"勤勤大学"（又称"襄勤大学"）工学院建筑系读书时，结识一批志同道合的进步青年，并积极投身于身抗日救亡运动。

1937年七七事变后，抗日战争全面爆发。同年7、8月间，林熙保和陈以大等原西营益智中学的学友们，经李进阶（遂溪洋青寮客村人、陈以大在寮客村小学教书时结识的好友）介绍，结识了他在广州市立一中的同学林琳（又名林林，中共党员，1945年牺牲于廉江青平镇木高岭）。受林琳的影响和引导，

林熙保和陈以大、黄崇纬、王健夫又相约去延安抗大。林熙保和陈以大两人回家筹集路费时因陈以大父亲病故，所以，林熙保和陈以大两人未能成行。陈以大留在"益智中学"任教，林熙保则回"勷勤大学"继续完成学业，1938年9月毕业后又回到益智中学任教。

1938年11月，中共粤西南特委派林琳等3人到广州湾（现湛江市）恢复和发展党的组织，开展抗日救亡工作。林琳等3人到广州湾后与林熙保和陈以大两人取得联系，不久，林琳便作为介绍人介绍林熙保和陈以大两人入党，两人的入党宣誓在西营（现霞山）调罗村"优敏公祠"（启英小学旧址）秘密举行。后陈以大发展好友林其材（现霞山区箓塘村人）入党。1939年3月，中共广州湾支部成立。林熙保任支部书记，林其材任组织委员，陈以大任宣传委员。当时，广州湾支部决定以益智中学、新村小学、启英小学、世基小学、黎明小学、祝美小学、临海小学、调熟小学作为农村革命活动基地，开展抗日救亡工作和发展壮大革命队伍；并作出分工：林熙保负责益智中学、新村小学；林其材负责"世基小学"和协助海南琼崖总队驻广州湾后方办事处交通站工作；陈以大负责启英、祝美、临海、调熟、黎明小学。另外，在新村小学创办支部刊物《萌芽》，林熙保、陈以大、林其材亲自撰稿和编辑，并利用新村小学一间密室油印。

1939年4月，李恩林（后改名李乃坚）带琼崖总队驻广州湾后方办事处主任谢里森、副主任张刚、吴琼仙（后改名吴必兴）到西营"益智中学"联系广州湾支部，准备在西营附近条件好的农村设置地下交通联络站。广州湾支部请示林琳同意，决定把地下交通联络站设在箓塘村"林氏宗祠"，由林其材负责与张刚联系开展工作。

1939年11月，林熙保根据林琳的指示，负责筹集一笔资金到梅箓市（今吴川市梅箓镇）开展窑地工人运动。1940年初，益智中学一些亲汪（注：汪精卫）教师散布反共投降言论，蓄意删改学生抗日文章，撕毁抗日宣传壁报，殴打进步学生，因而激起广大师生的义愤，纷纷起来罢课。为了保护和支持学生的正义行动，林熙保在学校团结广大进步师生，张贴散发革命传单和标语，大造声势。陈以大、林其材则在铺仔墟高等机械学校组织进步学生就地罢课，予以声援。为镇压学潮，亲汪教师勾结广州湾法公局把林熙保关禁在湖光岩的一座碉堡三天，后在陈以大、林其材领导学生继续斗争和争取社会各界支持的压力下，林熙保才被释放出来。

抗日爱国将领张炎将军对这次罢课斗争表示支持，声援学运，并发布命令通缉汪派人士陈翰华、陈兆麟等人。中共华南分局派人在香港办的《华商报》上进行报道，使益智中学的斗争产生了很大的社会影响。

1942年2月，中共南路特委委员、广州湾工委负责人潘云波布置，安排了林熙保、陈以大、林其材带领一批进步青年到徐闻开辟新区。这批进步青年中基本是林熙保、陈以大早期在广州湾各学校发展培养的青年学生。初到徐闻，林熙保先后以曲界中学教员和下洋中心小学校长的身份作掩护，从事革命活动，培养大批革命骨干。1944年，林熙保由于被国民党徐闻反动当局怀疑，党组织指示林熙保撤离徐闻返回广州湾，在新村开办夜校、组织游击小组，继续开展对敌斗争。在林熙保的培养下，林才连等一批新村青年在斗争中成长为坚强的革命战士。

抗日战争胜利后，党组织安排林熙保先后在遂溪椹川中学和西营益智中学当教师，从事收集情报和迎接湛江解放等工作。

1949年下半年，为防止湘桂黔铁路黎湛段粤境工程处技术人员、图纸、资料和建材流失，中共湛江市工委专门召开会议研究对策，指派林熙保利用新村籍的有利条件，通过胞兄林元庆（时任正义中学教师）和林景智、陈秋保等人一起，利用朋友、同乡、熟人的关系去工程处找总工程师、总队长钟晋祥等人做工作，宣传共产党的政策，动员他们留下来为新中国建设出力。由于思想工作做得细致及时，工程处的大部分技术人员在湛江解放时都自愿留下来，并将有关的图纸、资料、器材和建材都给了国家，为湛江解放后建设黎湛铁路打下良好基础。

1949年12月湛江解放时，林熙保作为军事代表参加接收湛江市的工作。后曾担任梅茂县建设科科长兼芦江中学校长、粤西行署水利队长等职。从1956年起，响应党中央号召，从行政干部转任技术干部，在广东省第四建筑工程公司（后改为省八建）担任工程师，从事建筑工程技术工作。20世纪50年代末至60年代，先后被中共湛江地委抽调到雷州青年运河建设指挥部、湛江堵海工程指挥部担任工程师，负责技术指导工作。1983年，林熙保从广东省第八建筑工程公司离休，2001 年病逝，享年 91 岁。

部分解放前参加革命老同志生平

林克诚：1926 年 10 月 25 日出生于广州湾（今湛江市）西营（今霞山）海头新村。其父林培恩、母林李氏生育 6 个子女，其中有 5 个先后在旧社会夭折，仅留下林克诚一棵"独苗"。

林克诚于 1946 年 5 月加入中国共产党，任新村第一届党支部委员。1947 年 1 月至湛江解放前夕，他冒着生命危险，以挑大粪等身份作掩护，机智地在西营（今霞山）、赤坎两地秘密地为地下党组织送情报，开展对敌斗争，为解放湛江作出应有的贡献。

湛江解放后，林克诚于 1949 年 12 月进入湛江市公安队伍成为编外侦察员，1950 年担任新村农会会长，积极投身土改工作。1951 年 3 月，林克诚作为骨干被选派到广东省土地改革团恩平土改队参加土改工作。在三年土改运动中，他出任恩平县土改队第五区副区长、恩平县公安局秘书股股长。1954 年至 1955 年，他先后担任粤西行署公安局经保科科员、副科长。1955 年 9 月至 1959 年 2 月，他出任雷东县公安局副局长、局长。1959 年 4 月至 1966 年 2 月，林克诚先后担任湛江市法院办公室主任、副院长，这其间，他于 1964 年 5 月被保送中央政法干校学习，学习期间受到毛主席、周总理、朱德委员长等中央领导接见。1962 年 2 月至 1969 年 6 月，林克诚先后出任湛江市霞山区代理区长、区委书记、区委常委。1969 年 6 月至 1970 年 8 月，他担任湛江市霞山区革委会副主任。1970 年 8 月至 1971 年 11 月，他担任湛江市保卫组副组长、保卫组党委委员。1972 年 10 月至 1975 年 4 月，林克诚先后担任湛江市人民法院副院长。1975 年 4 月至 1983 年 9 月，他先后担任湛江市公安局党委委、副局长兼郊区公安分局局长、市公安局党委书记兼副局长。

林克诚长期奋战在公安战线上，屡建奇功授奖，为湛江地区的公共安全、综治工作作出了突出的贡献。1983 年 9 月至 1992 年 10 月，担任湛江市公安局巡视员。2004 年 12 月 26 日，林克诚在湛江病故，享年 78 岁。

林景智： 1920年1月出生于广州湾（今湛江市）西营（今霞山）海头新村。新村名人林鸿章之四子。

林景智于1935年至1938年赴广州就读广雅中学，1939年广州沦陷。林景智面对日寇暴行义愤填膺，和同学一起商定报考黄埔军校，好去从军参加抗战报效国家。此时，原在广州长洲岛上的黄埔陆军军官学校已在战时转移到西安。因缺乏相应信息，林景智毕业后回到家乡新村。在新村小学、调罗小学、隶塘小学等学校任教其间，按照中共广州湾支部的安排，积极在学校中开展抗日救亡活动，引导学生接受革命思想。1940年春，林景智和同学一起从粤西高州徒步到韶关，再转火车抵达广西柳州，又从柳州徒步进入贵州独山。他在崇山峻岭之间跋涉，从贵阳到重庆，再步行到甘肃天水，终于在天水县城入伍。六个月后经考试分科，他被分配到陆军军官学校西安分校特种科当通信兵。1943年毕业后作为特种兵，被分配到国民政府通信兵第四团第二营八连十三班。

1944年夏，日军疯狂地向我国中原地区进攻，铁蹄越过黄河逐渐逼近河南洛阳，战火烧到了黄河西岸，打响卫城之战迫在眉睫。国民政府军精锐部队中央军第十五军奉命风驰电掣地开赴洛阳市，以重兵筑起保卫洛阳的防线。林景智随第十五军军部乘战时专列从西安古都出发，奔赴抗击日寇的前线。在军部作战指挥中心坚守岗位的林景智日夜守候在电台旁边，"嘀嗒"的无线电波通过他的双手在抗日总司令部与前沿阵地之间传递作战命令和任务。

1944年6月，日军攻破我军防线进入洛阳，枪炮声越发猛烈，几乎掩盖了无线电波信号。在极端危险的环境中，林景智不顾敌人炮火摧毁附近建筑物散落在身上的尘灰，凭着中国军人保家卫国打击侵略者的坚定信念，沉着发出最后的电波信号。攻入洛阳的日军在飞机、装甲车的掩护下不断推进，炮声越来越响。此时，我军军部作战室大部分官兵已撤退，但林景智毫不畏惧，坚持在电台前继续接发信号。

日落西山，暮色徐降。坚守在电台的林景智环顾四周，室内的人都撤走了，这时他才迫不得已摘下戴在头上的耳机，放下手中的电键，舍弃无线电发报机，冲进枪林弹雨封锁的街巷，跳下血流成河的洛河，泅渡到彼岸去寻找部队。

从洛阳城撤退下来，林景智和部队失去联系，他只好逃出战场风尘仆仆往东南走，往西安的方向走。一路上，他难以寻到食物，只能忍饥挨饿一步步往前赶，只见沿途倒毙马匹、残垣断壁，千里旷野空无人烟。历尽千辛万苦，林景智穿越敌占区和封锁线，一路奔波了一个月时间，终于回到了黄埔军校西安分校。

林景智参加洛阳保卫战之后，他的军旅生涯发生了突变，人生十字路出现了转折。1946年，国共两党兵戎相见，内战爆发。早已认清国民党反动派真面目的林景智在这一年毅然离开国民党国防部战车第七营，解甲归田，到上海经济学校读书深造。1948年春，林景智学成归来返回湛江。经过中共湛江地下党的推荐，林景智进入湛江益智中学任教，当任军训教官。从此，他以教师身份作掩护，从事隐蔽战线的斗争。1949年夏，黎江、林石等人找到林景智，让林景智利用自己与警卫营营长的同学特殊关系，深入警卫营做官兵的思想工作，促使他们认清形势战前起义。

1948年，林景智通过林熙保、林元庆介绍，到了西营（今霞山）益智中学担任军训教官。在当任教官其间，林景智利用过去国民党军校的同学关系，结识了国民党第62军一些营连级军官，例如警卫营长邱德明、工兵营长张威夷、通信连长赖约翰、一二八师警卫连长蔡兰芳、一二八师师部参谋黎平、保安司令部汽车连连长马自强等，为一年后策反敌军、解放湛江做好了打"攻心"战的准备。林景智通过各种关系，机智了解到有关62军等国民党军队的兵力部署、军事动态、工事位置构造等情况，及时向在城市工作的党员林为友（林石）、林健等人报告。

1949年年初，国民党为了有利南逃海南，加强湛江市的运输力量，把在广州刚组建的有40多名官兵、20多辆汽车的汽车中队调到湛江，组建国民党湛江专员公署保安司令部保安团汽车中队。为了破坏国民党军南逃计划，配合南下解放军，中共湛江市工委委员林石派新村青年林景智潜入国民党军营里开展策反工作，尤其重点做好保安团汽车中队汽车连连长马自强的策反。1949年12月，林景智按照湛江市工委委员林为友（林石）的要求，利用同学关系，去找保安司令部汽车中队汽车连连长马自强，对其进行策反，争取他站到人民这一边来。在湛江地区，林景智有不少国民党军校的同学，尤其和汽车中队队长马自强关系较好。林景智经常找马自强谈话交心，帮他分析局势和出路，指出国民党大势已去，个人不必再当蒋家王朝的陪葬品，向其阐明大义，敦促其认清形势率部起义。湛江解放在即，国民党命令、威逼马自强率部撤退海南，马自强一度思想产生了动摇，担心前途莫测。林景智及时将情况向林石汇报，根据市工委指示，又抓紧时间进一步做他的思想教育工作，承诺解放后将保留他原职原薪，汽车中队仍归他管，打消他的顾虑，促使他坚定反正的信心。

马自强被林景智争取过来后，他通过自己的心腹，在汽车队里暗中串通了大部分司机，或找借口拒不执行国民党的命令，或者消极怠工，有效地打乱了国民党当局的有关部署，密令部下把 20 多部汽车的分火盘、马达等零件，甚至轮胎都拆卸下来，然后连同一台 15 瓦的电台一起偷偷运送到林景智家中隐藏起来，使得在国民党军南逃的最关键时刻，20 多辆汽车变成了一堆堆废铁。林景智按照湛江市工委指示，安排马自强带人"弄坏"汽车后掩护他请假到西营大资本家黄衡初家里"藏了"七八天，尔后又携带两部电台、手枪和亲信、部下转移到新村林景智家里住了十几天隐蔽起来，使得国民党军队撤退时无法开动汽车。湛江解放后，汽车中队的 30 多名官兵连同 20 多辆汽车完好无损地交由解放军南路军分区接管，马自强的部队被编入解放军邬强的部队。

林景智有个胞弟叫林景信，是国民党军队陈明仁将军手下的一名军官。为参加抗日，林景信和林景智两兄弟于 1936 年一同就读于广州广雅中学，之后又于 1938 年一同徒步千里到西安报考黄埔军校第十七期学习。毕业后，他们两兄弟都分别参加国军，奔向抗日战场的最前线。到了解放战争的 1948 年，解放军东北野战军展开辽沈战役，林景智通过中共地下党发信给弟弟林景信，要他认清形势弃暗投明。林景信深明大义，随陈明仁将军战前起义，回到人民和正义这一边。解放后，林景信解甲归田，留在广州，继续为建设新中国而努力工作。

湛江解放初期，林景智出任军管会代表，接管了湛江的电话所、电力厂。1950 年，他在解放海南岛支前司令部担任翻译，负责解放军驻湛部队住宿及生活物资供应翻译等工作。其间，他参加了解放海南岛渡海战役的支前工作，荣获遂溪县劳动模范称号。1951 年至 1952 年，林景智先后出任湛江市建设局公用科科长、电力厂营业科科长、电话所所长。

1953 年，林景智在"三反""五反"运动中受不当处分。被开除出干部队伍后，先被安排到遂溪机场参与机场发电站建设。1954 年，他入职于遂溪县发电厂（后改为遂溪机械厂），后调到廉江机械厂（1959 年至 1966 年）。此时，林景智在外工作，但比较关心家乡事务，工作之余常回新村走走看看，期待着这块他为之革命奋斗大半生的热土能有更好的发展。1955 年一天，林景智回到新村省亲，在井仔沟片发现有一条小河沟拦住村民的出入，出村入城的交通极为不便。他马上找到村干部商量，带头捐款，并很快发动村民筹集够修桥资金，购买杉木等建筑材料，找来建筑队在溪上建起了一座木桥。村民对林景智关心支持村道建设的义举很是赞赏，说这座木桥就叫"景智桥"。后来，新村进入改革开放年代，村场道路也发生了变化，这座木桥也被拆了，开辟出新的环村公路，但村民至今还是记得林景智的好，记住他的义举。

"文化大革命"开始后，林景智再次受到冲击，1966 年至 1973 年期间被遣送回新村老家当农民。1974 年，林景智获重新处理重返廉江机械厂工作至 1979 年退休。1984 年得到彻底平反，撤销 1953 年的不当处分，恢复原来干部待遇，后在廉江氮肥厂领导干部岗位上离休。离休后，林景智回到新村农机厂当技术员，为新村发展而发挥余热。林景智于 2009 年 5 月 22 日因病逝世，享年 90 岁。

林景信：1922 年出生于广州湾（今湛江市）西营（今霞山）海头新村。新村名人林鸿章之五子。

1939 年 7 月在铺仔墟机械专科学毕业后，年仅 17 岁的林景信和 19 岁的四哥林景智相邀结伴去高州找大伯报考军校好为国效力。1939 年，林景信和林景智一起从高州考入黄埔军校西安分校。在军校毕业后，他被分配到国民党军机械化部队。林景信跟随部队作为远征军进入缅甸开展对日寇作战。在缅甸对日作战的几年里，他眼看着不少战友在自己身边倒下去为国捐躯，自己却在枪林弹雨中活了下来继续战斗。后来，林景信跟随远征军残部一起撤退到印度，并在兰姆地区进行部队整编。那时，兰姆地区的丛林里，天气炎热，蚊虫肆虐，他这个广东人都受不了这样的"煎熬"，时常借故开车去兜风解闷，但他还是咬紧牙关坚持下来，盼望着能够消灭在缅日军早日回国。林景信在反攻缅甸、云南等战役中英勇作战，表现突出，被远征军提升为连长。他的连队隶属国民党国防部战车第七营。

抗战胜利后，从缅甸回国的林景信随部队在广西北海集结待命。第二天，他所在部队乘船从海路北上，先到了辽宁锦州，再最终抵达沈阳驻扎下来。在沈阳其间，林景信结识了沈阳姑娘雪晖。东北抗战之后，雪晖和她母亲、小妹三人相依为命，三个女人的生活非常艰苦，时常呈现无助的状态。林景信出手相救，毅然和雪晖结婚，好照顾她们一家子。

1948年9月，中国人民解放军东北野战军打响了辽沈战役，对沈阳进行围攻。林景信确信蒋家王朝不久就会土崩瓦解，就决定阵地起义反正。他带着手下的一连弟兄投靠了城外的人民解放军。后来，林景信参加了解放军组建的东北空军，由于他黄埔军校出身又有技术，被安排在空军部队里专门为苏联顾问开车服务。林景信在东北工作和生活多年，十分想念全年如春的故乡湛江。1951年，他向部队申请转业在广州工作。后曾带着妻子雪晖和在沈阳出生的长子林鹏、次子林大伟、三子林潮回到阔别十多年的新村，和林家兄弟姐妹大家庭团聚。

林英：女，又名林琼英，新村名人林鸿章之七女，1927年1月13日生于广州湾（今湛江）西营（今霞山）海头新村，高小文化程度。1942年2月参加革命，1945年8月加入中国共产党。

从小懂得家仇国恨

林英在新村读小学时受到一些进步老师的影响，通过阅读老师提供的进步书籍，懂得了许多革道理。林英的父亲林鸿章曾先后在广州湾赤坎公局当秘书、在西营（今霞山）法庭当审判员，有一定的社会地位。其间，林鸿章利用其社会地位曾为村民做过不少好事。后因事得罪广州湾法当局，被罗列罪名关押进监狱，其间，多次遭受用刑，释放回家后于1936年6月因伤情严重而死亡。父亲离世对当时年龄尚小的林英却是刻骨铭心。特别是当时是七七事变后，一批共产党员从广州来到高雷地区开展抗日救亡活动和发展革命力量。而中共广州湾支部也把新村作为重要活动基地。轰轰烈烈的抗日救亡大潮席卷雷州半岛，共产党主张抗日救亡的号召令人感动和震撼，极大地激发了大批青年学生投身于抗日救亡的大潮中，林英就是其中一员。1940年林英小学毕业时年仅13岁。她人小志大，在老师的推荐下，林英积极靠拢革命。经过地下党组织的介绍，她跟随村里几位年长的兄弟去到高州，拟报考抗日将领张炎将军管辖下的高州干训班，准备接受训练参加抗日工作。可是由于年纪小，林英没能被干训班录取。当时，在高州干训班开展工作的中共广州湾支部创始人林琳（别名林林）鼓励她回家读书，等过几年长大了再来。林英按照林琳的安排，回到新村，1942年春，由组织安排去徐闻县开辟新区，自此正式参加了革命。

新村妇女运动先锋

林英于1942年2月参加革命后，按照组织上的安排奔赴徐闻参加开辟新区，先在下洋一带以教师身份作掩护在学生中传播马列主义和共产党主张，组织发动学生开展抗日救亡活动。1944年从徐闻新区撤回到广州湾后，地下党组织安排林英负责菉塘、新村妇女的组织发动工作，在抗战时期的艰难岁月里，林英组织成立新村"妇救会"，发动妇女们参加革命，为抗日武装送衣送粮，动员妇女们送自己的丈夫和兄弟姐妹参军参战，为建立革命根据地做了很多艰苦细致的工作，组织广大妇女制作食品、生产被服等物资送到抗日前线。

1945年8月，中共菉塘村党支部成立，林展任支部书记，林普中任组织委员；时任中共湛江特支委员林其材安排林英出任宣传委员。

湛江解放后，林英被组织重点培养，1953年5月和1956年8月两次到广东省委党校学习。历任遂溪县妇委书记和妇女联合会主任，中共遂溪县委委员兼宣传部副部长、遂溪县三区区委书记，南路地委党校党委委员和教育科长、湛江地委党校党委委员兼教研室副主任，中共海康县委委员兼宣传部部长和统战部部长，中共吴川县委委员兼宣传部部长，吴川县第一中学副校长，吴川县科教办主任，湛江地区粮食局办公室主任，湛江地区妇联（广东省妇联湛江地区办事处）党组书记和主任（1981 年在全国妇联干校学习）。湛江地市机构合并后出任湛江市妇联巡视员和湛江市政协常委。

1986 年，离休后享受副厅级待遇。离休后林英离而不休，发挥余热，继续为党和国家的事业做一些力所能及的工作。为了传承红色基因，她曾出任湛江市关心下一代工作委员会理事、市老区建设促进会理事。并主持编写了湛江地区的妇运史，编写出版了《烽火巾帼》等书籍，为后人留下宝贵的革命历史资料。2017 年 4 月 18 日，林英因病在广州逝世。

林为友（林石）：又名林蔚友，昵称"沙狗养"，1916 年 2 月 5 日出生于广州湾（今湛江市）西营（今霞山）海头新村。1942 年 26 岁时参加革命，1945 年 5 月入党。

抗战时期，林为友就积极参加抗日救亡活动，深得广州湾支部的信任。1940 年，中共南路特委指示地下党员黄秋耘在赤坎开办"大风书店"，作为特委机关地下联络点。后因该地下联络点暴露，黄秋耘被广州湾法国公局逮捕。广州湾支部通过林为友找到新村籍林祥安，利用林祥安的法国老板的关系，最终把黄秋耘保释出来。

1945 年 5 月，时任中共湛江市特支委员林其材单线吸收林为友入党；7 月转为正式党员并被林其材宣布为新村地下党组织负责人兼广州湾地下工运负责人。其间，林为友家成为地下联络站。林为友等人搜集到的情报，都在这个据点交给林才连，再由他将情报转达给中共南路特委。林为友利用自己曾在法军当过蓝带兵的身份，较为自由地进出法当局机构收集各种情报。

1946 年 2 月和 5 月，根据时任中共湛江市特支委员林其材的安排，林为友两次回新村筹建党支部，先后介绍林波、林克诚、林忠、林玉（林育）入党。1946 年 6 月，新村党支部成立。林福（后坡）担任支部书记，林为友、林波、林克诚、林忠、林玉（林育）是支部委员。从 1942 年至 1946 年，新村先后培养发展的中共党员有 24 人之多，逐步壮大了新村的党员队伍。林为友还组织成立了游击小组。他们动员林养等村青年加入游击小组，扩大革命队伍。新村的"功夫头"林定佳经常在村里教"功夫"和经营油行。林为友、林伟组织在林定佳处学"功夫"的林福（长房）、林景智、林葵、林安乐、林车右、林车蓝等地下党员把发村民捐款购买的衣物等物资秘密送到支援南路革命武装的志满后勤基地。

1948年2月，为利于加强对湛江市城区革命斗争工作的领导，中共湛江市城区工作委员会成立。书记由戴洪担任，委员分别是林为友、王戈木、陈华镇、梁周容。中共湛江市城区工委由中共雷州工委领导，管辖湛江市郊的新村、菉塘、陈铁、楼下、文保、龙潮、平乐等支部和西营、赤坎的党组织。林为友在中共湛江城区委员工委是负责工运的组织委员。

湛江解放前夕，林为友动员新村地下游击革命小组成员林养等人参军，加入粤桂边区"两广"纵队第五团一连。后来，林养等人参加了解放海南岛的战斗。

新中国成立后，林为友于1950年出任湛江市支前司令部参谋长。1950年至1959年，先后担任湛江市总工会组织部部长、湛江市公安局劳改大队大队长、遂溪新桥糖厂保卫科副科长、湛江专署工矿局手训班副主任、雷北县河唇钢铁厂厂长兼党支部书记。1959年至1964年，先后担任湛江市物价局科长、湛江市机关干部农场场长、三岭山总林场副场长。1964年至1982年，先后出任湛江市霞山劳动力调配所所长兼党支部书记、湛江市湖光五七干校生产组长、湛江市霞山市管处主任兼党支部书记、霞山劳管所所长兼党支部书记。1982年6月，担任湛江市劳动服务公司副经理、党委委员等职。

1983年12月15日，林为友在湛江市劳动服务公司岗位上光荣离休，享受副处级待遇。2004年7月9日，因病医治无效逝世，终年88岁。

林常：1910年出生于广州湾（今湛江市）西营（今霞山）海头新村。抗战期间参加新村游击小组和地下情报工作，在西营设立地下交通联络站。

1945年8月抗日战争胜利，广州湾回归。1946年春，国民党当局为了加强反动统治，一边"围剿"共产党领导的人民武装，一边加紧进行"复乡建保"，实行"区、乡、保、甲"制度，设西营、赤坎、潮满、新鹿、滨海、东海、硇洲、通平、坡头、北渭等十个区和若干乡、保、甲。意图全面恢复乡保政权，巩固其反动统治。还规定广州湾时期的旧村长不能当保长。同年6月，按照上级党组织的统一部署，新村党支部严格挑选一批未暴露身份的共产党员和开明人士、进步群众加入乡保政权，打入敌人内部，建立由新村党支部控制的"白皮红心"乡保会。

林常在新村有一定的群众基础，是一位德高望重的热心人。在新村党支部的暗中支持下，他成功当选保长。党员林福（后坡）也成功当选副保长，村游击小组成员林车洪、林星、林进、林车安等人当选甲长。林常、林福等人打入国民党当局乡村内部，利用"白皮红心"，演好"红白脸"。他们在村里按部就班地履行保甲长应有的职责，公开是为国民党当局做事，暗地里出谋划策，积极搜集敌人的军政情报，为人民武装征税筹粮、购买武器，站岗放哨，通风报信，掩护和营救革命工作者，巧妙机智地开展统战工作。1947年年初，中共地下党员陈明时、陈良喜在赤坎被敌人逮捕。林为友（林石）获悉情况后向林常等人布置任务，要求他们设法营救。林常了解到陈明时、陈良喜两名党员还没有暴露身份，敌人一时也找不到他俩共产党员真实身份的证据。于是，林常便以新村保长的身份去找三青团湛江分部干事长王炯和警察局长黄光弼。经过与王、黄两人的周旋，林常争取到警察局同意保释放人。

另外，林常当选新村保长后，按照党组织的意图，出难题给国民党当局。例如，他多次揭露警察局、潮满区公所包庇赌场、贪污腐化等行为。他曾经单独一人闯入区公所包庇的赌场，赶走赌徒。有一次区公所的联防队队长林天雄强行摊派集资，要各保摊派出资架设电话线。林常带头和串联其他村的保长一齐反对，使电话线架设没有成功。1947年，国民党湛江市政部门强占新村岭林场作为其第一林场、龟岭林场作为其第二林场。林常义愤填膺坚决维护村民利益，他撰稿登报进行揭发，把当局的恶行公布于众。国民党湛江市政府传讯他到办公楼进行恐吓，准备捉他坐牢。林常趁着看守不严，悄悄溜走而脱险。后来，国民党广东省政府派专员秦景臻到湛江视察"民情"。林常通过关系找到秦景臻，当面向其告状。秦景臻迫于舆论和民愤，施压国民党湛江市政府，把新村岭林场、龟岭林场归还给新村。

从1946年至1947年年底，林常主持村务，对国民党当局抽丁征粮的苛捐杂税能拖就拖，能抗则抗，使得全村群众没有缴过田粮、当过壮丁。有一次，在不得已情况下，林常动用祠堂款项收买了一名抽大烟的老弱挑夫去代替壮丁。同时，他立即将情况和国民党军队抓壮丁的相关情报（出发时间、地点、人数等）告知了中共地下交通站负责人林才连。林才连及时与粤桂边纵队取得联系，对拉壮丁的国民党军队进行袭击，救回了被抓的壮丁。

因林常他多次替村民出头，带头不缴田粮，曾被国民党区公所扣押和威胁。但林常他凛然正气，坚持说理斗争，敌人对林常既恨之也无可奈何。1948年，林常、林福两人因工作关系辞去保长和副保长，被组织派到新的战斗岗位。

林鸣：原名林少香，1918年生于广州湾（今湛江市）西营（今霞山）海头新村。1938年，林鸣参加遂溪青年抗敌同志会，是新村参加革命最早的进步青年之一。1981年9月16日病逝。

1939年，林鸣参加抗日将军张炎领导的高州学生军，学生军被国民党当局强行解散后，林鸣回到广州湾参加中共广州湾支部组织的抗日救亡活动。1942年2月，他被党组织安排参加开辟徐闻新区，以教师身份秘密从事革命活动，后又参加武装斗争。其间，林鸣曾担任徐闻抗日集结队事务长。

1944年，他在竹尾（祝美）、新村小学教书，组织地下游击小组开展隐蔽战线上的斗争活动。1945年，他按照上级指示到越南开展革命斗争工作，曾在越南太原省华侨事务委员会、越南中央华侨事务委员会工作过，参与宣传发动、组织、训练华侨抵抗法国殖民主义的侵略行动。南路抗日解放军第一团（老一团）入越后，他奉调第一团工作，并担任中队长等职。1947年11月，第一团（老一团）回国参加国内解放战争，1949年7月，出任滇桂黔边区纵队，先后任站长、督导员、支队参谋（营级）等职。

全国解放后，林鸣调到广西钦州军分区海防大队担任供给股股长、公安大队后勤股股长。1955年，被国防部授予上尉军衔。1956年从部队转业，林鸣先后担任广西地质勘探队队长、云南文山地委候补委员、云南文山专区税务局副局长等职。曾荣获解放奖章一枚、西南解放奖章一枚。

林忠：1927年出生于广州湾（今湛江市）西营（今霞山）海头新村。1946年19岁时投身革命，参加新村党支部领导的对敌地下斗争。1946年2月加入中国共产党，新村第一届党支部委员。

林忠出生贫苦，1937年这一年只有10岁，他便跟着农民的父母劳作，经常在田里拾番薯。稍大些，他被父亲安排去西营法租界买粪，挑回来种菜种番薯。那时候，到城里收买屎尿，一担两桶要花上两毫纸。法租界实行宵禁，晚上9时至早上7时是禁止外人进出租界的。林忠每次去，都是天刚亮就挑担走到西门，上门找到约好的人家，收买到屎尿就赶快挑回来。太迟时，天光白日，臭气熏天，人们会向他投去厌恶的目光。14岁那年，林忠就参加了新村地下党活动，他经常借早上挑担去西营收买粪便的机会，以挑粪工身份作掩护，去设在逸仙路中国大戏院等地下党的秘密信箱送情报信件。情报夹在粪桶的中间夹层，每次都躲过法租界军警的盘查。

1946年2月、5月，根据林其材的指示，林为友（林石）两次回新村筹建党支部，先后介绍林波、林福（后坡）、林克诚、林忠、林玉（林育）入党。1946年6月，新村党支部成立。林福（后坡）担任支部书记，林为友（林石）为副书记；林波、林克诚、林忠、林玉（林育）为支部委员。解放战争其间，林忠协助林才连开展工作，经常以种菜、缝制衣服、棉被需要雇工的机会，利用挑夫、小贩等身份在西营、赤坎一带秘送传递情报。

1949年1月25日（农历腊月廿七），林才连在赤坎西赤桥（今南桥）附近被国民党军警枪杀，英勇就义。当晚，受组织安排，林忠和新村地下交通站数人冒着生命危险，在下半夜潜入刑场偷偷把林才连烈士的遗体送回新村龟岭安葬。

湛江解放后，曾先后担任湛江市郊东山公社副主任、湛江市第二农机厂书记。1987年，林忠从湛江电机厂（后改制为广东恒运电机有限公司）离休回村定居。现健在。

林俊达：1924年4月出生于广州湾（今湛江市）西营（今霞山）海头新村。1942年6月参加革命，1945年5月加入中国共产党。

1942年2月，中共南路党组织在徐闻开辟新区，恢复被破坏的徐闻党组织，发展革命力量，需要从广州湾、遂溪等革命基础较好的地方抽调骨干支援。时年18岁的林俊达经过林熙保等人介绍，被安排到徐闻良垌小学，以教师身份作掩护开展地下工作。后随支援徐闻开辟新区的骨干撤回到遂溪。1944

年 6 月，林俊达在遂溪西区参加南路人民抗日解放军第一团（老一团），历任指导员、教导员。后随部队西征，经广西十万大山转入越南。其间，他出生入死，英勇作战，坚持到最后胜利回师国内。

解放后，林俊达于 1950 年转业到地方工作，首任高雷百货公司经理。1952 年，他被中共湛江地委保送到武汉学习统战政策，结业后调入湛江地委统战部任科长。1956 年，他出任湛江专员公署工交办公室副主任。1958 年调到新桥糖厂工作，担任党委书记。1959 年，又调任海康县雷高糖厂党委书记。1961 年，他走马上任海康盐场党委书记。1973 年上调粤西盐务局工作，升任副局长、党委成员。1981 年离休，行政 14 级享受副厅级待遇。1993 年 10 月，林俊达不幸遭遇车祸而亡故，享年 69 岁。

林木生：林元庆之子，1931 年 6 月出生于广州湾（今湛江市）西营（今霞山）海头新村，大学学历、民革成员；原湛江水产学院（今广东海洋大学）教授、广东省政协委员、湛江市政协副主席。

1948 年，受到父亲林元庆（益智中学校长）和叔叔林熙保（中共广州湾支部书记，以益智中学教师身份作掩护）言传身教的影响，林木生在广州湾益智中学读书期间就积极参加中共广州湾支部在益智中学组织的读书小组活动，进一步接受革命思想，投身到革命队伍中。1948 年 8 月至 1949 年初，林木生在广州中山大学读书期间，加入中国共产党领导下的共青团组织，在广州参加和组织学运工作。他的"激进"言行引起国民党特务机构的"注意"，遭到通缉。党组织紧急安排他从广州撤离，由中共湛江市工委领导林为友（林石）亲自到广州接应，并护送他到粤桂边区根据地，安排从事革命宣传和情报收集工作。

1951 年因工作优秀，党组织推荐安排他到北京参加"全国统考"，就读唐山铁道学院（北京交大、西安交大、西南交大前身）电气自动化专业。1956 年于西南交通大学毕业留校任教。1986 年调入湛江水产学院（今广东海洋大学）任教，是中国电子技术学会会员。

林木生曾参与设计韶山型电力机车，参与研制可控硅牵引电动机反馈试验装置、韶山Ⅰ型电力机车调压开关性能改进。他主编《电力半导体变流技术》等高校教材，发表《调压开关"放炮"浅析》《三相桥式整流电路的外特性》《直流斩波电路的工程分析》等论文，曾获铁道部第一次科技大会成果奖。

新村部分离休干部简介

林车仁（1921.7—1971.5.26）：中共党员，1921年7月初六日出生于广州湾（今湛江市）西营（今霞山）海头新村。1946年投身革命，解放战争时期参加中共湛江地下党领导的对敌地下斗争。湛江解放后，他先后出任湛江市木材公司领导干部等职务。他于1971年5月26日病逝。

林福（长房，1923.5—2005.1）：广州湾（今湛江市）西营（今霞山）海头新村人。23岁时就投身革命，1947年11月入党。

新中国成立后，林福先后担任吴川县麻织厂厂长、湛江市郊区区委、海头镇政府等领导职务。于1985年5月离休，2005年1月18日病逝。

林车洪（1925—2015.5）：1925年出生于广州湾（今湛江市）西营（今霞山）海头新村。1946年21岁时投身革命，参加新村党支部领导的对敌地下斗争。湛江解放后，于1976年至1990年期间出任新村党支部书记，1989年离休，享受科级待遇。2015年5月病逝。

林养：1925年2月15日出生于广州湾（今湛江市）西营（今霞山）海头新村。1947年投身革命，由林石等人介绍，参加湛江地下党组织在新村油行、新村小学等地开展的对敌地下斗争工作。湛江解放后，他先后在赤坎区公安分局鸡岭（今南方路）派出所当民警，在湛江市供销社农资公司任人事股长等职。现健在。

林伟（又名林秋波，1928.12—2004.12）：1928年12月19日出生于广州湾（今湛江市）西营（今霞山）海头新村。新村第一届党支部委员。1946年2月投身革命，参加新村党支部领导的对敌地下斗争。湛江解放后，他先后担任湛江港公安局科长、副局长等职务。1989年3月离休，于2004年12月21日病逝。

林玉（林育）：1929 年出生于广州湾（今湛江市）西营（今霞山）海头新村。1946 年 5 月加入中国共产党，新村第一届党支部委员，参加新村党支部领导的对敌地下斗争。湛江解放后先后出任湛江市商业局秘书、宣教科副科长、业务科副科长、霞山区食品公司党委书记等职。

林建新（1930—2003.8.24）：1930 年出生于广州湾（今湛江市）西营（今霞山）海头新村。1947 年 17 岁时投身于革命，参加新村党支部领导的对敌地下斗争，从事地下交通联络工作。湛江解放后，先后担任雷东县东山派出所所长、霞山区海头镇政府科级干部等职务。1990 年 3 月离休，2003 年 8 月 24 日病故。

林延（1931—2023.1.25）：现湛江市霞山区新兴街道新村人，1931 年出生。14 岁时受哥哥林才连影响开始接受革命思想，经常帮助哥哥送情报，张贴革命标语。1949 年农历春节前在赤坎被国民党军警追捕，脱险后撤到游击根据地正式参加革命，同年入党。解放后留在本市工作，曾担任湛江市纪律检查委员会书记、湛江市政协副主席、中共湛江市委统战部部长。1997 年 6 月离休，享受副厅级待遇。2023 年 1 月 25 日病逝。

林康德（1931—2014.7）：又名林庆日，1931 年出生于广州湾（今湛江市）西营（今霞山）海头新村。1947 年参加革命，解放战争时期开始从事中共新村党支部领导的对敌地下斗争。湛江解放之后，曾担任吴川县县委干部。2014 年 7 月病逝。

林秋旺（1932—）：1932 年出生于广州湾（今湛江市）西营（今霞山）海头新村。1951 年 1 月参军，抗美援朝开始，报名参加志愿军赴朝作战。1957 年，林秋旺在中国人民解放军 42 军汽车教导连当排长，少尉军衔。1958 年转业回到湛江市粮食局当车队长。1959 年被调到湛江市政府车队，负责接送来湛江的国家、省领导人和外宾工作。1985 年 4 月至 1988 年 9 月调到湛江经济开发区当车队长（副科级）。1992 年 9 月，从湛江市政府的工作岗位上退休。

林华桂（1932—）：1932 年 8 月出生于广州湾（今湛江市）西营（今霞山）海头新村，林益三之子。1947 年 15 岁时参加革命，在中共湛江地下党组织的资助下考入正义中学（今湛江市第二中学），中学毕业后，林华桂回村参加了中共新村地下党组织领导的新村游击小组，开展对敌武装斗争。湛江解放后，他先后出任湛江市水泥厂行政科长等职务，于 1982 年离休。

林才连：**烈士**，又名林希民。1924 年出生。1945 年初，林才连由吴定赢介绍，正式加入了中国共产党，1947 年 4 月，出任中共南路特委湛江地下情报站负责人。1948 年 10 月 9 日，因叛徒出卖被捕；1949 年 1 月 25 日（农历腊月廿七）在赤坎南渡河附近英勇就义。

林其玉：男，1925 年出生在广州湾西营（现湛江市霞山区）海头新村，兄弟中排行第三，其父是林钟喜。1944 年参加新村地下革命活动，1946 年被国民党当局通缉，撤到游击区参加武装斗争。1950 年 2 月，林其玉随部队在广东云浮三洞村（今属阳春县）剿匪，在战斗中牺牲，年仅 25 岁。

林里时烈士：男，1919 年出生；抗战时期参加南路地下党组织开辟徐闻新区，撤回新村后加入村抗日游击小组，后转为南路人民抗日解放军。1945 年，我南路人民抗日解放军主力转战广西十万大山，林里时在随队进军十万大山时英勇牺牲，是年 26 岁。

林江清烈士：男，1932 年出生。新村地下联络站交通员，1949 年，在送情报时被国民党军抓捕。被捕后不受利诱，坚守党组织秘密，宁死不屈。同年被国民党军枪杀于赤坎狗岭，牺牲时年仅 17 岁。

新村党支部历届成员一览表

序号	时期	任职年限	书记	副书记	支部委员
1	解放战争时期	1946 年 6 月至 1948 年	林福（后坡）	未设	林为友（林石）、林忠、林伟（林秋波）、林玉、林克诚
2	解放战争时期	1948 年至 1949 年	林为友（林石）	未设	林忠、林伟（林秋波）、（林伟）、林玉、林克诚
3	解放战争时期	1949 年 1 月至 1949 年 12 月	林克诚	未设	林为友（林石）、林忠、林波、林玉
4	新中国初期	1950 年初至 1952 年	林孝	未设	林安乐、林车洪
5		1952 年至 1976 年	林安乐	林车洪	林黎顺、符秀侨、林孝、林木珠、林华忠
6		1976 年至 1980 年	林车洪	林木珠	符秀侨、林准发、林康发、林志明、林华忠
7		1981 年至 1990 年	林车洪	林木珠	符秀侨、林准发
8	改革开放时期	1990 年至 1991 年	林本	缺	林车洪、符秀侨
9	改革开放时期	1991 年至 2014 年	林振全	林木珠	林建发、林国胜、林清、林莫荣
10	中国特色社会主义新时期	2014 年至 2020 年	林木珠	林振全	林建发、林国胜、林方威
11	中国特色社会主义新时期	2020 年至今	林建发	林伯棠	林国胜、林方威、林继忠、林建强、林景森

（注：新村革命历史相关资料由新村党支部提供，并参考《中国共产党湛江市霞山区历史第一辑》《新村志》。）

霞山区调罗村

调罗村简介

调罗村位于霞山城区东南方向约 8 公里处，现为霞山区友谊街道办事处辖内的行政村，全村范围土地为 3.2 平方公里。村东面毗邻宝满村，村西面与北月村邻近，村南面是湛江海湾，与东海岛隔海相望，村北面村口大门前就是湖光路，分别连接霞山城区和通往附近的铺仔墟以及湖光岩风景区、东海岛等地。调罗村是一座陈姓村庄，村民均为汉族，通用语言为闽南语系的雷州话方言，湛江白话（粤语分支）和普通话亦是日常用语。截至 2021 年 6 月，全村有人口 4600 多人（未含外出人口）。

调罗村的民风淳朴，具有强烈的民族精神。新民主主义革命时期，在本村杰出英才陈以大同志的引领下，广大村民听党话，跟党走；舍小家，为大家，毫无顾忌支援革命事业，谱写了可歌可泣的红色篇章，为南路革命和湛江解放贡献了力量。1993 年，调罗村被湛江市人民政府认定和命名为抗日战争根据地革命村庄。

调罗村革命历史

一、革命火种从"启英小学"燃起

调罗村的革命火种最早是从本村的"启英小学"点燃。1938年初，本村开明人士陈其槐在村里的"优敏公祠"和"英敏公祠"开办了私立调罗"启英小学"，本村进步青年陈以大受其邀请担任校长并亲自任教。其间，"启英小学"还开办分设为日、夜两班的民众学校，吸引了调罗村及周边及陈铁等村庄的青年400多人前来就读。

1938年11月，中共粤西南特委特派员林琳（又名林林）等3人到广州湾（现湛江）恢复和发展党的组织，开展抗日救亡工作。林琳等3人到广州湾后与陈以大和林熙保两人取得联系，不久，林琳便作为介绍人介绍了陈以大和林熙保两人入党，两人的入党宣誓仪式就是在"优敏公祠"秘密举行。陈以大入党后，以"启英小学"作为革命据点，积极开展抗日救国活动，宣传共产党抗日救国的主张，发展党员和培养革命骨干。在"启英小学"任教的教师中也有许多共产党员，如王克、苏良、程长清、梁玉心等；曾任国家文化部副部长的著名剧作家夏衍同志，在抗战时期从香港前往桂林滞留于"广州湾"时，曾应陈以大之邀前来"启英小学"指导授课。陈以大在"启英小学"期间，经常组织"益智中学"高中部（校址在郊区铺仔墟）的学生张创、陈秋保、吴德忠、王纯伍、黎江等人到"启英小学"参加不定期学习班，阅读进步书刊，传播革命思想。这些在"启英小学"学习过的学生后来都成为南路革命的骨干，如原湛江市政协主席黎江同志。黎江是现霞山陈铁村人，为人正义，1939年，黎江在西营的"益智中学"高中部读高中，在读其间，黎江受到以教师身份作掩护的中共广州湾支部书记林熙保（海头新村人）和陈以大（中共广州湾支部宣传委员）的影响，参加了中共广州湾支部在"益智中学"组织的读书小组（后扩大为读书会），还参加了陈以大在"启英小学"组织的进步青年学习班，进一步接受了革命思想。在西营"益智中学"毕业后，黎江被党组织安排来"启英小学"当教师。在"启英小学"任教其间，黎江积极向前来就读的青年传播革命思想和抗日救亡道理。

"启英小学"和进步教师的抗日救亡活动引起了一些反动分子的不满，一次，广州湾法当局文教部门组织西营近郊的学校在铺仔墟进行统考，有一道问答题"国父是谁"的答案应该是"孙中山"，而"启英小学"的一位学生却回答是"毛泽东"。别有用心的人趁机发难，向法当局告密，说"启英小学"是"赤化学校"，"陈以大是共产党员"，引起了法当局的严重关注。陈以大争取村中的陈其槐、陈昌庚联合邻近村庄的其他开明人士支持，灵活巧妙地开展斗争，既保护了学校的进步教师，又坚守了阵地。

1940年初，"益智中学"陈翰华、陈兆麟等亲汪教师散布反共亲汪投降言论，蓄意删改学生抗日文章，撕毁抗日宣传壁报，殴打进步学生，因而激起广大师生的义愤，纷纷起来罢课。为了保护和支持学生的正义行动，中共广州湾支部决定对陈翰华、陈兆麟等亲汪教师进行斗争。林熙保在学校团结广大进步师生，张贴散发革命传单和标语，大造声势。陈以大、林其材则在铺仔墟高等机械学校组织进步学生就地罢课，予以声援。在"启英小学"学习过的张创、黎江、王桂芳、王纯伍、林美瑜等人从中起带头作用。为镇压学潮，亲汪教师勾结广州湾法公局把林熙保扣押在湖光岩的一座炮楼监禁。后经陈以大、林其材领导学生继续斗争和在各方面的支持压力下，林熙保才被释放出来。

1940年5月，张炎抗日学生队的队员周崇和在"启英小学"隐蔽一段时间，其生活费用也得到校董陈其槐的资助。

二、建立地下交通联络站　开展隐蔽战线斗争

中共广州湾支部成立后，根据工作需要，最早设立了菉塘地下交通站，随后在确保菉塘地下交通站安全运作的同时，又先后在调罗、新村、陈铁、楼下、祝美等村开辟建立一批地下交通站。

调罗地下交通站设置在"启英小学"，校长陈以大是主要负责人，梁玉心

等老师是交通员。1939年夏，中共广州湾支部在铺仔墟设立一个"活力茶室"作为地下交通站，与调罗地下交通站进行直接联系。"活力茶室"负责人是祝美村的吴德忠，另有祝美村的吴有庚和调罗村的陈家英先后担任"经理"，陈以大的弟弟陈以中等人是交通员。为了沟通调罗与菉塘、东海岛、硇洲岛及海南岛的联系，中共广州湾支部又在调罗村的陈有秋家中设立联络站，并利用陈有秋、陈家廉、陈家乔、陈家柏、陈自豪、陈作包、陈那觉等人的渔船，建立海上交通线。另外，陈以大还安排调罗村陈以程、陈自创、陈自渊等开明人士在赤坎开办的"公泰隆""万成行""芳华油行""正昌皂厂"等商号作为联络点，为南路特委提供情报；其中，"正昌皂厂"正对面便是南路特委设置的联络站——"交通旅店"，该联络站的负责人是黄思明，是南路特委在赤坎一个重要站点，南路特委的负责同志如黄景文等人便经常在该站来往停留，传达上级指示和安排工作。由于邻近海湾的地理优势，无论是抗日战争时期，还是解放战争时期，调罗村都是南路党组织转移干部和运送军事物资以及传达情报的重要中转站，当年凡在调罗村过往的干部都安全到达目的地。作为一个重要地下交通站，"启英小学"在其中起的作用巨大。

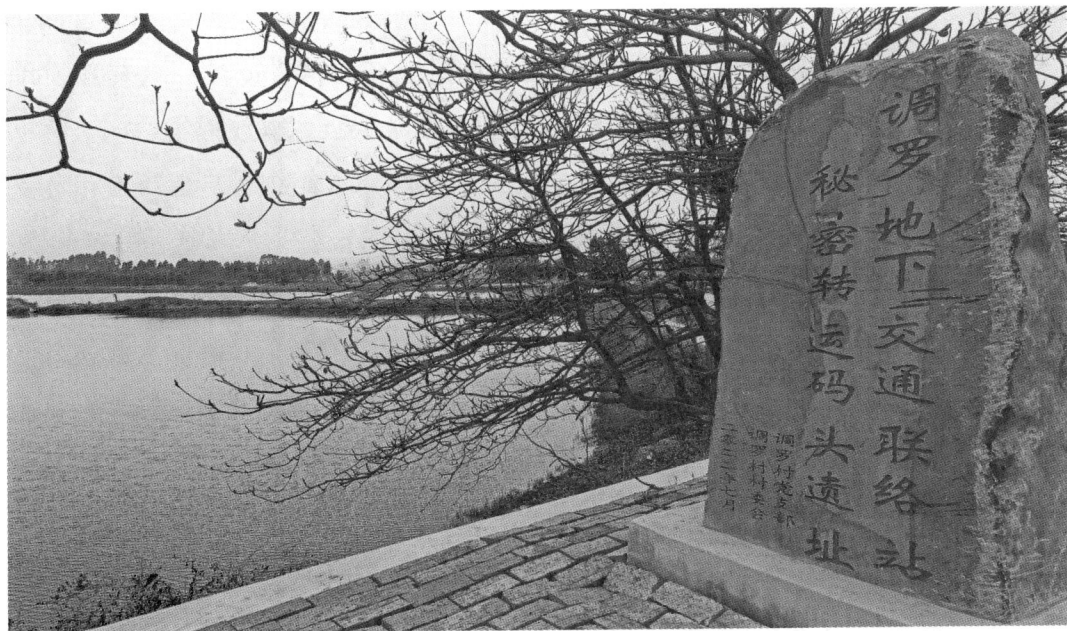

调罗地下交通联络站秘密转运码头遗址

三、发展壮大力量支援革命

1939 年 7 月，陈以大回调罗村组织游击小组，成员有"启英小学"的黎江、黎爵、梁玉心等人。村民加入游击小组要举行宣誓仪式。随后，游击小组进一步扩大，成员增加了陈文益等 12 人。1945 年 5 月，中共遂溪东区区委负责人梁汝新来调罗村隐蔽，又发展了陈那来等 7 人参加游击小组。

1940 年 11 月，陈以大回到调罗村组织一批积极分子成立"农民小组"（即农会组织），发动在"启英小学"夜班学习的本村农民兄弟参加。先后担任农民小组组长的有：陈有锦、陈有秋、陈宝才、陈自豪等人。同年，又成立"姐妹馆"（后改为"妇女会"），先后担任负责人的有：梁玉心、陈少萍、陈志英等人，成员发展有陈妃世等 100 多人。陈以大和其他骨干通过"农民小组"和"姐妹馆"，积极传播抗日救国思想与革命道理，发展壮大革命队伍。

该村有着光荣的革命传统，在抗日战争和解放战争年代，许多热血青年满怀救国救民的激情和信念积极投身革命队伍，有的为革命和人民流尽最后一滴血，牺牲在战场上。如陈务法烈士生前是粤桂边人民解放军二支队新一团的一名机枪手，于 1947 年 11 月 4 日在遂溪笔架岭战斗中，为掩护部队撤退而牺牲。

1947 年，为支持南路人民武装发展，党组织在西营近郊的一些村庄发动青年加入人民武装，调罗村也有数名村民参加革命队伍。解放战争后期，陈以大任中共湛江市工委委员，"启英小学"又成为陈以大组织领导保护城市和支援解放湛江战斗以及解放海南岛渡海作战的主要工作场所。其中，1949 年 10 月国民党第 62 军军部直属部队在西营（现霞山）起义，在中共湛江市工委的统一组织发动下，调罗村组织支前民工组成运输队，用牛车和渔船为起义部队抢运武器装备和弹药等军用物资，抢运伤员和运送起义部队及家属突围转移到东海岛，为西营起义的成功作出了贡献。1949 年 12 月中旬在解放湛江的战斗中，调罗村又组织民工支前，为参战部队运输物资，抢救伤员，做好后勤保障工作。1950 年 4 月，在解放海南岛的战役中，调罗村又有 100 多人参加支前工作，为解放海南岛作出了历史性贡献，她们的事迹至今仍令村民们引以为荣。

"启英小学"简介

1938 年初，调罗村开明人士陈其槐在村里开办了私立调罗"启英小学"，本村进步青年陈以大受邀请担任校长并亲自任教，"启英小学"校址是本村的"优敏公祠"和"英敏公祠"，两座公祠的建筑造型和结构都属于高雷地区传统宗祠类型。其中，"优敏公祠"占地约 400 平方，上殿下厅，左右厢房，中间是天井。当时，"优敏公祠"是"启英小学"的教师办公室和宿舍。始建时间无考证，2016 年重建。"英敏公祠"占地约 200 平方，上下两厅，中间是天井，二进合院。当时，"启英小学"在"英敏公祠"设置教室。"英敏公祠"始建时间无考证，清同治十二年曾经重修；2019 年进行重建。新民主主义革命时期，"启英小学"是中共地下党组织的重要活动基地，中共广州湾支部在此设立了"调罗地下交通联络站"。

（注：调罗村革命历史相关资料由调罗村村委会、启英小学校友会，并参考《中国共产党湛江市霞山区历史》第一辑、《霞山区行政村简史》。）

赤坎区调顺村

调顺村

调顺村简介

　　调顺村所在的调顺岛位于赤坎老城区东北侧，东与海东区、奥体中心隔海相望，北与遂溪县黄略镇许屋村接壤，西南与金沙湾观海长廊、滨湖公园毗邻。调顺岛历史悠久，一岛一村，现行政建制为调顺村民委员会，隶属赤坎区调顺街道办事处。距赤坎区政府所在地6千米。调顺村建村至今已有600多年，村民以黄姓为主，因此，最初曾称"黄屋村"。2021年境域面积14平方千米，耕地面积37公顷，常住人口7600多人，户籍人口4901人，农业人口2800人。村民日常用语是雷州话，兼用粤语和普通话。

　　调顺岛原来因为与市区隔海分离，原来信息闭塞，交通落后，进出岛就靠小木船摆渡。1966年，国家在岛上开辟了湛江港第三作业区，建成了湛江渔业公司调顺基地，同年建设了通行汽车和设置铁路货运专线的调顺北大堤（团结大堤），设置了湛江火车东站。1969年又建成了可双向通行汽车的调顺南大堤（军民大堤），两条大堤均可连通国道和直通市区，结束了调顺岛与市区隔海相望的历史，至此，因为交通落后制约了调顺岛人民生活水平提高的死结终于完全解开了。20世纪70年代开始，随着"军民大堤"的建成，调顺岛与赤坎市区连成一体，从这时起，岛上建起了贯通全岛的调顺路，为口岸服务的海关、动植检、边检等机构也一应俱全。当时，新建的调顺百货大楼、调顺港务中学无论是建筑物规模或档次，与市区的商店和学校都是不分伯仲的。

　　80年代中期开始，沿着调顺路两旁延绵数里长的湛江第一条远近闻名的"海鲜饭店一条街"曾经风靡湛江餐饮业。而调顺农贸市场，则是工商部门投资建设具有一定规模的，也是当时为数不多的钢筋水泥结构永久性农贸市场。以后，湛江火力发电厂的投产，湛江港第三作业区的扩建，都令调顺岛这个古老岛屿焕发出青春的活力。以湛江港第三作业区为例，至2000年时，湛江港第三作业区建有万吨级以上的深水泊位6个，码头岸线1200米，铁路专用线

39公里，仓库面积6万平方公里，堆存能力200多万吨。许多村民也因为建设征地而进入了令人羡慕的企业工作，改变了世代靠打鱼为生的人生命运。

调顺村民风淳朴，大海的波涛锻造了调顺人海一般的宽广性格，长久与海打交道，沉淀了调顺岛独有的民俗，草龙舞就是调顺岛的一大传统民俗。相传，调顺草龙舞已有500多年的历史，草龙由稻草、渔网、竹篾等材料制作而成，草龙舞通过扭、转、穿、腾，展现岛上渔民与大海搏斗的精神风貌。出于历史及各种原因，调顺草龙舞很长一段时间都"弃龙息舞"。2005年，村中老人黄车炳凭着记忆，再次编织4条草龙，并在调顺街道办举办的以"文明、和谐、发展"为主题的首届农民文化节亮相，还在湛江首届"红土文化艺术节"喜获银奖，引起中央电视台、广东电视台等国内媒体广泛关注。近年来，调顺村以"草龙舞"为龙头，积极挖掘、保护和弘扬调顺岛历史遗传的妈祖文化、石狗文化、古建筑文化，并以此推动生态文明村建设。自2006年开始，调顺草龙每年在传统年例中都精彩亮相，并经常参加各种演出和比赛，深受喜爱和欢迎。或许，选址在调顺岛建设市级文化中心，与调顺岛浓厚的传统海文化有着某种吻合呢！何况，调顺岛已经获得两个省级非物质文化遗产代表性项目名录了。

调顺村也是一座具有光荣传统的革命村庄，抗日战争和解放战争时期，调顺村众多进步青年响应中共南路党组织的号召，积极投身于抗日救亡和人民解放事业；湛江解放后，调顺村广大村民克服困难，多方筹集粮食物资提供给解放军南下部队；船工们积极响应支前司令部的征集，参加支前，配合解放海南岛的海训和渡海作战。1994年，调顺村被市政府划评为"解放战争游击根据地村庄"。

调顺岛，顾名思义，就是祈祷岛上永远能风调雨顺，这是一个象征着吉祥如意的名字，因此，贯穿岛中的中轴道路也是取"调顺"两字而冠名。还有已经开始建设或规划建设的岛内新路，都已冠之"调顺东一路""调顺东二路""调顺大道""调顺西路"……

目前，调顺岛的建设如火如荼，岛貌和村貌日新月异。在即将落成的湛江文化中心放眼海湾，左边与海东新区的湛江奥体中心隔海相望，右边与湛江水上运动中心遥相呼应，三组建筑形成绝无仅有的金三角景观视点；而正面的湛江海湾大桥气势如虹地跨海而过，大桥后面的军港舰艇历历在目。可以断定，调顺岛的明天会更美好，调顺村的明天也会更美好！

调顺村革命历史

调顺岛离市区不远，与赤坎旧城隔海相望。湛江解放前，调顺岛所在位置因为处于赤坎与遂溪、吴川属地之间，是反动势力重点控制的地方。同时，也是革命活动开展比较活跃的村庄，中共遂溪县委、东区党组织、中共湛江市城区工委都先后派人在调顺岛开展革命活动和发展革命力量。

1939年秋，时任遂溪"青抗会"干事、共产党员支仁山（黄略支屋村人，"调顺女婿"，黄英、黄胜湖、黄保宁、黄熙宁兄弟的姑丈），曾带队到调顺村开展抗日救亡活动，利用该村黄培之的海边鸭栏建立抗战物资转运站，给遂溪抗日联防队运送大批物资。

1947年8月，中共遂溪东区区委书记梁立亲自来调顺村建立地下交通站，由黄国英担任站长、黄秀珠担任副站长，交通员有黄荣、黄秋、黄玲等，他们冒着生命危险搜情报、传信件，还通过亲戚关系为游击队购买了一批武器弹药。

1948年冬，经过培养与考察，中共遂溪东区党委发展了黄志英、黄可（又名黄九通）、黄光（又名黄国光）入党，并成立中共调顺村党小组，黄志英担任组长。同时，成立了村农会和妇女会，黄国英担任农会会长；黄志英和黄秀珠分别担任妇女会正、副会长。

在长期的革命斗争中，调顺村民不惧艰难困苦，不怕流血牺牲，捐粮献物，参军参战17人，有烈士2名，为抗日战争的胜利和中华民族的解放事业作出了积极贡献。

优秀子弟积极参加革命武装

1944年8月，中共南路特委决定在南路地区发动抗日武装起义，是月9

日，支仁山、唐才猷（现城月吴村人）、陈兆荣（现赤坎陈川济村人）和马如杰（界炮老马村人）组织领导了"老马起义"，成立了"遂溪人民抗日联防大队"。"老马起义"在南路地区影响极大，遂溪范围一大批热血青年纷纷加入我党独立自主领导的革命武装。其间，调顺村共产党员黄铭深与丰厚、东山、陈川济等村庄38名热血青年，前往遂溪西区参加了由"遂溪人民抗日联防大队"改编而来的"雷州人民抗日游击队"，黄铭深还担任了长江中队指导员。

1946年11月，中共遂溪县委负责人沈汉英，派遣在遂溪读书的调顺村进步青年黄科精回村组建村游击小组和开展革命活动。

1947年4、5月间，黄科精带领黄保星、黄合全等人前往遂溪参加游击队，由中共地下党员陈志诚带领他们到黄略茅村接受革命任务。其中黄保星、黄合全二人由中共遂溪东区区委书记梁立安排到南路人民解放军新二团当战士，参加遂溪笔架岭战斗。笔架岭战斗结束后，黄科精随部队打游击，黄保星、黄合全被编入由欧初任司令员的东征部队。在东征部队到达电白水东后，黄合全在与敌作战中光荣牺牲。黄保星作为政治骨干留在恩平县良西乡担任武工组长兼资料员，在国民党良西乡伪自卫队的"围剿"中，他不顾个人安危，挺身而出保护村民和战友，不幸壮烈牺牲。

1947年4月，中共遂溪东区区委书记梁立派遣调顺籍进步学生黄光、黄志英回调顺村开展革命活动。他们回村后，与先行回村的黄可形成合力，使调顺的革命活动更为活跃。

1947年8月，梁立同志带领东区武工队数人，经水上运输船只接运于农历七月初九晚上，即村中演大戏的当晚来到调顺村。当晚特务也到戏场侦察，但有村游击小组的掩护，梁立同志一行安全住在黄国英老屋，住宿几天的伙食全由黄国英家支付，以后由游击小组筹集负担。其间，梁立同志听取黄光、黄志英等人工作汇报，除决定成立调顺地下交通站外，还要求加快步伐，发展扩大村游击小组，积极开展武装斗争。

其间，黄国英组织调顺村8艘民船，动员村民黄康交、黄辉汉、黄孚道、黄英南、黄庚隆、黄炳南、黄那勤、黄胜九、黄赤宝等村民参加海上运输，接送来往调顺岛的革命人士，转运武器弹药，支援遂溪游击区的革命武装斗争。

为了更好地保卫革命政权，1949年2月，调顺村游击小组改为武工队，黄国英担任队长、黄光为副队长，队员 40 多人编为 3 个班．一班长黄才，二班长黄秋，三班长黄荣。

以"文举学校"为据点　大力发展革命力量

调顺村于 1940 年兴办"文举学校"，学生主要是本村子弟。1942 至 1945 年间，中共遂溪县委先后从遂溪、雷州师范学校派遣共产党员朱日成、黄色伍、黄彦邦、陈达仁、苏良等来到调顺村"文举学校"任教，以教师身份开展抗日救亡活动和发展革命力量。1946 年 9 月，在赤坎"河清中学"读书的调顺村进步青年黄可，受时任中共湛江市城区工委负责学运工作的负责人之一的梁周容（麻章鸭槽村人，1947 年从赤坎"河清中学"转入"市立中学"）、陈世安的安排，回到调顺村"文举学校"当教师，发展青年学生开展革命活动。

1947 年 9 月，调顺地下组织通过黄自强的父亲黄廷杰疏通关系，安排黄自强出任调顺"文举学校"的校长，聘请黄乐珠、黄光、黄振权为教师。他们在教学过程中，暗中动员师生参加革命斗争。当年 11 月吸收进步青年黄秀珠、黄惠芳、黄荣、黄秋、黄振权、黄华南、黄玲、黄才、黄如发、黄德生、黄永年、黄兰芳等人加入革命队伍。同时，黄志英负责在村西边开办夜校，动员 60 多人入读，接受革命教育。还发展黄玉英、黄妹子、黄英子、黄月英、黄梅桂、黄瑞霞、黄那月、黄玉兰、黄玉娣等 10 多人为村游击小组成员。

夜袭调顺村伪保公所

1948 年初，东区区委经过研究认为，拔除调顺村伪保公所这个反动据点是打开调顺工作新局面的关键。经分析后，东区区委决定先采取统战工作，派可靠人员打入村伪保公所内部，寻找机会分化瓦解敌人。于是在同年 5 月，指派黄祥丰（村保长堂弟）打入伪保公所内部。其间，黄祥丰多次做保长黄培才、保兵队长黄梓生的工作，宣传革命形势及我党的政策，指出只有与我党合作才有出路，对伪保长黄培才、伪保兵队长黄梓生进行策反，促使他俩在一段时间内把调顺村伪保公所改为受地下党组织影响的"两面政权"。

同年底，村游击小组发现黄培才、黄梓生有反叛活动，马上向东区区委报告。1949年除夕夜（农历十二月三十晚），调顺游击小组配合梁立同志和中共海边乡委书记陈耀明带领的区武工队，夜袭调顺村保公所和保兵队部。

当晚，先由黄光到北边沙岗海边接应武工队到黄志英家，再分头行动。黄光带人到海边警戒，黄志英带领武工队主力包围保公所。黄秀珠女扮男装，带领部分队员到保长黄培才家抓黄培才。黄惠英女扮男装，带领部分队员到保兵队长黄梓生家抓获黄梓生，然后集中袭击保兵队部。这场战斗抓获了伪保长黄培才和保兵队长黄梓生，缴获长短枪11支、手榴弹一批。随后，梁立书记在调顺村主持召开群众大会，宣布成立调顺村（岛）革命政权，推选黄国英为村长、黄永年为副村长。地下党员黄光、黄可接管"文举学校"，分别担任校长、教导主任。他们还分片办夜校，动员160多名男女农民入学读书，接受革命思想教育。

输送进步青年参加革命

调顺岛当时虽然与赤坎隔海相望，但距离不远，有能力的家庭纷纷送儿子到赤坎的中学求学。在这些学生中，许多人思想进步，先后都走上革命道路，其中，当时在"市立中学"读初三的黄英（又名黄华英），便是比较有代表性的一位，他的革命经历也是调顺进步学生成长的缩影。

1949年1月调顺革命政权成立后，东区区委把调顺参加革命斗争的进步学生分配到岛内外的小学任教，以教师身份从事革命活动，其中黄英和黄惠英、黄瑞霞三人被派往粤桂边纵队下属部队工作，由于黄英文化高，原来准备让他去担任连队的干部（文化教员）。当时，调顺村长黄国英还对黄英说："这回可以带'驳壳仔'（指一种德制手枪）了。"

即将出发去部队前，比黄英高一级的梁周容来黄可家，通过黄可找到黄英后表明他的真实身份，让黄英新学期仍回"市立中学"继续读书，以学生的身份作掩护在学校中从事地下革命斗争；又交代黄英，说开学后会找黄英布置任务。开始，黄英也不知道梁周容是地下党的学运负责人，但之前好友同学李志成和高一级的文中波，曾带黄英去麻章鸭槽村找过梁周容，那时，黄英只知道他是"河清中学"的"学生头"。梁周容表明身份后，黄英才如梦初醒，因此，黄英愉快地听从了梁周容的安排。事后才知道，黄英才改变他去粤桂边纵队工作的原因，是"市立中学"的地下学生工作急需可靠的学生接替。此时，黄可想到了黄英是合适人选，于是向梁周容推荐。也巧，梁周容见过黄英，知道黄英是一位有信仰的热血青年，所以梁周容趁着寒假来调顺岛亲自考察黄英。新学期前，黄英便按照梁周容的安排回到"市立中学"，自始，投身于地下隐藏斗争中。

1949年8月，村武工队一情报员叛变投敌，其通过国民党特务黄福（调顺村人），把调顺村参加革命斗争的黄可、黄兰芳、黄国英、黄志英、黄光等40多人的名单密报送给遂溪国民党特务机关。我地下党内线潘全得知情报后，当即通知下线陈华镇转达东区区委，由黄光（已调东南区担任第八支部书记）安排及时转移他们到遂溪游击区。后来，调顺村这批进步青年经过考验都成了革命骨干，其中，黄光解放后担任了调顺村党支部第一任书记。

积极配合支前和参加培训接管城市

1949年9月，人民解放军挺进高雷地区，东区区委派人来调顺村，组织动员村民捐粮献草，支援前线，迎接湛江解放。当年，全村共筹捐粮食100担、柴草2万斤，送交东区支前指挥所。

1949年10月15日，国民党62军的军部警卫营经中共南路特委派地下党员赵世尧等人进行策反，在西营（现霞山）举行起义。凌晨起义成功后当天，中共湛江市工委组织西营近郊新村、陈铁、菉塘、调罗等村组织担架队、运输队接应起义部队撤出西营转移到遂溪游击区；中共遂溪东区区委按粤桂边区党委的指示，也组织调顺、许屋的船工并调集大批渔船接应起义部队从海路撤到遂溪游击区。

1949年11月初，湛江还没有解放，但解放军已兵临城下，人们都在首等待着黎明的到来。当月，时任中共城区工委学运负责人梁周容和吴振文受党组织指令，在叶屋村开办"接管城市工作干部培训学习班"，对有城市地下工作经历的革命骨干进行接管城市工作的培训。梁周容让黄可组织调顺的进步青年参加学习，另外，也通知回村隐蔽的原在"市立中学"从事地下工作的黄英参加。于是，黄可停办了调顺"文举小学"，带领黄志英、黄国英、黄荣星、黄珠等调顺村进步青年参加培训。

1949年12月19日湛江解放，黄英在叶屋村培训学习结束回调顺村也一个多月了，但一直都没有任务，心里正发愁。正好，时任中共湛江市东南区第8支部书记的黄光派人来村找黄英，让黄英前去赤坎鸭嘴港协助他工作。黄英到了鸭嘴港才知道，此时，第8支部已改为湛江市第8支援前线指挥所（下简称"支前指挥所"），大本营办公室设在鸭嘴港，黄光也改任"支前指挥所"的负责人。黄光分配给黄英的工作是回调顺岛，征集稻草集中用渔船运到鸭嘴港上交。到了1950年1月间，湛江市"支前"司令部赤坎办事处（下简称赤坎"支前"办事处）正式成立，原中共遂溪东区区委书记梁立任办事处主任兼政委，黄光任办事处副主任，办事处的办公地址也从鸭嘴港搬到九二一路。由于支前工作的需要，黄英和黄南（曾由黄光派往黄略某村小学任教）一起正式调入赤坎"支前"办事处工作；黄南安排在办事处事务组，黄英被分配在民船组，与调顺岛北部对面海许屋村的许光、许旺同组，一起协助解放军部队征集船只，到沿海各村动员船工、舵手参加解放海南岛战役。为方便执行任务，办事处还配发了一把手枪（德制驳壳枪）给黄英，也就应了半年前黄国英村长曾说的"这回可以带'驳壳仔'（指德制手枪）了"。黄英和黄南在湛江市支前司令部赤坎办事处民船组工作期间，曾多次回调顺岛动员、征集船工，"后田"先后有几十人响应报名参加支前。黄秋胜、黄康栋、黄荣彬等人还立功受奖。

调顺村解放前参加革命人员名录

黄崇纬、黄育麟、黄铭深、黄科精、黄国英、黄志英、黄才英、黄玉英、黄惠英、黄兰芳、黄惠芳、黄乐珠、黄秀珠、黄瑞霞、黄永年、黄光、黄可、黄南、黄英、黄荣、黄秋、黄玲、黄才、黄振权、黄华南、黄如发、黄德生、黄庚龙、吴碧云。

解放前参加革命武装人员名录

黄崇纬：延安抗日军政大学毕业后分配到八路军部队（烈士）

黄铭深：雷州人民抗日游击队中队指导员

黄妃伍：粤桂边纵队新二团文化教员、代理排长

黄康七：粤桂边纵队新二团二连战士

黄华明：粤桂边纵队新二团二连战士

黄　富：粤桂边纵队新二团二连战士

黄合全：粤桂边纵队新二团战士（烈士）

黄保星：粤中纵队第五团幸福连文化教员（烈士）

黄骏先：第四野战军43军战士（解放海南岛立功）

调顺村部分解放前参加革命人员简介

黄崇纬：男，1912年出生。1929年在西营（现霞山）"益智中学"读书，和陈以大（现霞山调罗村人）、林熙保（现霞山新村人）、王干才等人创办读书小组，接受进步思想。1935年，黄崇纬在广州某小学教书，其间，和陈以大、林熙保、王健夫等在广州的"益智中学"学友们经常聚集在一起，阅读进步书刊，交流读书心得，观看进步电影，参加革命活动。1937年，抗日战争全面爆发。同年年初，黄崇纬和陈以大和林熙保等人，结识了中共党员林琳。受林琳的启发和引导，黄崇纬、陈以大、林熙保等人在广州积极参加抗日救亡活动，后黄崇纬、陈以大、林熙保、王健夫等人又相约去延安抗日军政大学求学。因故，陈以大和林熙保两人未能成行，黄崇纬等人最终如愿以偿到达延安抗日军政大学，开始了革命生涯。

从延安抗日军政大学结业后，黄崇纬即奔赴抗日前线，1939年在八路军部队担任作战科长，1942年牺牲在抗日战场。

黄育麟：男，出生年月不详。20世纪30年代末在西营（现霞山）的"益智中学"读书时，受当时在"益智中学"任教的中共广州湾支部书记林熙保和

宣传委员陈以大等共产党员的影响，接受进步思想，并积极参加地下党组织发动的抗日救亡活动。1943年，黄育麟在中山大学读书期间，参加了学校战地服务团到敌后农村工作，1944年经中共党员张炜枢介绍，黄育麟在翁源县参加中国共产党。1945年抗战胜利后，黄育麟回广州湾（现湛江）复学读书，后留在湛江工作。1948年，黄育麟的革命活动引起国民党特务的注意和监视。为保护黄育麟的安全，地下党组织于1949年把黄育麟转移到吴川县游击区，在杨子儒（原湛江市委党校校长）同志领导下工作。湛江解放后，于1950年1月调回湛江工作，担任军管会助理员参加接管湛江城市（法院）工作。后受到沈斌同志冤案影响，被调离在教育系统，后在湛江市第六中学任教，至1986年离休。

黄科精：男，1924出生。曾在调顺"文举学校"读书，1943年考入遂溪师范，在校期间参加地下革命斗争；1946年在遂溪师范入党。同年11月，经中共遂溪县委负责人沈汉英安排回调顺村开展工作，发展革命力量。1947年4月带领调顺村黄保星、黄合全、黄志英、黄光（又名黄国光）、黄文彬、黄珊、黄雪芳、简翠芳等进步青年到遂溪县东区茅村，由东区区委负责人梁立分配到边坡岭、龙湾等地参加革命工作。1947年，黄科精在粤桂边人民解放军新二团二连任文化教员。参加遂溪笔架岭战斗后，调入新一团一营一连任，1948年随新一团西征转到广西十万大山，转战粤桂边。新中国成立后一直在广西军区部队工作，20世纪70年代曾任广西南宁军分区副司令员，直到离休。

黄英：又名黄华英，男，中共党员，1931年10月5日出生。1949年2月，黄英在"市立中学"读初三时加入学校中共地下学运组织，同年4月加入新民主主义青年团；在校期间，黄英作为学校地下学运组织的核心成员，发展了同学梁兆荣、肖涛和班主任叶能国，组织策划出版地下刊物《狂飙》和在闹市张贴革命标语的"突袭赤坎"行动。

湛江解放后，黄英在湛江市支援解放海南岛司令部赤坎办事处工作，1950年5月海南岛解放后，先后在市总工会霞山办事处工作，在湛江市赤坎搬运公司、湛江市总工会公路运输工作委员会、湛江市机床厂（后改称市农械厂、通用机械厂、柴油机厂、拖拉机厂等厂名）、湛江市总工会任职。1988 年底离休，离休后享受正处（县）级政治、生活和医疗待遇。

（注：调顺村革命历史根据《调顺志》《湛江村庄简史》赤坎区卷相关内容整理，并参考目前健在的湛江市总工会离休老干部、调顺籍黄英老同志口述。）

中辑 革命英杰事迹

"叶家五虎"的英雄母亲吴大妈

在遂溪县界炮镇的"老马村"这座革命村庄，一个叶姓贫苦农民家庭生了七男二女，除了之前因病无钱医治身亡的老大和老六，在抗日战争期间的1939年至1942年先后有五兄弟参加了中国共产党。这五兄弟分别是老三、老四、老五、老七和老八，其中老五、老七、老四、老三还先后担任过中共"老马村"支部的支部书记，老三、老四和老八还参加了著名的"老马起义"，经过抗日战争和解放战争出生入死的烽火考验，叶家五兄弟后来分别成长为南路革命斗争的骨干，被誉为"叶家五虎"。

老三叶大茂（别名：叶马勇）：1947年2月至1949年5月担任中共"老马村"支部书记，1945年2月担任中共遂溪县西北区抗日民主政府第一联防区（老马片）办事处主任，解放后曾担任中共高州县委常委。

老四叶大林（别名：叶胜）：1946年3月至1947年2月担任中共"老马村"支部书记，1947年4月担任中共遂溪县西北区人民武装第一中队（驳壳枪队）队长，解放后曾担任遂溪县武装部（兵役局）部长。

老五叶卓峰于1916年11月出生，是五兄弟之中最早投身于革命的。1939年1月，中共"老马村"党支部成立，有党员7人，叶卓峰曾担任第二任支部书记（1939.5—1940.8）。1940年8月后，叶卓峰被中共南路特委派往"广州湾"的地下交通站，负责南路党组织与当时设在香港的中共南方局办事处和八路军驻香港办事处之间的联系，专门负责上报情报和传达指示，肩负特别任务的重担。据叶卓峰第三子介绍，其父亲生前曾多次回忆过，当年去香港（实际是宝安）都是徒步前往，路途遥远，异常艰难，但为保证与上级的联系，再艰难都必须坚持。解放战争其间，粤桂边区人民解放军新一团成立时，叶卓峰任团军需（即后勤部部长），1948年1月担任中共遂溪县西北区委书记，1949年8月担任中共遂溪县委委员兼群运部部长。解放后，叶卓峰先后担任过遂溪县公安局局长、湛江渔业公司党委书记、地市机构合并前的中共湛江市纪委常务副书记。2008 年，享年 92 岁的叶卓峰走完人生征途。

老七叶爱：在抗日战争中曾担任抗日武装遂溪常备队副队长和中共"老马村"第三任支部书记（1940.8—1943.10）。

老八叶高：1949 年 5 月担任中共遂溪县西北区委委员兼北联乡党总支书记，解放后曾担任过遂溪县人大副主任、政协副主席。

图为"叶家五虎"中的四人（右起：叶卓峰、叶大茂、叶大林、叶高）

叶家在"老马村"亦是家喻户晓的革命家庭，"叶家五虎"的母亲吴大妈是南路远近闻名的革命母亲。吴大妈（吴妹）1886 年 10 月于遂溪县界炮的山塘村出生，1903 年 17 岁时嫁给"老马村"的叶春芳，那时，叶家和大多数农家一样过着水深火热的贫困生活，吃了上顿没下顿。1926 年，雷州半岛大地久旱，灾情致贫苦人家更是漏船偏遇顶头风。吴大妈的大儿子叶寿因病没钱医治而身亡，老六叶贤亦因饥饿而死，叶家被迫卖了12岁的二女儿给地主欧宝庭做婢女，老四和老五被迫到地主家做童工放牛。

1926年2月，共产党员邓成林在界炮墟成立农民协会，在苦难中挣扎的吴大妈目睹了共产党救国救民的大量活动，很受鼓舞和启发，认识到翻身的希望只能寄托在共产党身上，因此，吴大妈动员了自己的丈夫叶春芳积极参加农民协会组织的革命活动。1927年春，"老马村"也成立了农民协会，吴大妈又鼓励丈夫叶春芳担任了农民协会的副会长。在白色恐怖的形势下，吴大妈不但鼓励丈夫从事革命工作，自己亦身体力行参与革命活动。

大革命失败后，南路革命一度陷入最低谷，但吴大妈始终坚信革命一定会成功。1937年卢沟桥事变后，中华民族同仇敌忾，抗日战争全面爆发。次年，中共党员殷英、黄槐、唐才猷、张世聪、唐多慧等人先后到"老马村"办农民夜校，向农民兄弟宣传抗日救亡道理和革命思想，并物色对象，发展力量。此时，在大革命时期便受革命思想启迪的吴大妈认定共产党才能改变穷人的悲惨命运，于是，她鼓励儿子们参加农民夜校的学习，自己也常常到农民夜校听课，更加深了对抗日救亡和共产党闹革命的理解。除此以外，吴大妈还主动安排殷英、黄槐、唐才猷、张世聪、唐多慧等夜校的共产党员老师到她家里吃饭，让儿子们多些时间与老师接触，接受革命思想。自从农民夜校的老师到了吴大妈家里吃饭，吴大妈家里就成了讲革命故事、谈论时政和交流思想的聚集场所。另外，吴大妈还利用自家为活动场所，组织了"老马村"的妇女会、护理队兼作情报站和接待站。在农民夜校老师和吴大妈的引导教育下，叶家五兄弟最早在"老马村"这一时期先后参加了革命，成为南路地区少有的革命家庭。

1943年春，日寇侵占了雷州半岛，并到处实行"三光政策"，而国民党军队不但不抵抗，反而是闻风而逃。为了保卫家园，叶家老七、时任中共"老马村"支部书记的叶爱响应上级的号召，动员和组织群众筹款购置枪械，组织抗日自卫队。为了支持儿子的工作，吴大妈带头把全家多年用血汗换来准备建房的11条杉木和9缸红糖卖去，又把得到的款项交给了抗日自卫队购买枪械。在吴大妈的带动和影响下，"老马村"群众纷纷捐款给抗日自卫队买枪，很快便筹集到长短枪 31 支，组成了南路抗日和除奸的骨干队伍。

1944 年 1 月 20 日（农历十月六日），驻洋青日伪军 100 多人到山内村"扫荡"，叶爱奉命率队阻击，在战斗中英勇牺牲，时年 24 岁。据《中共遂溪地方志》记载，叶爱烈士是南路抗日战场第一位牺牲的共产党员，为激励广大人民坚定抗日决心和信心，当时，党组织特别把叶爱烈士的追悼会安排在界炮墟举行，有上万名当地群众参加公祭，场面相当壮观。在追悼会上，痛失爱子的吴大妈强忍悲痛，当场向其他四个儿子表示：阿爱死得光荣！让他们为牺牲的兄弟报仇，为穷人翻身继续革命到底。

1965 年 9 月，因年老患病医治无效，79 岁的吴大妈在遂溪县光荣院去世。青山不老，绿水常存。革命母亲吴大妈虽然已过世半个多世纪了，但她在抗日战争和解放战争中，为国家和民族作出的贡献和事迹永远激励着后人！

2017 年 11 月 5 日《湛江晚报》7 版

"陈铁一姐"和"陈铁女婿"

"陈铁村"位于现湛江机场附近，村民以黎姓为主，现属霞山区海头街道管辖。抗日战争和解放战争其间，"陈铁村"是南路地下党的重要活动据点。1939年下半年，中共广州湾支部在"陈铁村"开展活动后，黎江同志以改良私塾和民众夜校以及后来的"黎明小学"作为活动场所，向"陈铁村"的广大青年传授进步思想和革命道理。在黎江同志的影响下，很快，"陈铁村"一大批热血青年便投身于革命，为南路革命和人民解放事业作出了突出贡献。

黎江为人正义，痛恨当时社会的黑暗和不公，同情穷人；加之在学校读书期间受到共产党人的影响，思想进步，在村中有相当广泛的影响力和号召力。湛江解放后，黎江曾担任原湛江专员公署副专员、原湛江行政公署副专员、1983年湛江地市机构合并后的湛江市第六届政协主席。"文化大革命"初期，黎江同志一度受到冲击，赋闲之时，受解放前在赤坎搞地下工作时便相熟的一老工人之邀，在其赤坎和平路家中住了一段时间以避难，这段过程亦是一段共产党与人民鱼水之情的佳话。

当时，在"陈铁村"这些投身于革命的热血青年中，有的是哥哥带动弟弟，有的是堂弟带领堂妹，有的更是全家姐弟几人都参加了革命，其中的女青年黎珠（曾用名：黎秀珠、黎亚珠）就是在堂哥黎江的直接影响下参加了革命。

黎珠的祖父与黎江的祖父是亲兄弟，但黎珠的家景贫困，解放后被定为"下中农"成分。黎珠于1926年7月出生，在家中是长女，下有5个弟弟。黎珠自小聪明能干，很得父母的喜欢。因此，在过去农村比较重男轻女的习俗下，父母仍供其在村中的改良私塾读书至高小毕业，因此受堂哥黎江的影响较大，经常负责黎江交办的重要任务，被称为"陈铁一姐"（亦称"珠姐"）。据其个人档案显示，1946年3月，"陈铁一姐"在遂溪县黄略的"戊戌中学"

读初中时，由王婉玲介绍正式加入中国共产党，参加地下党在黄略一带开展的活动，1947年4月转到游击队。"陈铁一姐"的魄力和对革命的忠诚坚定令其工作尤为出色，战斗十分勇敢，是"陈铁村"参加革命队伍最早为数不多的几名女战士之一。

湛江解放后，"陈铁一姐"历任中共湛江地委组织部科长、湛江专区外贸局人事科长、湛江外贸包装装潢进出口公司经理。"陈铁一姐"自己参加革命后，又影响了大弟黎海、二弟黎池也投身于革命，小小年纪便充当地下交通站的通信员，为游击队传递文件和情报。大弟弟黎海先后担任麻章公社党委书记、湛江市工商局科长等职务；二弟黎池先后担任硇洲公社党委书记、湛江外轮供应公司党委书记等职务。

"陈铁一姐"的丈夫叶卓峰同志也是一位老资格的老革命，其出生于南路著名的革命老区——遂溪县界炮老马村的一个贫苦农民家庭，七男二女中排行老五。叶家在老马村是家喻户晓的革命家庭，七男二女中有5兄弟参加了革命队伍，4人先后担任了中共老马村支部的支部书记，被誉为"叶家五虎"。五兄弟的母亲吴大妈是远近闻名的革命母亲，叶卓峰和"陈铁一姐"结婚后，也顺理成章被称为"陈铁女婿"。

叶卓峰于1916年11月出生，虽然排行老五，但1939年便参加了革命，是参加革命的五兄弟之中最早投身于革命队伍的。据《中共遂溪地方志》记载，1939年2月，老马村党支部成立，有党员7人，叶卓峰是其中之一，曾担任第二任支部书记。不久，被中共南路特委派往"广州湾"的地下交通站，负责南路党组织与当时设在香港的中共南方局办事处和八路军驻香港办事处之间的联系，专门负责上报情报和传达指示，肩负特别任务的重担。据叶卓峰第三子介绍，其父亲生前曾多次回忆过，当年去香港（实际是到宝安）都是徒步前往，路途遥远，异常艰难，但为保证与上级的联系，再艰难都必须要坚持。解放战争期间，粤桂边区人民解放军新一团成立时，叶卓峰任军需（即后勤部部长），1948年1月担任中共遂溪县西北区委书记。解放后，叶卓峰担任遂溪县公安局局长、湛江渔业公司党委书记等领导职务、地市机构合并前的中共湛江市纪委常务副书记。2008年，享年92岁的这位"陈铁女婿"走完了人生的征途，回归到他当年浴血奋战过的家乡土地。而"陈铁一姐"也于2015年去世，享年 89 岁。黎叶两家子女前赴后继,投身于南路革命队伍,献身于人民解放事业的传奇故事是"西营"革命老区的一个典范。

在黎家和叶家两个革命家庭之中,还有一件相当令人感叹的巧合之事。前不久,叶卓峰同志的三子叶先生开车顺便搭单位同事的母亲途径"老马村"路段,同事的母亲便在车上回忆自己儿童时代就曾经给"驳壳枪队"的"大林叔"送情报的不寻常经历,此时,叶先生才知道自己同事的母亲不单是界炮的乡里,亦是自己二伯解放战争打游击时的"情报员"。车到麻章路段,同事的母亲又回忆起解放后嫁到麻章后,做妇女干部时得到公社书记"海哥"的支持和帮助的往事,这令叶先生又知道了同事的母亲竟与自己的大舅亦有一段如此难忘的革命工作关系。

2017 年 12 月 16 日《湛江晚报》05 版

壮志未酬的支仁山烈士

支仁山：1916年4月出生，遂溪县黄略镇支屋村人；参加革命后曾化名"朱强"，因指挥战斗智勇双全名震高雷地区。1938年8月加入中国共产党，1939年先后担任中共遂溪中心县委委员、中共电白县委书记，1940年5月至1943年担任中共遂溪县委书记（含特派员）、雷州人民抗日游击队第一大队大队长、南路人民抗日解放军第二团团长兼政委。解放战争其间，先后担任中共雷州地委委员、粤桂边人民解放军第二支队司令员和粤桂边纵队政治部副主任，1950年担任高雷地委委员、高雷（南路）军分区政治部副主任。

忧国忧民 接受革命思想

1933年，支仁山初中毕业后考入了当时国民党开办的广东军政学校。因不满军校灌输亲日反共反人民的思想和教学内容，憎恨国民党对日寇侵略中国的不抵抗政策，入校仅一个月便弃学回到家乡。1934年2月，在进步同学李进阶的介绍下到遂溪洋青寮客村小学当了一名教师。当时，也在寮客村小学任教的进步教师陈以大（解放后曾担任过广东省第八建筑公司党委书记、湛江地区建委副主任）知道支仁山的思想进步，便经常拿进步书籍和革命文学作品给支仁山阅读。通过阅读这些进步书籍和革命文学作品，支仁山的思想有了新的飞跃，他认识到，要解放劳苦大众，中国要独立和富强起来，就要靠共产党。从此时开始，支仁山就萌发了参加共产党的念头。

1938年7月，已在广州江村师范学校成为共产党员的黄其江和同学陈其辉两人受党指派回到南路开展工作。黄其江回到遂溪后即找到在遂溪七小任教的支仁山，告知他说找到党了，并问支仁山是否愿意加入共产党。支仁山说："太好了，盼星星盼月亮，颈都望长了。"当即，支仁山便写下入党申请书交给黄其江。支秋玲后来回忆中还说，胞兄入党后，经常教育引导她，鼓励她也要投身于革命，为国家和民族出力。从此，在母亲的支持下，支家也成了地下党的一个活动场所和联络点。支仁山更是一心扑在革命上。同年8月，支仁山具体参与组织了"遂溪青年抗敌同志会"（简称"青抗会"），并担任了干事。遂溪"青抗会"是中共南路党组织领导的一个规模宏大的抗日救亡民间团体，最鼎盛时期发展有会员1万多名青年。为此，国民党遂溪县政府于1940年夏强行解散了遂溪"青抗会"。

组织创建卜巢山抗日游击队

1943年，日军进犯雷州半岛，国民党遂溪县政府和遂溪的国民党驻军闻风丧胆狼狈逃窜。我中共南路组织却知难而进，在沦陷后的雷州半岛开展武装斗争，艰苦卓绝地抗击日寇。此时，担任中共遂溪县委书记的支仁山根据上级的指示，积极参与发展壮大抗日武装，在位于遂溪南区的卜巢山根据地组织筹建成立了卜巢山抗日游击队，带领人民群众开展游击战，狠狠打击日寇不可一世的嚣张气焰。

卜巢山抗日游击队全队约50人，以当地爱国进步青年为主，以及由支仁山从遂溪东区、中区分别选调的一批精干共产党员骨干组成，队长为黄其炜。该队成立后，由支仁山亲自领导，利用卜巢山以及周边的山岭林地环境，与日寇和伪军巧妙周旋和伺机打击敌人，并开展"锄奸"保民活动。

组织领导"老马起义"

1944年夏，中共南路特委决定在遂溪界炮的老马村筹划"老马起义"，支仁山和唐才猷受命负责起义的组织领导工作，在"老马起义"前的一个多月的日日夜夜，支仁山和唐才猷两人坚决贯彻南路特委的指示精神，精心组织和协调聚集遂溪的各路抗日力量，并于1944年8月8日夜晚，突袭反共不抗日的国民党军界炮中队，收缴了这个中队的全部枪械。8月9日上午，支仁山代表中共南路特委，在老马村祠堂前广场宣布正式成立遂溪人民抗日联防大队。

"老马起义"是抗日战争期间高雷地区第一次公开反抗日寇侵略的武装起义，亦表明了中国共产党与全国人民同舟共济、休戚与共、保家卫国的态度和行动，极大地鼓舞了高雷地区人民与日寇斗争，坚持抗战最后获得胜利的信心。

"老马起义"的成功，揭露了国民党顽固派"假抗日，真反共、反人民"的虚假面孔，极大地触动国民党顽固派的神经，为报复起义武装和老马村的老百姓，国民党遂溪县的县长黄兆昌于"老马起义"几天后（1944年8月13日），便纠集县属反动武装和界炮乡反动乡队400多人恶狠狠扑向老马村，被早有防备的起义武装设伏在江头村击退。黄兆昌不死心，于8月18日上午9时又纠集700多兵力，兵分南北两路再次进犯。起义武装沉着应战，支仁山、唐才猷有针对性地调配部队，除正面阻击之外，还组织突击队穿插到敌人的背后发起攻击，再次把来犯之敌击溃。过了两天时间，黄兆昌又纠集臭名远扬的反动头子戴朝恩（诨号：铁胆）的保安队第三次进犯，但仍然被支仁山、唐才猷指挥部队击败。

不久，中共南路特委决定成立"雷州人民抗日游击队第一大队"，由支仁山担任大队长。1945年6月，中共南路特委决定把南路各县抗日武装整编为四个团，支仁山担任第二团的团长兼政委。

组织攻打赤坎 威震敌胆

广州湾回归成为湛江市后，为破坏湛江中共组织，扑灭革命火种，1947年6月，国民党与抗战胜利后在香港躲避汉奸罪、曾任法殖"广州湾公局"总公局长、日伪"广州湾自治区"主任的陈学谈进行政治交易，于6月22日成立湛江"靖匪保乡会"，由陈学谈充当主任委员专责"靖匪"以换取国民党当局不再追究其汉奸罪。陈学谈重新出山后，一批原来跟随陈学谈在广州湾时期"寻食"的地痞流氓纷纷上蹿下跳，协助陈学谈卖力"靖匪"。从此时开始，湛江陷入一片白色恐怖之中，反动势力与追随者气焰嚣张至极。

为打击反动势力与追随者的嚣张气焰，配合游击区粉碎国民党保安军对高雷游击区实施"肃清平原、围困山地"的第二期计划。1948年7月，中共粤桂边党委临时军委决定，由第二支队司令员支仁山和政委温焯华，负责组织实施袭击国民党高雷统治中心——湛江市赤坎。战斗前，支仁山、温焯华亲自派出情报骨干化装潜入赤坎侦察敌情、了解攻击路线的具体街道情况，然后又进行严密的战斗部署，制定宣布不许破坏工商业等相关政策纪律。7月10日凌晨约2时，担任主攻任务的第二支队第八团和配合作战的新三团、新四团，仅用半个多小时便将位于南桥附近广荣声爆竹厂（现市委党校）的国民党军保安第十团的1个营部和2个连歼灭，捣毁位于和平路与民权路之间的湛江国民党"中央银行""中国银行"，缴获大批枪支弹药和法币；同时，还袭击了"湛江市自卫大队"和警察局，击毙国民党中央通讯局驻琼湛工作站的少将主任张辅森。

此次战斗，开创了中共地方武装在华南地区攻打较大城市并获得胜利的先河。不但军事上打了一个大胜仗，在政治上和社会上也影响极大。湛江的一些为反动统治服务的头面人物和社会名流，纷纷通过各种关系和渠道与共产党方面接洽以留后路，一些效忠国民党的顽固反动分子也多有收敛。中共中央香港分局主办的《正报》曾发表题为《第一次打入大城市》的文稿，称"这一英勇行动，将影响于其他各地的人民队伍今后更大胆地向敌人的一切弱点进攻"，对此次战斗给予高度评价。

组织下洋起义和率队解放徐闻

抗战期间，海（康）徐（闻）地区由于是连接海南岛的咽喉地带，因此长期以来是敌强我弱，反动势力猖獗。为改变海（康）徐（闻）地区的局面，1944年冬，支仁山带领雷州人民抗日游击队第一大队西进海（康）徐（闻）地区。1945年2月，第一大队进入徐闻下洋的地塘村，与当地共产党员林飞雄带领的当地游击队取得联系，筹划进行下洋起义。据湛江市总工会离休女干部陈少珍的回忆，支仁山是她1937年在遂溪县遂城镇四九乡温良小学读书时的校长和老师，此时，她和唐学清、唐英等同学正在地塘村协助准备起义工作，林飞雄是她的姐夫，也是她的上级领导。在姐夫林飞雄家，她见到了分别差不多8年的支仁山校长。1945年2月13日（农历正月初一）晚，经过充分准备，正式举行下洋起义。在支仁山的统一指挥下，起义部队兵分三路向拒不抗日、却"围剿"共产党抗日武装的国民党顽固派进攻，分别突袭了后禄村、下港村和湾仔村，最后直捣镇公所会师下洋。

解放战争中，为适应南路革命发展需要，中共粤桂边党委于1948年6月组建了粤桂边人民解放军第二支队，并从外地调支仁山回第二支队任支队司令员。在支仁山的指挥下，第二支队一直驰骋在海（康）徐（闻）地区，坚持武装斗争，恢复和发展革命根据地，并多次进攻袭击徐闻县城及驻守周边乡镇的国民党军，1949年10月22日，在南下解放大军进军雷州半岛的隆隆炮声中，支仁山指挥第二支队和徐闻独立营进军徐闻县城，于当天下午1时在徐城登云塔顶上升起一面五星红旗，徐闻宣告解放。

过早离世　壮志未酬

支仁山在卜巢山带队打游击其间，游击队有一次被日寇"围剿"追击了十几里路，因为奔跑过急，导致支仁山的肺部血管破裂出血，由此引发患上严重的肺结核疾病，艰苦的战争环境又令病情不断加重，经常咯血。但支仁山不曾因为疾病耽误工作，长期抱病坚持工作。雷州半岛全境解放后，部队按照正规化的要求进行整编，支仁山担任南路军分区政治部副主任，负责部队的缩编分流工作。此时支仁山的病情已经很严重，上级和战友们多次劝其住院养病，但支仁山惦记着缩编分流人员的安置，仍然夜以继日坚持工作，以致错过了医治时间。1950年11月21日下午，终因病情恶化，支仁山不幸病逝于广东省军区医院，享年只有34岁。去世前，支仁山还向领导表示，请求上级批准他参加抗美援朝，表现了一名共产主义战士终生为国家和民族奉献的高尚情怀。支仁山病逝后被安葬于广州银河革命公墓，1950年12月16日上午，原高雷区各界对支仁山表示深切的追悼，在赤坎太平戏院（后改为人民电影院）举行了追悼大会；《南路人民报》（现《湛江日报》），也于1950年12月16日出版特刊，曾担任南路地委书记兼南路军分区政委的广东省原省长刘田夫同志，支仁山的入党介绍人、解放后曾任广东省高教厅副厅长的黄其江同志等上级和其他众多战友撰文悼念支仁山。原南路军分区司令员、广东军区副司令员邬强称支仁山"你的精神不死！"1950年底，广东省军区颁发证书认定支仁山为革命烈士；1958年，国家相关部门为支仁山亲属颁发了由毛泽东主席签署的革命牺牲军军属光荣纪念证书；1983年，国家民政部又颁发了革命烈士证明书。由此可见，支仁山烈士生前在高雷地区革命中的地位和作用以及重大贡献。

（注：本文相关资料及图片由支屋村老促会支振锋提供。）

2018年8月5日《湛江晚报》07纪实版

解放战争时期的黎江同志

黎江（1921—1994），西营（现霞山）海头陈铁村人，抗战时期入党。1948 年 6 月担任中共遂溪县东南区委书记、中共遂湛边工委委员，1949 年 1 月担任中共湛江市临时工委副书记，1949 年 7 月担任中共湛江市工委书记；湛江解放后曾担任过原湛江专员公署副专员、湛江地区行政公署副专员、湛江市第六届政协主席。

黎江出身于陈铁村的一个大户人家，但其为人正义，痛恨旧中国当时社会的黑暗和不公，同情穷人。1939 年，黎江在广州湾的益智中学高中部（校址在郊区铺仔墟）读高中，在读其间，黎江受到以教师身份作掩护的中共广州湾支部书记林熙保（海头新村人）等共产党人的影响，参加了中共广州湾支部在益智中学组织的读书小组（后扩大为读书会）；还参加调罗村启英小学校长、共产党员陈以大（调罗村人），解放后曾担任中共广东省第八建筑公司党委书记、湛江地区建委副主任，在启英小学组织的进步青年学习班，进一步接受了革命思想，从此投身到革命队伍中。

在益智中学高中毕业后，黎江被党组织安排在启英小学当教师。在启英小学任教其间，黎江参加陈以大校长开办分设为日、夜两班的民众学校，吸引了调罗村及周边的北月、临西、宝满、石头、陈铁等邻村青年 400 多人前来就读。黎江作为其中一名授课老师，积极向前来就读的青年传播革命思想和抗日救亡道理。

1939 年下半年，中共广州湾支部在陈铁村开展活动并组建游击小组，黎江被党组织派回到村中开展活动，发展力量。1940 年 8 月，黎江争取到自己的父亲黎汝文和黎振辉（另一进步青年黎光的父亲）资助，在陈铁村改良私塾办起了民众夜校，并以改良私塾和民众夜校作为活动场所，传授进步思想和革命道理。在黎江的影响下，很快，陈铁村一大批热血青年便投身于革命，为南路革命和人民解放事业作出了突出贡献。在这些投身于革命的热血青年中，有的是哥哥带动弟弟，有的是堂弟带领堂妹，有的更是全家姐弟几人都走上了革命道路。1946 年下半年，黎江、黎梅青、陈以大等人按照上级的要求，又把改良私塾改办为"黎明小学"，由中共南路特委调派到广州湾的赵世尧（中共南路合浦中心县委委员）担任校长。赵世尧和夫人邓小筠以校长与教师身份为掩护，在"黎明小学"负责编辑出版中共南路特委机关报——《青年导报》。

1949 年 1 月，中共湛江市临时工作委员会成立，黎江担任副书记；1949 年 7 月，临时工委改为工委，黎江担任书记。在此期间，根据形势的发展，中共湛江市工委按照上级的指示，积极开展统战策反和保护城市设施等工作，全力以赴做好迎接解放大军进军雷州半岛和解放湛江。其中有几件工作对湛江的解放和解放后的社会稳定起到至关重要的作用。

多点开花、实施策反

湛江是广东省国民党盘踞的重要城市，各种反动势力盘根错节，错综复杂。为了掌握国民党败退湛江后的潜伏人员名单，黎江要求对重要对象及时开展策反。当时，国民党湛江市政府情报组组长黄达潮兼任国民党粤桂南区"清剿"总指挥部谍报队队长，其手上掌握着国民党湛江情报网络的重要资料。中共湛江市工委安排地下党员林成通过其被转化的同乡、国民党湛江警察局的林均淦做黄达潮的工作。策反黄达潮成功后，中共湛江工委获得了国民党败退湛江的潜伏特务人员名单。湛江解放后，根据这份名单，公安部门把潜伏下来的特务全部逮捕归案，消除了一大隐患。

此外，中共湛江市工委还派人成功策反国民党湛江市党部组织干事陈诚和赤坎分部书记苏国鉴，基本掌握了湛江国民党组织结构的基本情况。湛江解放后，陈诚向中共湛江市工委交出了湛江国民党党部的所有档案资料。

"湛江市自卫大队"是国民党湛江当局的一支特殊部队，有三个中队，大队部和两个中队在赤坎，一个中队在西营（现霞山）。队员大都是本地人，大队长陈纪元是海康（现雷州）人，而西营中队的黎振伦和副队长黎德昌都是与陈铁村同宗的楼下村人。黎江让陈铁村的"白皮红心"的保长黎世昌，以同乡同族的关系分别做黎振伦和副队长黎德昌的工作，让统战对象、与陈纪元相熟的原国民党潮满区副区长、国民党湛江市参议员黎静齐做陈纪元的工作，希望他们认清形势，配合解放湛江。经过细致工作，国民党"湛江市自卫大队"不但不跟国民党逃跑，反而维持社会秩序，保护好城市设施和重要目标，100多人连同武器装备在湛江解放后由南路军分区接收。

另外，当时湛江有《民国日报》和《大光报》两家主要报馆，中共湛江市工委及时派出统战对象、原在这两家报馆当过记者的原国民党潮满区副区长、国民党湛江市参议员黎静齐出面，做《民国日报》的总编陈在韶的工作，取得其帮助，使两家报馆在解放后也完好无损地移交给人民政府。

运筹帷幄、护厂保城

如果看过老电影《战上海》的朋友，相信定会对电影中工人保护发电厂的情节有深刻印象，而这真实的一幕也曾在湛江解放前夕发生过。西营发电厂是当时湛江市区的唯一发电厂，发电量为500千瓦，厂长是吴彬。此人的人际关系较广，与当时许多社会名流都有交往。同时，其思想开明进步，与南路一些共产党员也有较密切联系，在其与他人合股开设"芳华油行"时，曾接纳共产党员陈以大入店当店员。1947年8月，陈以大被国民党"湛江靖匪保乡会"扣押时，吴彬在明知陈以大的共产党员身份仍出面保释陈以大，双方关系相当好。为保护好西营发电厂，中共湛江市工委利用吴彬的关系，先后派陈以大、林为友、吴国华等共产党员深入西营发电厂，教育工人，保护好自己的工厂。1948年8月15日，在国民党当局准备撤退并企图把西营发电厂的主要设备拆卸搬运到海南岛的关键时刻，黎江亲自约吴彬到北月村商谈，动员说服吴彬拖延搬迁。同时，指令在西营发电厂的地下党员组织工人护厂队控制运输车辆和船只，致敌人的企图破产。后国民党当局又威逼吴彬炸毁西营发电厂，又让已逃往香港与吴彬关系密切的原广州湾某名人来信劝说，让吴彬炸毁发电厂后出走香港。但吴彬不仅不为所动，还坚决站在工人这边，挑选精干人员日夜巡逻，对重要设备全力保护。在惊心动魄的护厂斗争中，黎江运筹帷幄，使西营发电厂完好无损在湛江解放后回到人民手上。

指挥接应国民党第 62 军军部直属警卫营起义

1949 年 5 月，国民党第 62 军军部由广州移驻到湛江，时任军长是张光琼，此时其托病住在香港，当时，中共中央华南分局已通过中国民主同盟南方总支部成员叶春、苏翰彦对张光琼进行策反。1949 年 9 月，张光琼的亲信、军部警卫营营长邱德明、军部参议何中行在张光琼的授意下，与代表粤桂边纵队的温焯华、陈一林商定择机举行起义。

为保证 62 军军部直属警卫营起义成功，温焯华及时约见黎江，商量粤桂边纵队与中共湛江市工委配合起义相关事宜。接着，黎江先后带领市工委成员去菉塘、陈铁、西厅、新村、沙坡、调罗等村召开会议，筹划配合起义的准备工作，逐项具体落实。10 月 15 日凌晨 1 点，黎江带领市工委及东南区委负责人林梓祥、林一枝等组成前敌总指挥部。由粤桂边纵队第二支队"飞马连"的连长殷福带领"飞马连"30 多名精心挑选出来的战士，在先期打入 62 军司令部任通讯科参谋的赵世尧带领下，经菉塘村进入西营起义部队指挥所配合行动。3 时，起义正式开始。参加起义的有 62 军军部直属警卫营、军直属辎重团下属三个连和驻西营的一个步兵营、一个炮兵营、工兵营、运输营各一个连，还有军部和后勤等部人员。至上午 7 时，起义部队已击毙不参加起义的 62 军副军长张一中等反动军官，摧毁其他国民党驻西营部队的营房据点 20 多处，歼敌 2000 余人，俘虏 1000 多人。基本控制了整个西营；并打开监狱，释放 700 多名在押的共产党人、进步人士和无辜群众。上午 8 时，中共湛江市工委在南天酒店召开社会各界知名人士会议，黎江通报了西营起义的意义和宣传了中共武装保护市民安全和利益的政策。

西营起义震惊了国民党政府，当天上午即急调在赤坎的守军一个整师兵力向西营反扑。在紧急关头，黎江临危不惧、沉着指挥、果断应对，带领起义部队坚守在正义中学。下午，粤桂边纵队第六支队在司令员陈一林的带领下赶到西营近郊增援。增援部队在西厅机场附近与从赤坎反扑的国民党军激战，又从包围西营起义部队的国民党军侧背发起攻击，为起义部队解围。傍晚，起义部队在黎江的带领下分两个方向实施突围，一部分从西营北面经菉塘村进入遂溪游击区，一部分从南面坐渔船到东海岛。随后，起义部队在麻章甘霖村休整，编入粤桂边纵队第六支队为新编第16团。西营起义前后，中共湛江市工委组织西营周边蒝塘、陈铁、楼下、西厅、新村、沙坡、调罗、坛上、木兰等村庄以及进步人士的市区汽车运输队参与行动。这十多座村庄的数千名村民用牛车、汽车和渔船为起义部队抢运武器装备和弹药等军用物资，抢运伤员和运送起义部队及家属突围转移，为西营起义的成功作出了很大的贡献。

西营起义的意义在于动摇了国民党湛江守军的军心，在湛江解放前夕表现了南路革命力量的实力和影响力，是日后粤桂边纵队解放湛江的一次成功预演。

解放湛江支前总指挥

1949年12月初，虽然此时中华人民共和国已经诞生，但中国大陆最南端的雷州半岛尚未解放。而半岛的重要城市湛江更是国民党军准备退守海南岛前的一个集结基地，多路国民党军败退到这里，准备在两个月之内撤往海南岛。因此。早日解放湛江，切断这部分国民党军撤离湛江的退路，减轻将来解放海南岛压力是迫在眉睫的问题。12月7日，中共粤桂边区党委在廉江中学召开会议，会议宣布了中共中央华南分局的决定：撤销粤桂边区党委，将原属粤桂边区管辖的部分范围划归广西管辖；在南路地区成立中共南路地委和南路专员公署以及南路军分区。此外，会议部署了解放雷州半岛和湛江的各项准备工作。12月中旬，中共湛江市工委按照会议的要求在遂溪东南区的麻章古河村徽泉公祠召开紧急会议，落实南路地委的指示精神，全力以赴做好各项准备配合解放湛江。

1949年12月17日夜，因为发现驻守在西营的国民党军开始逃跑，粤桂边纵队即命令第二、第六支队共5个团率先发起攻击，堵截妄图南逃的敌人，解放湛江的战斗提前打响。12月19日晚9时，国民党守军最后的阵地——西营"东方汇理银行"大楼被攻陷，湛江宣告解放。在解放湛江的整个过程，中共湛江市工委动员蒝塘、新村、西厅、陈铁、楼下、沙坡、调罗、坛上、深田、后坑、南山、后洋、黄西、蓬莱、边坡、石头、坛下、木兰等村庄的党支部、农会、妇女会、村队组织成万群众参加运输队、担架队和后勤服务队，支援解放湛江的参战部队。沿遂（溪）湛（江）公路的村庄群众把煮好的包点、番薯、鸡蛋和茶水放在公路边，让从北海赶来湛江参战的第四野战军 43 军 128 师 384 团的战士充饥。各村的妇女经过几天的通宵达旦，准备了足够参战四个团人员的饭菜、茶水和一万多个甜糕慰问子弟兵。在这场轰轰烈烈的支前大战中，总指挥就是时任中共湛江市工委书记的黎江同志（本文相关参考资料由陈铁村委提供）。

2018 年 9 月 2 日《湛江晚报》

宁死不屈的支尧光烈士

在采写《革命老区支屋村风云录》时，笔者了解到支尧光（又名：支太光）烈士是一位对革命有着坚定信仰的突出代表，共产党人为真理和人民解放事业抛头颅洒热血的精神和行动都在他的身上得到集中体现，他牺牲时的表现和过程的英勇壮烈令世人感叹、天地动容。为此，笔者走访了支尧光烈士的小儿子支继烈，追踪支尧光烈士不寻常的革命事迹。支继烈是由国家赡抚养成人的烈士子弟，1968 年 12 月他响应知识青年"上山下乡"的号召去了广州军区生产建设兵团八师工作；退休后，夫妇俩曾多次前往父亲生前曾经战斗过的原遂溪西区一带，寻访父亲当年的老战友、堡垒户、知情人和民政部门，查找相关档案史料，了解父亲的革命生涯踪迹……

"青抗会"第一批战时工作队员

支尧光（又名：支太光）1911 年 2 月 28 日（支屋村革命烈士纪念碑碑文记载）出生在支屋村，三兄弟中排行第二，从小在村中私塾读书。1938 年 7、8 月间，在广州江村师范学校读书时入党的黄其江、陈其辉、支钟文（支尧光的亲弟弟）等人从广州回到遂溪，与遂溪当地的支仁山等一批进步青年发起成立了遂溪青年抗敌同志会（简称遂溪"青抗会"），组织发动广大青年投入抗日救亡运动中。此时，在遂城中学毕业后在遂城教书的支尧光也参加了遂溪"青抗会"；9 月，支尧光和支秋玲（支尧光的堂侄女、支仁山胞妹）等人奔赴遂溪西区金围一带办抗日民众夜校，是遂溪"青抗会"第一批战时乡村工作队队员。

1939 年 2 月，支尧光和支秋玲等人同批加入中国共产党。下半年，支尧光和支秋玲受支仁山指派，在西区各村发展党员和组建党支部。其间，支尧光担任西区金围村党支部书记。1942年，支屋村党支部因为外派党员较多，原来村中的两个党支部的书记支耀、支利精两人也被外派加强新区力量。为确保支屋村的工作不受影响，上级把支屋村原来的两个党支部合并恢复为一个党支部，调派经验丰富的支尧光回支屋村担任党支部书记。1943年，为发动叶屋村一带的群众参加抗日救亡运动，支仁山指派从小习武的支尧光前去叶屋村的叶氏宗祠开设武馆教授武术，组建抗日游击小组，发动群众参加抗日武装斗争。

支尧光出生在支屋村原来一户殷实大户，其自小读书到高中，毕业以后从事教书职业，生活不错，投身革命时已结婚成家。支继烈说奶奶生前曾叨道过，尧光未曾下过田。参加"青抗会"后接触了共产党人和共产主义，使支尧光的思想从原来的投身抗日救亡运动，随即转变成为追求真理和信仰。在入党后，更是得到高度升华。支继烈说奶奶生前还给他回忆过，说支尧光还动员家里变卖了大多数田产支持了其革命生涯；每当有伤员到家里隐蔽养伤时，家里只要还有一个鸡蛋都要留给伤员吃。因此到解放时，家里真是说得上是一贫如洗。

二进西区　英名四扬

抗战胜利后，国民党为独吞胜利果实，拒不承认华南地区有中共抗日武装的事实，反把中共领导的抗日武装诬蔑为土匪，并以"剿匪"为借口，大肆迫害中共南路抗日武装和革命人士。为保存革命力量，中共南路组织把身份已暴露的共产党员分别转移，此时，支尧光的支屋村党支部书记身份早已上了国民党当局的黑名单，因此，支尧光也被安排撤退隐蔽，再次调到西区。支尧光二进西区后，根据上级的部署，他领导当地群众开展反对国民党当局的"征兵、征粮、征税"和反内战的斗争，发动群众"锄奸"除恶。1947年春，上级准备调支尧光到西区区委工作，由于长期的艰苦环境影响，此时的支尧光身患疟疾久治未愈，身体极度虚弱。为此，组织上只能暂时安排他到沙口村小学以教师身份作掩护隐蔽，并在沙口村堡垒户廖天望家中养病；年底，由于廖天望接受指令外派工作，支尧光换到廖天梓家继续隐蔽养病。其间，支尧光不顾身体的虚弱，仍以惊人的毅力坚守工作岗位，每天都让堡垒户廖天望和廖天梓、廖文香等人陪着到附近的西坡、罗灵、调建、深沟、海角、石井、后堀、潭杰等村庄开展工作。此时的支尧光说是隐蔽养病，但实际上工作更为投入，踪迹遍及西区的大部分乡村，名声远近闻名，反动势力则视其为眼中钉、肉中刺。

忠于信仰　壮烈牺牲

1948 年 5 月的一天，驻扎在后坑墟的国民党反动联防大队长周克梅获知支尧光以教师身份隐蔽在沙口村，于是亲率 50 多名匪兵进剿沙口村抓捕这位远近闻名的共产党干部。当时，恬沙乡副乡长黄兴仁获知情报后，火速提前赶到沙口村带支尧光转移到西坡村村民黄启统家中。但被匪兵发现追踪，包围了西坡村。本来，匪兵不熟悉环境并没有发现支尧光，已经撤出西坡村。但由于西坡村的败类黄启东让其老婆向匪兵告密支尧光藏身的地点，于是匪兵们返回西坡村支尧光藏身的地点，抓捕支尧光。据《沙口村革命斗争史》第四章"革命英烈传"中记载，支尧光被抓捕后，匪兵即把其押送到后坑墟的监狱审问，迫支尧光供出西区和支屋村共产党组织情况，在敌人的严刑拷打之下，支尧光没有任何屈服的表现。解放后，为了解支尧光牺牲的经过，当地相关部门找到曾在周克梅反共联防大队当过匪兵的周某某，周某某详细作了供述说："支尧光同志虽然体弱消瘦，亦被打得头破血流，周身没有一点好肉。但意志坚强，始终喊着为人民的口号。其铁筋钢骨，令人敬佩！"

眼见支尧光不肯屈服，周克梅最后在无计可施之下决定把支尧光杀害。第二天"墟日"，支尧光被押到后坑墟坡惨遭毒手。支尧光当年的堡垒户廖天梓的儿子向支继烈夫妇俩回忆，说父亲曾说支尧光牺牲时的惨烈情景，敌人先是残忍挖去支尧光双眼，然后用杀猪刀沾着盐水一刀一刀地割支尧光身上的肉，看到支尧光双脚在不停地挣扎，匪兵跟着又用铁棍打断其两小腿。而支尧光却仍然用微弱的声音在说："共产党是救国救民的希望所在，我一辈子就是坚信共产党，谁也改变不了我的信仰。现在到处红旗飘飘，我渴望的胜利即将来到，人民欢笑，我虽死却无悔！"杀人不眨眼的周克梅老羞成怒，恶狠狠地吼叫，我要让你碎尸万段。随即这个魔头就让刽子手对支尧光剖腹取肝示众，后又暴尸荒岭。支继烈说，廖天梓的儿子在陈述支尧光牺牲经过时，每说一段，都忍不住泪水，讲到最后时是泪洒满脸。支尧光英勇就义后，激起了共产党人和革命群众的无比愤怒，中共西南区区委经过查实是黄启东告密，区长黄培桂亲率区中队逮捕了黄启东和同谋，将黄启东处决以慰告支尧光烈士在天之灵。

（本文由支继烈口述，另参考《中国共产党遂溪地方史》。配图由支继烈提供。）

2018 年 12 月 10 日《新浪广东湛江》

支继烈保存的支尧光烈士证

支秋玲——高雷妇女运动女英杰

引子："支秋玲"这位支屋女英杰的名字，笔者第一次听到是在1977年了，此时，笔者已在湛江电机厂做学徒，是一名金工车间的车工。一天夜班时，门卫"波叔"来到金工车间说要找老领导支秋玲的弟弟，这位"波叔"是近郊革命老区陈川济村（又称陈村仔）人，是解放前参加革命上过战场的退伍军人，他的老领导自然就是老革命了。当时，笔者明白"波叔"是找错地方了。因为当时全厂只有维修车间一位刚进厂不久的学徒是姓支的，叫支跃献，也是开车床的，笔者让他到维修车间找。事后知道，"波叔"到维修车间找到支跃献时，一见面就首先向支跃献敬了一个标准的军礼，弄得这位刚进厂不久的学徒工受宠若惊却也莫名其妙。但当听到"波叔"说自己是支仁山司令员的兵时，支跃献总算搞清楚了，因为解放战争时期的粤桂边纵队二支队支仁山司令员是支跃献的堂哥哥，也就是支秋玲的胞兄。支秋玲，1920年2月出生于遂溪县东区支屋村（现遂溪县黄略镇支屋村）。1935年至1937年在遂溪中学读书，1938年在胞兄支仁山的影响引领下走上革命道路，1939年2月加入中国共产党。打这时起，"支秋玲、支仁山、支屋村"这些名字和他们的革命事迹便陆续在笔者脑海中留下了记忆……

追随胞兄投身于革命

时间回到20世纪的30年代抗战期间，为救中华民族于危难关头，广泛团结全国人民奋起抗击日本侵略者，我南路党组织恢复重建后，随即在遂溪建立青年抗敌同志会（简称"青抗会"），动员组织广大爱国青年参与抗日救亡运动。1938年8月，遂溪"青抗会"正式成立时，支秋玲在胞兄支仁山影响下，也是其中发起人之一。为了更好地发动妇女参加抗日救亡活动和开展妇女工作，党组织安排支秋玲和张雪馨两人又筹建了遂溪妇女抗敌同志会（简称"妇抗会"）。经过紧张筹备，1938 年冬，遂溪"妇抗会"在遂城第一小学礼堂召开成立大会，参加成立大会有女学生、社会各界妇女，也有农村妇女共 200 多人。大会通过了遂溪"妇抗会"的组织章程，确定了"团结一切爱国妇女共同抗日"的遂溪"妇抗会"宗旨，选举了支秋玲、张雪馨、陈少莲、王素如、王惠莲、王秀贞、黄琴七人为遂溪"妇抗会"委员，支秋玲和张雪馨两人为负责人。同时，大会还确定了"到农村发动妇女参加抗日救亡运动，发展会员工作，建立农村妇女组织"的工作方针和任务。支秋玲亲自在附城的北门、西溪、桃溪、陈川济和黄略村创办夜校，宣传抗日救国和妇女争取自由解放的进步思想和革命道理。1939 年，支秋玲加入中国共产党，是抗日战争期间雷州半岛入党的首批女党员。入党后，支秋玲受上级指派，深入遂溪东区、中区和西区进行工作。其间，支秋玲担任其连山村党支部书记，在陈川济、黄略、甘霖三座村庄发动组织群众参加抗日活动，发展党员扩大党的组织，先后组建了这三座村庄的妇女党支部，仅陈川济一座村，支秋玲便发展了黄瑞英、罗锦婆、沙郭嫂等十几名妇女党员。

一进徐闻下洋　传递南路抗日火把

1940 年 2 月，中共南路特委在高州重建，周楠任书记，温焯华任组织部部长。不久，南路特委机关从高州转移到广州湾。此时，中共力量在海（康）徐（闻）地区的力量相对薄弱，以徐闻来看，唯一的徐闻籍共产党员只有 1939 年受中共遂溪中心县委派遣，返回到徐闻下洋中心小学的林飞雄。为保护徐闻的革命火种，防止林飞雄过早暴露，1940 年 4 月，党组织把林飞雄调离徐闻前往广州湾；只让他负责介绍和安插外地干部到徐闻工作，尤其是教育引导在广州湾读书的徐闻籍进步青年回徐闻参加革命。同时，为开辟南路地区抗日新局面和发展革命力量，填补林飞雄调离徐闻后的实际情况；从 1941 年开始，中共南路特委在遂溪和广州湾（现湛江）派遣多批党员骨干前往徐闻下洋一带开展工作。

据《下洋革命斗争史》记载，1942 年 3 月，支秋玲（化名朱秀清）和陈兆荣（化名郑志辉）等人从广州湾西营（现湛江市霞山）乘下洋后村人的帆船到达徐闻下洋镇，在后村小学以教师身份作掩护，在下洋镇一带开展抗日救亡工作和恢复重建徐闻党组织，支秋玲是第一批进入徐闻的女党员干部。到达下洋后，支秋玲与陈兆荣坚决执行上级的既定方针，工作很快便取得突破和打开了局面，随即在下洋小学成立了中共徐闻特别支部。支秋玲担任特别支部委员和中共徐闻前山小学妇女支部书记，其间，支秋玲还发展了林琴英、林明山、林裕等人入党。中共徐闻特别支部是中共徐闻麻罗（外罗）特别支部在 1928 年遭敌破坏 14 年后，最早在徐闻恢复重建的中共党组织，被誉为"徐闻党史的又一里程碑"。

除积极完成党的中心工作之外，支秋玲根据妇女支部的特点，抓住当时农村妇女生活状况特差和社会地位低、受压迫大的特殊性，积极在妇女中开展对口工作。如开办妇女识字班，为妇女起名字（当地的大多妇女都没有自己的名字），与有代表性的妇女结拜为姐妹，把广大妇女团结在党组织的周围。其间，支秋玲通过识字班的李秀梅，结识了在后村妇女中有一定影响力的李秀梅母亲，又通过李秀梅母亲团结了后村一大批妇女支持妇女支部的工作。

二进徐闻下洋　开辟抗日游击新区

1941 年 5 月，中共南路特委根据时局与斗争需要，撤销了中共遂溪中心县委，在海康（现雷州）成立中共雷州中心县委，工作范围是遂溪、广州湾、海康和徐闻。1942 年 8 月，根据上级指示，中共南路特委取消委员制，实行特派员制，上下采取单线联系的工作方式，特委内设特派员，分片管理。其中，陈恩为雷州地区特派员，负责海康和徐闻两县。1942 年底，中共徐闻特别支部撤销，也改为特派员制，支秋玲随原来中共遂溪中心县委派出的骨干暂时撤离徐闻下洋回到遂溪游击区。1943 年 4 月，受中共雷州中心县委派遣，支秋玲二进徐闻下洋。先在徐闻籍共产党员林飞雄的家乡下洋地塘村隐蔽一个月后，由林飞雄安排在徐闻前山甲村小学，以教师身份掩护开展工作，主要是建立农村基层组织和发展力量，开辟徐闻抗日游击新区。

1943 年 12 月，根据工作需要和支秋玲擅长妇女工作的特点，上级把支秋玲调回遂溪游击区负责妇女工作，任妇女主任和支部书记。1947 年 12 月，支秋玲又被调任中共海康县妇委首任书记兼中共海康东区区委副书记，主管当地妇女工作，为建立海（康）徐（闻）地区抗日游击区和根据地作出了重要贡献。

湛江解放后，支秋玲同志曾担任原湛江市委党校副校长、湛江一中党支部书记、湛江棉织厂党支部书记、湛江拖拉机总厂副厂长、湛江市总工会副主席。20 世纪 80 年代中离休后享受副地厅级待遇，于 2014 年 6 月 19 日逝世，终年 94 岁。支秋玲同志的革命经历和事迹曾入编《中共遂溪县地方志》《中共徐闻县地方志》《湛江妇女运动史》等重要史料文献。

2020 年 5 月 17 日《湛江晚报》海风版
2020 年 4 月 17 日《新浪广东湛江》

平凡老邻居的不平凡人生

——记 97 岁的抗战老战士郭水清

郭水清 1925 年农历正月廿六出生于现湛江市麻章区田寮村（原属遂溪县）一个贫穷农民家庭，在兄弟姐妹中排行第三，上有两个姐姐，下有两个弟弟和一个妹妹。1938 年 10 月，年仅 13 岁的郭水清便在父亲的鼓励和支持下，积极去农民夜校学习和参加了由共产党员主导的遂溪青年抗敌同志会，投身于抗日救亡运动中。1943 年，日寇侵占雷州半岛后，怀着保家卫国的爱国情怀，18 岁的郭水清毅然加入了中共南路党组织领导的遂溪抗日游击队，在武装斗争中出生入死；抗战期间和解放战争期间先后参加了袭击冯家塘日伪税所、合沟伏击战等大小作战 100 多次。其中，有以下几次著名的战斗……

西进合浦反"围剿" 枪把中弹幸免于难

1944 年 11 月，中共南路党组织把在遂溪西区、中区和南区的抗日游击队集中到遂溪西北区的金围村，组建雷州人民抗日游击队第二大队，大队长洪荣，政委王平，副大队长郑世英。全大队 200 多人，编为 3 个中队和一个政工队，郭水清是第三中队队员。第二大队成立后，引起了国民党顽军的惊慌，于是派出部队进行"围剿"。第二大队奋起还击，在化州中垌和廉江青平、金屋地一带与顽军进行一场激战。战斗中。郭水清被敌人击中，幸得当时他手握的是步枪，敌人的子弹射断了枪把，他才躲过一劫。化州中垌一战，第二大队打退了敌人多次冲锋，消灭了顽军 20 多名，我方也有 10 余人阵亡，其中有和郭水清一起入伍的同村兄弟左赖、李定安。

1945 年 1 月，我党领导的南路各县抗日武装主力部队统一整编，组成南路人民抗日解放军，周楠任司令员兼政委、温焯华任政治部主任、李筱峰任参谋长。下辖两个支队，第一支队司令员为唐才猷，政委陈恩，政治处主任黄其江。全支队约800人，编为三个大队，一大队大队长支仁山，政委唐多慧；二大队大队长洪荣，政委沈潜，副大队长郑贤儒；三大队大队长郑世英，政委王平。当时，郭老当时所在部队是二大队。

1945年1月后，为冲破国民党顽军的"围剿"，在第一大队南下海（康）徐（闻）后，第二、三大队奉命北上廉（江）化（县），配合吴（川）化（县）抗日武装起义，并挺进化县北边和第二支队会师。2月5日，根据形势发展需要，上级决定以第一支队二、三大队为主，抽调第二支队一部800多人，由参谋长李筱峰率领西进合浦（今属广西）白石水地区建立新的根据地。

血战金街与谷埠事件

1945年2月7日，部队从廉江青平金屋地村出发，11日到达白石水金街与合浦大队会师，并组建前线指挥部，黄景文、张世聪分别任正、副指挥，另抽出合浦大队的一个中队与第二支队一大队的两个中队组成"黄河大队"。2月15日，国民党顽军保安第一团、合浦第二自卫大队、合灵边乡保队共1000多人，趁我主力离开金街时进犯。由于敌强我弱，我金街部队伤亡20多人，其中牺牲的林进是郭水清一起入伍的同村兄弟。

经血战后才得以突围转移。2月17日，李筱峰、黄景文率主力回师收复金街，张世聪率"黄河大队"连克旧州、白石水乡公所，逼迫使敌军退至张黄。

2月下旬，国民党害怕我抗日武装发展壮大，急调从抗日战场不战而退到桂西的46军155师越过日军防区前来南路，妄图消灭我抗日武装。3月24日，我西进部队在谷埠村武利江西岸，准备稍事休息后渡过武利江回白石水。为此，由洪荣大队长带一个中队从水坝先行过河在黄姜坪村警戒。当晚11时左右，敌155师465团和保一团由东追踪而来，负责警戒的这个中队被迫仓促应战，因寡不敌众被迫退回河西。由于天黑，也不清楚船只通行的水坝河口的踏板被过往船只的船夫拆去，致洪荣大队长和27名战士踏空落水牺牲，这就是谷埠事件。其中牺牲的李前兴（李田兴）烈士也是和郭水清一起入伍的同村兄弟，而郭水清则又一次幸免于难。

此次西进，金街血战和谷埠事件致我西进部队受挫，西进部队共损失40多人，为此，西进部队分三批退回遂溪根据地休整。

突袭遂溪机场

1945年9月，为冲破国民党军的合围，我"老一团"分两批在东、西两个方向突围，挺进广西十万大山。第一批突围部队由团长黄景文带领，第二批突围部队于10月由团政委唐才猷带领，郭水清所在的团部手枪队跟随团政委唐才猷是第二批突围。突围前，接到地下党的情报，说国民党军正在接收日军遂溪机场的武器仓库，敌守军仅一个连。为了补充部队西征所需的武器装备，同时策应先前开始突围的第一批突围部队，第二批突围部队决定突袭机场。

突袭前，唐才猷派出几批人员侦察，详细了解机场内外情况，决定组织25名队员的突击队实施攻击。突击队分为5个战斗小组，第一、二战斗小组以团部手枪队为主并从各连挑选精悍战士共8人组成，林三（林东）和陈贵分别担任小组长，主要任务是攻击敌机场警备连营房。第三小组8人，由陈蔡、陈安天带领，主要负责攻击敌飞行员和地勤人员宿舍。第四小组3人由团部手枪队指导员唐森带领，主要负责攻击敌弹药库和汽油库。第五小组是机枪队共5名队员，由一营二连副连长李池带领兼机枪手，主要负责掩护第一、二小组。另以一个连警戒，一个连为预备队及组织民兵接应搬运队伍。此外，团政委唐才猷和一营副营长陈炳崧坐镇设在机场外西南角风朗河边的指挥部进行指挥。是役，郭水清被分在第一战斗小组，同村一起参加革命的左成也参加了此役。

10月10日上午，全部突击队员假装成农民提前进入机场外围潜伏。战斗0时30分打响，摸掉敌哨兵后，我一名突击队员首先点燃浸过汽油的棉花扔进敌营房内，其他突击队员分别向营房里的敌人扔手榴弹和扫射。经过20余分钟的激战，到2时许便结束战斗，敌人全部被消灭。2时10分，唐才猷政委下达了撤离的命令，部队迅速撤出转向遂城方向，占领公路两旁有利地形准备迎接援敌。100多名民兵和预备部队则三进三出机场搬运武器弹药和其他物资，搬不完的放火销毁。突袭机场消灭敌人100余名，俘虏8名，缴获20毫米炮2

门、70毫米加农炮2门、重机枪3挺、战斗机使用的机关枪8挺、步枪130余支、子弹3万余发等作战物资一批，战果颇丰。

突袭机场的战斗震动整个雷州半岛，使国民党军惊慌失措，正在追击第一批突围部队的敌64军一个师急忙停止追击，并收兵回守遂溪城。突袭机场的战斗结束后，第二批突围部队全体人员则相机冲出了敌人重围，与第一批突围部队胜利会合后一分为二。一部由团长黄景文和政委唐才猷带领，踏上挺进广西十万大山和后来转战云南的征途。郭水清所在的另一部200多人由郑世英带领回师雷州半岛整编，继续坚持斗争。

伏击"铁胆"

1947年3月8日拂晓，我60多名突击队员，由李晓农、郑世英带队，按照预定伏击方案埋伏在遂湛公路大路前村路段两侧，伏击"铁胆"（戴朝恩）这个罪大恶极的反动头目。当时，郑世英专门安排郭水清与最前面协助的群众配合。据郭水清回忆，当时，他和这名群众商定，让他假装在路旁锄草，发现"铁胆"的车队后，即停止锄草发出暗号，暗号是把锄草的锄头扛上肩膀。

当天7时多，"铁胆"的车队从赤坎回遂溪出现在伏击路段。我伏击部队待前卫车开过几百米后，马上用满载着甘蔗叶的牛车挡住了"铁胆"小车的去路，后面同样用牛车挡住了后卫的车退路。接着，用手榴弹炸敌毁敌车轮胎，并集中火力向敌车队扫射。由于敌车轮胎被炸毁，敌车队前后均不能动，敌人只能龟缩在车内用机枪、冲锋枪开火还击。双方相持了一段时间（约30分钟左右）。由于敌车身坚硬，伏击一时受阻，我伏击指挥员郑世英当机立断，留下郭水清和其他10多名伏击队员隐蔽起来（其中一名叫"南哥"的队员是日本反战同盟成员），其余伏击队员则故意撤走并高叫"遂溪援兵来了"。"铁胆"在防弹小车里见状，又见前卫车冲了回来，就以为真是援兵来到，赶紧带着四个警卫卫推开了小车门急窜出来，并高叫"快追，不要给"共匪"跑了……"此时，留下隐蔽的伏击队员一齐开火和投掷手榴弹，并当场把"铁胆"击倒在车旁，另打死打伤敌人10多名。余下的看见"铁胆"被击倒，便纷纷向遂溪、湛江方向逃跑。此时，负责监视遂溪、湛江方向的瞭望哨报告，说敌人援兵已出动，我方顾不上打扫战场，当即撤离。待敌人援兵从遂溪、湛江两地赶到时，我伏击队员已胜利返回营地。3月9日，广州湾《大光报》登出戴朝恩及其4名卫士被击毙的消息，我方才确定"铁胆"已被击毙。

笔架岭之战

1947年9月，国民党广东省主席宋子文到任后，即派省保警处处长陈沛到南路接替林英，任"粤桂南区清剿指挥部"总指挥。陈沛到任后，急调保1、保2总队和保9总队1个营及地方反动共武装1800多人，"重点进攻"我遂溪游击根据地。1947年11月4日，我新1团和新12团撤退时被敌人紧紧追至笔架岭调罗湾村附近，为挫追敌的锐气，领队沈汉英和连以上干部商量后，决定利用笔架岭有利地势，迎击追敌。是役，郭水清随新二团郑世英团长在山顶指挥部警戒。

2019年12月郭水清参加湛江市老游击队员联谊会纪念湛江解放70周年活动合照（前排右起坐着的第14人）

上午9时，战斗打响。敌人利用优势炮火，向我阵地连续发起进攻，我新1团和新12团指战员在沈汉英的指挥下沉着应战，多次打退敌人的进攻。到下午6时，敌保1总队1000多人全部投入进攻，另从湛江派出400多名援军。为支援笔架岭部队，我新2团二连和东区中队也赶来增援，另组织中区中队和各村村队集中在笔架岭以东的高阳附近阻击敌援军。天黑后，我方主动撤离笔架岭，敌方也不勇敢恋战，更不敢尾追，慌忙之中撤回湛江市区。是役，敌方装备和炮火占绝对优势，投入进攻兵力约1800多人，伤亡100多人，我方参战兵力合计不足1000人，伤亡48人，其中牺牲了杨伟昌、戴总保、梁彪3位连长。但我方全体指战员不怕牺牲，英勇迎敌，重挫敌军，取得胜利。

湛江解放后，人民政府在笔架岭战场旧址的顶峰建有一座纪念碑，20世纪60年代，经常有学校组织学生前去瞻仰，郭水清也常去缅怀牺牲的战友。笔架岭之战在原南路地区影响甚大，以至有传闻，参加过笔架岭战斗的南路老革命，个个都是关公再世。郭水清回忆，20年后的1967年"文化大革命"期间，当时他在专区糖烟酒公司设在霞山兴隆村批发部担任主任（时称指导员），一次，批发部内有动机不好的人向他提出，拿20万现金提供给同一观点的群众组织，被他严词拒绝。事后，有几名群众组织的学生驾车来到批发部，把郭水清蒙上双眼带出去恐吓和威逼，但郭水清毫不惧怕。单位有另外的同事给这几名学生说，老郭是参加过笔架岭战斗的南路老革命，这几名学生听后说，知道、知道，连忙把郭水清放了。

奇袭攻打赤坎

1948年7月，中共粤桂边党委临时军委决定，由粤桂边纵队第二支队司令员支仁山和政委温焯华（后沈斌），负责组织实施袭击国民党高雷统治中心——湛江市赤坎。知道要袭击赤坎，战前，郭水清、和林东（田寮村）、蔡南（水粉村）、陈斌（田头村）四人积极请战并要求参加突击队。当时，郭水清担任支仁山司令员的警卫员，开始，支仁山司令员不同意他们参战和参加突击队，因为此时第二支队已按纵队司令部的决定调郭水清、林东、蔡南、陈斌四人担任领导的警卫员，拟安排郭水清给司令员兼政委梁广担任贴身警卫员，蔡南担任唐才猷副司令员的贴身警卫员（此时，唐才猷副司令员未到任岗位、尚在云南），林东担任第二支队政委温焯华的贴身警卫员，陈斌则接替郭水清担任第二支队司令员支仁山的贴身警卫员。

眼见支仁山司令员不同意他们四人参加攻打赤坎，当时他们四人都不愿意放弃参战的机会，他们说对赤坎情况熟悉，而且善于使用短枪和多次参加了其他突袭行动，熟悉情况，坚决要求支仁山司令员批准他们参加参战。看到他们几个人态度坚决和信心满满，支仁山司令员只好批准了他们参加突击队。

郭水清所在的主攻部队是第二支队八团，负责主攻位于西赤桥（现南桥）附近的广荣声爆竹厂（现市委党校），该地驻有国民党军保安第 10 团的 1 个营部及驻有 2 个连。7 月 10 日凌晨约 2 时，担任主攻的八团和配合作战的新三团、新四团，仅用半个多小时便将驻广荣声爆竹厂（现市委党校）的国民党军全部歼灭。因敌营房有 9 间房，因此，我突击队 36 名队员分成 9 个小组，每组 4 名队员，每组负责攻击一间房内的敌人。郭水清和林东、蔡南、陈斌四人同一小组，郭水清记得，当时，他负责开第一枪。但开枪时，驳壳枪意外卡壳，他急地叫了一声："蔡南，我枪卡壳了。"叫声未停，幸好蔡南反应快，他马上开枪射向扑面而来的一个敌军。随即，郭水清掏出一枚美式瓜型手雷投向房内敌人，开始了突袭赤坎的攻击。郭水清还记得，另外一个小组的突击队员还有张彩九（遂溪金围村人）和梁太安（遂溪甘林村人），印象特深刻，因为，张彩九和梁太安他俩都在战斗中英勇牺牲了。

1948 年 8 月，郭水清正式担任了粤桂边纵队司令员兼政委梁广的贴身警卫员，直至 1949 年 12 月湛江解放。郭老记得，他当梁广司令员的贴身警卫员时，除有一支短枪（德国造 20 响驳壳枪），还配备有一支长枪（美式卡宾枪）；另外还有一名比他年轻的陈友（遂溪籍）是勤务员，一位比他年长的是文书（注：化州籍，应该是秘书）。湛江解放时，梁广同志调到广州工作，当时，梁广同志提出要带他去省城当一名"官仔"。但郭老考虑自己参加革命后都没有照顾过母亲，且自己文化也不高，就不愿意给组织上添麻烦，甘愿留在湛江。

后记：郭老是我们家 10 年时间的老邻居，小时候就知道郭老是一位抗战时期的老革命。说起来，也有很长时间没有见郭老了，为了挖"料"，前段时间专门去霞山探望了郭老。在约好见面的观海长廊大草坪，郭老远远就认出了笔者，连声招呼："强仔、强仔，快过来！"已 97 岁高龄的郭老只是耳有点背，十几年前做过白内障手术的眼睛视力很好，且记性超好，居然还认得近 20 年都没曾谋面的笔者。听到笔者赞扬他记性好，身体好，郭老马上很自豪地给笔者朗诵了社会主义核心价值观的全部内容，且一字不漏，连贯而清楚，令人叹为观止。随后，笔者在 4 月 5 次在大草坪与郭老聊天，得以梳理出以上郭老参加过的几次重要战斗和这位看似平凡的老邻居的传奇人生。

（注：本文主要内容是郭老口述，另参考中共党史出版社的《中国共产党遂溪地方史》第一卷相关内容核对完成。）

2021 年 5 月 23 日《湛江晚报》05 版

郭水清（前右）和战友陈超（原兰州军区副司令员）等人合照

陈以大——中共广州湾支部创始人之一

陈以大，曾用名陈自可，1912 出生于现湛江市霞山区的调罗村。陈以大于 1938 年 1 月参加革命，同年 11 月加入中国共产党，是抗战期间中共南路特委恢复重建后发展的党员。1939 年 3 月，中共广州湾支部在广州湾西营（现湛江市霞山区）菉塘村成立，陈以大担任支部宣传委员，是中共广州湾支部的创始人之一。湛江解放后，曾担任湛江市建筑工程公司党委书记、经理，广东省第四建筑工程公司（后改为省八建）党委书记、湛江地区建委副主任兼地区建筑工程公司（前省八建）党委书记。1983 年离休享受地厅级待遇，任市政协顾问，1995 年逝世。

学生时代接受革命思想

1938 年 11 月，在广州湾（现湛江市）西营（现霞山区）调罗村靠海边附近的"优敏公祠"里，陈以大和来自新村的林熙保两人举起了右手，在中共粤西南特委特派员林琳（又名：林林，1945 年牺牲于廉江青平镇木高岭）的带领下，向着一面鲜艳的中国共产党党旗庄严宣誓。自始，陈以大这位雷州半岛的普通农村青年便把自己的一生与南路革命紧密地联系起来了。

陈以大的父亲早年在广州湾公局办差，生育有陈以大等 9 个儿子，陈以大排行老大。1934 年，陈以大在西营（现霞山区）的"益智中学"读书时，对法殖广州湾当局欺凌当地华人的强盗行径无比愤慨，其间，和王干才等进步同学一起，组织"益智中学"的学生走上街头游行示威，反抗法国殖民主义统治。不久，陈以大到广州"番禺师范"（江村师范）教书。陈以大和林熙保（新村人）、王健夫、黄崇纬（调顺村人）等在广州的原广州湾益智中学的学友们经常聚集在一起，阅读进步书刊，交流读书心得，观看进步电影，参加革命活动。1937年，抗日战争全面爆发。年初，陈以大和林熙保等广州湾益智中学的学友们，结识了中共党员林琳。受林琳的启发和引导，陈以大和林熙保等人在广州积极参加抗日救亡活动，后陈以大和林熙保、黄崇纬、王健夫又相约去延安抗日军政大学求学。因故，陈以大和林熙保两人未能成行。7、8月间，陈以大和林熙保先后返回广州湾益智中学任教，在任教期间继续从事抗日救亡活动。

1938年初陈以大回到调罗村，在村中的乡绅陈其槐的资助下，兴办一间私立学校"启英小学"，吸收农家子弟就读，"启英小学"校址也就是在"优敏公祠"里。同年10月，中共粤西南特委派林琳、周天明、阮明等3人到南路地区开展抗日救亡工作和建立党组织。林琳到广州湾活动后，首先与在广州时就结识的陈以大和林熙保取得联系，并发展了陈以大和林熙保两人入党。

陈以大入党后，以"启英小学"作为革命活动地点和地下交通站，积极开展抗日救亡活动，宣传共产党抗日救亡的主张，发展新党员和培养革命骨干。另外，又安排许多共产党员在"启英小学"任教，如王克、苏良、程长清、梁玉心等。曾任国家文化部副部长的著名剧作家夏衍同志在抗战时期经广州湾前往桂林，滞留广州湾时也曾在"启英小学"任教。由于校长的特殊身份和共产党人的优秀品质，陈以大在调罗村中的威信很高，具有很广泛的号召力，在他的影响下，调罗村的广大村民同情革命，并积极帮助地下党开展革命活动。因此，当时，调罗村亦是中共南路党组织一个重要活动地点。1939年3月，陈以大介绍林其材（菉塘村人）入党，随后，中共广州湾支部在菉塘村边香蕉密林中成立，林熙保担任书记，陈以大是宣传委员，林其材是组织委员。

长期战斗在隐蔽战线

1939年4月，陈以大按照中共广州湾支部的分工，负责陈铁、楼下一带开展工作和发展力量。陈以大通过陈铁村进步青年黎江等人，把陈铁村的私塾改为"黎明小学"开办农民夜校，以此为活动据点，安排共产党员、进步青年任教，向学生传授文化知识的同时又传递革命道理，并组织进步学生开展抗日救亡运动。1940年秋，上级认为中共广州湾支部成员的社会关系较复杂，为安全起见，停止了广州湾支部的组织关系。虽然组织关系被停止，但中共南路特委还经常派人与林熙保、陈以大、林其材联系，布置工作。1941年底，日寇向南推进，广东南路斗争形势更加严峻。1942年初，中共南路特委决定利用徐闻山林茂密的自然环境条件和邻近海南岛的优势，组织广州湾西营近郊的新村、陈铁、菉塘、楼下等村的进步青年奔赴徐闻开辟新区，开展抗日活动。1942年2月，根据中共南路特委委员潘云波的布置，陈以大和南路特委干部曾尚纪以及林熙保、林其材先后率领第一批10名进步青年参加开辟徐闻新区。

1942年底，陈以大从徐闻新区调回广州湾（现湛江市），先后在西营（现霞山）、赤坎、铺仔墟，以教书、经商作掩护，建立地下交通站和游击小组开展工作。

1947年8月底，国民党"湛江市靖匪保乡会""围剿"新鹿区（现湖光一带）竹尾村，我新鹿区党组织负责人在突围时，不慎丢失一本辖内乡、保、甲长花名册在现场，"湛江市靖匪保乡会"十分紧张。误以为这些人都被"赤化"了。当时，即通知名单里的人员开会为名，以"知情不报"为由把参加开会的37人全部扣押，其中也有以乡保会代表名义参会的陈以大。后其他人被宗亲担保得以释放，但陈以大和另外4人因为有"共匪"嫌疑被继续扣押。陈以大的好友吴彬得知后出手相救，以陈以大是地方派系相斗的受害者等多种理由，串联社会知名人士联名具保，最终令陈以大被放出。但陈以大的身份已引起敌人的注意，为安全起见，上级安排陈以大去广州暂时隐蔽。翌年1月，由于此时的中共湛江市党组织负责人廖铎在广西被捕叛变，陈以大共产党员身份被廖铎供出遭通缉，吴彬立即派人通知陈以大离开广州，有惊无险逃过一劫。不久，陈以大与曾珍同志取得联系，在香港由组织分配到新的战斗岗位——漠南游击大队，担任游击大队政治指导员。

临危受命　恢复重建高州党组织

1948年5月，高州地下党组织遭受一次重大损失，地下党员郑康平被捕牺牲，与高州地下党关系密切的统战对象卢叔度也被捕，一批相关的地下党成员被迫撤离高州，造成高州地下党组织活动和原来发展很快的学运工作陷于瘫痪状态。同年 10 月，考虑到高州地下党组织的工作特点，与陈以大一起创建中共广州湾特支的战友、时任中共茂电信工委副书记的林其材提出建议，把善于做学运工作的陈以大调到茂名，负责茂南、茂东兼茂西（沙田、圳罡一带）的农运工作，并负责恢复高州地下党的组织活动。10 月底，陈以大到达茂南合水后，中共茂电信工委安排高州中学的进步学生黄泮光前来汝嘉小学，与陈以大接上关系，后黄泮光由陈以大和林其才介绍入党。11 月初，陈以大由中共茂电信工委派出的程慧庄、邓培基两位地下党员陪同进入高州城，在黄泮光的学生宿舍住了一晚，准备第二天与另一位高州女师的进步学生莫瑞娟（后被陈以大发展入党）见面后，再确定隐蔽地点。但是，由于黄泮光年轻，缺乏地下工作经验，他通知莫瑞娟来见面未交代清楚，以致莫瑞娟还带了另外两位进步女学生梁德芳、梁达荣一起来了。初到高州，人地生疏，且住在黄泮光的学生宿舍也不安全。陈以大当机立断立即和程慧庄离开高州回去茂南。很幸运，当天深夜，国民党宪兵便搜查了学生宿舍。估计是发现了黄泮光有进步书籍便把黄泮光带走调查。幸得黄泮光家人及时走上层，把黄泮光保了出来，没有暴露陈以大来的首次高州之行，否则，也没有后来陈以大再来高州的后续了。12 月，陈以大第二次来高州，按照中共茂电信工委的指示，陈以大很快便恢复和启用了抗战初期南路特委所建立的李赞前、赖广居两个老地下交通站，由此，高州城的中共地下党组织便恢复开展活动。

1949 年初，中共茂名县委成立，陈以大担任县委委员，其工作范围没有改变，重点仍然是主管高州城地下工作。为了尽快把一度陷于瘫痪状态的高州学运重新恢复起来，3 月，陈以大以建立团组织，发动青年学生入团为参加革命的切入口，发展壮大学运队伍。当时许多进步学生都入了团。其中高州中学有：李泮、陈树昌（后改名陈树生）、陈亦权（后改名陈达生）、江潘茂（后改名江超）、车知道（后改名车廖）、苏朝兴、程德坤、朱至唐、汪路娜（女）、廖倩容（女）、苏雪英（女，后改名苏荣）等 40 多人，并组建为 3 个团支部。高州女师有：梁德芳（女，后改名梁健雄）、莫兆娟（女）、梁群英（后改名梁达荣）、唐淑贞（女）、邓国粹（女）、陈惠芳（女）、罗永清（女、后改名罗清）等 50 多人，也分为 3 个团支部。

接着，由于一批进步学生已上了敌人的黑名单，其中有黄泮光、莫瑞娟两名党员。陈以大又把这些进步学生分三次撤退去了游击区，使这些进步学生免遭敌手，同时，又向我党武装输送了新鲜血液，成为南路革命骨干。

1949春，高州中学的学生会换届，为了掌握学生会的领导权，推动学运。陈以大运筹帷幄，让高州中学的地下党支部布置进步学生积极参加竞选，并发动学生投票给进步学生。由于地下党支部的组织发动工作出色，加上进步学生在学校中有威信，竞选结果大获全胜。李纬当选学生会主席，梁德芳当选正常务理事，林劲英（女）当选副常务理事。另外，曾会容（后改名曾敏）、赖广钧等进步学生也当选担任部长。不久，陈以大在进步学生中发展了苏朝兴、梁德芳入党，加上茂东的党员李匡组成高州城党支部，由苏朝兴担任支部书记。7月，陈以大又发展了李纬、曾会容入党。后苏朝兴调到茂北区，由李纬接任支部书记，又发展了吴甡华、钟为国、莫婉芬（女）、林劲英（女）、莫元钦、陈志杰入党。9月，李纬、梁德芳、曾会容撤离高州后，由吴甡华接任支部书记，钟为国任副书记。在陈以大的呕心沥血的努力下，一度陷于瘫痪状态的学运又蓬勃发展起来，接着，高州农校、分界保安中学等多间中学都先后建立团支部和发展团员，全县团员人数达到250多人。这些团员后来成为解放高州接管县城的中坚力量，为建立高州人民政权作出了重大贡献。

陈以大在高州工作10个月时间，除了恢复发展了高州城党组织和学运，另外负责发展文教界知识分子参加革命和开展统战工作都取得很大的成绩。他对党忠诚，不畏艰险深入虎穴；他勇于开拓，排除万难打开工作局面，出色地完成了上级下达的各项任务，使高州城的革命火种成星星之火可以燎原之势，影响深远。对此，这段时间无论是与陈以大共事的革命战友，还是在他领导下开展工作的青年学生都有切身的体会。

1949年8月，陈以大被调回湛江市，担任中共湛江市工委委员，负责开展统战和准备湛江解放相关工作。12月湛江解放后又被派到南路支前司令部，协助李进阶司令员为第四野战军40军、43军解放海南岛战役进行后勤保障工作。

2021年6月29日《新浪广东湛江》

附:

陈以大日记六则

1990 年 2 月 8 日

我 20 岁接近共产党。此时,志在四方,赴革命圣地延安参加工作是我的宏愿。1936 年辞去乡村教职,带病到广州寻访地下党的老师和同学,决定1938 年 1 月赴延安。但人生是曲折的,1937 年 8 月,受一同乡同学的约请伴随他暂时回故乡;当时我的革命老师和同学也同意我回乡多筹点钱,作为步行赴延安的经费,并说:"风萧萧兮易水寒,壮士一去不复返。"谁知一回到家向一开明绅士借到钱,准备一两日内动身复回广州,不幸父亲此时突然去世,二弟也病危。因此,宏大的抱负终成泡影。

解放后,上级几次提出调我到广州工作,我都不去。认为到省会的大机关,即使提高职务,又有什么意思呢?实在不如在中等城市,接近基层和广大群众打成一片,可以更好地发挥自己的作用。特别到了年老之际,即使子女远去他乡工作,还有一个基层大单位的知音同事可以照顾我。实践证明我这个想法是对的。但这点温暖怎么也弥补不了我未能去延安的遗憾。我如到延安,必受到很好的教育、锻炼,也见闻广博;如不牺牲,不仅可为革命多作较多的贡献,而且可写作出一些有用的史料。

1990 年 10 月 7 日

忆悼林才连烈士的诗初稿写好了,但过于冗长,又不舍割爱,留给老罗斧正吧。

读黄秋耘在《羊城晚报》的《我不过中秋》一文,引起我的回忆。不是吗? 1947 年的八月十五,敌人"围剿"调罗村,我冒着生命危险回村,抢救出 40 多个被捕群众。1948 年中秋,我们的部队被敌人包围在阳江上洋龙归山上,极度危险。经过奋战,直到十七夜才突围,转移到阳春山区。这时的情景都是有战斗性的文艺史料,可惜我没有文艺修养;同时,今年中秋也忘记这两件事,如不,写篇文章投稿多好。

1992 年 2 月 18 日

中午写了一封信给在美丽的三女婿司徒宁，内容主要谈中国人就是中国人，中国人就应该爱中国！

他曾在过去来信说过："我是炎黄子孙，是被生活逼出美国出卖劳动力的。但我一刻不忘记祖国，特别不能忘记我的妻子，等祖国快点发达兴旺起来，我也越快回去……"我就他这些话写道："这是中国人的基本良心……"

1993 年 1 月 1 日

时光如逝水，瞬间我又八十晋一了。此生虽不算长好，但晚年应说幸福有余。在 40 多年前，祖国山河破碎，人民陷于水深火热之中。幸得有伟大的毛主席领导人民起来革命，擒伏虎，倒三山，缔造出新中国，接着成为蒸蒸日上的强大国家，屹立于世界强国之林。我生确幸矣！获得参加抗日、解放 2 个时期的革命战争，解放后又参加蓬蓬勃勃的四化建设。虽无什么敢自骄的贡献，但我是尽力了。且平生做人不逾矩。现在两袖清风离退下来，得乐其天年，如不是伟大的共产党、毛主席的领导，我早已化为沙泥了。故在此余生，还留其鸿爪。

1993 年 4 月 2 日

晨，听完中央人民广播电台的新闻广播，吃过早餐，已 8 时 40 分了。八建派车送我到菉塘村，参加拜扫烈士墓和林其材同志铜像揭幕式。

我在菉塘村烈士纪念馆休息约 10 分钟，村长和其他被邀请的同志也陆续到来了。主人——菉塘村村长是中山大学毕业的。据说湛江五县四区，村一级的村长只有菉塘的是大学生。他一毕业回来就在菉塘村当干部。去年曾在霞山区海头乡挂过副乡长职。

到会男女百余人，都是曾在菉塘工作过，或在菉塘读过书后来参加工作，现住湛江五县四区的。大家相见非常亲热，真似久别重逢，互相握手言欢或拥抱。我被推为长老了。镇委书记、镇长和几位老同志和共商林其材同志铜像揭幕式如何进行，决定乡长林振绍当主持，我揭幕并介绍林其材同志革命简史。仓促应事是我所短，提出推辞。大家都说，当然的论资排辈，理应由我负责。

（以下内容略）

1994 年 1 月 4 日

上午八点时，益智学校在湛江画舫召开校董和校友代表会议，研究如何办好学校。讨论热烈。但也有少数几个人认为腐败之风难制，让它腐败下去算了。绝大多数同志绝不甘心如此，表示应统一思想，团结一致，向那么几个有不利办校行动的人及其思想作坚决的的斗争，直至取得胜利。群情颇激奋，正气上升。最后推选出几位同志，负责处理进一步办好学校的有关事宜。

链接：

回忆陈以大在中共广州湾支部

林熙保

1929 年，我和陈以大在广州湾（现湛江）私立益智中学读书，由此互相认识。陈以大已受他表兄周某某进步思想的影响，在学校里，我和陈以大、黄崇纬、王干才等人组成一个读书小组，陈以大给我们提供了《少年漂泊者》《屠场》《铁流》《钢铁是怎样炼成的》等进步书籍，我的进步也是受了他的影响，后来，他转学去了海康的省立雷州十中。

1935 年，我在广州省立襄勤大学，陈以大和王健夫在番禺师范，黄崇纬在广州市某小学教书，我们经常在一起，谈读书心得和看进步电影。1937 年 7 月，李进阶介绍我和陈以大认识他广州市立一中的同学林琳，我们在一起搞抗日救亡工作。有一次，陈以大与我、黄崇纬、王健夫等商约去延安抗大，陈以大和我返广州湾筹集路费，但后来因陈以大的父亲病故而去不成。7、8 月间，我也返广州湾益智中学教书。1937 年中共粤西南特委派周明、林林（即林琳）、阮明到南路开展抗日统战工作，建立党组织。10 月，林林到益智中学找到我，我带林林到调罗村启英小学见陈以大，他布置我和陈以大的工作。约 10 月，林林吸收我和陈以大参加中国共产党，在启英小学举行入党宣誓。1939 年

3、4月，陈以大介绍林其材入党。接着，林林指示成立广州湾支部。我任党支部书记，陈以大任宣传委员，林其材任组织委员。根据毛主席以农村包围城市的思想，支部讨论决定：以原有新村小学、启英小学、菉塘私塾改世基小学、黎明小学、祝美小学、临海小学、调熟小学作为农村革命活动基地。支部分工我负责益智中学、新村小学；林其材负责世基小学和协助海南琼崖总队驻广州湾后方办事处交通站工作；陈以大负责启英、祝美、临海、调熟、黎明小学，开展抗日救亡工作，唱革命歌曲，演雷歌《可怜的王嫂》、抗日街头剧《放下你的鞭子》，宣传抗日救亡提高群众爱国主义觉悟，培养农村革命青年。

1939年4月，广州湾支部成立后，李恩林（现名李乃坚）带琼崖总队驻广州湾后方办事处主任谢里森、副主任张刚、吴琼仙（现名吴必兴）到益智中学找我们联系，要在西营附近条件好的农村设交通联络站。我们党支部请示林林同意，决定设在菉塘村，由林其材负责与张刚联系开展工作。交通站的任务是：接送南洋服务团、马来西亚归国抗日的共产党员，如陈青山、刘青云、曾尚妃等，他们住在菉塘交通站，有的还住了一年左右才转去海南琼崖总队。曾尚妃因病与苏德忠、蔡健留在广州湾工作，后到徐闻开辟新区工作。罗文洪他在启英小学住了一段时间才转去海南游击区，由陈以大负责掩护他。

1940年初，党支部在益智中学组织了一次反汪斗争。当时该校一些亲汪教师散布反共投降言论，蓄意删改学生抗日文章，撕毁抗日宣传壁报，殴打进步学生，因而激起广大师生的革命义愤，纷纷起来罢课。为了保护和支持学生的正义行动，党支部及时领导了这次反汪斗争。我在学校是团结广大进步师生，张贴散发革命传单和标语，大造声势，把反共分子的嚣张气焰打下去。这时，陈以大、林其材在铺仔墟高机学校组织进步学生就地罢课，予以声援。反共分子企图镇压学潮，把我软禁在湖光岩碉堡。陈以大、林其材领导学生继续斗争及设法营救我，在各方面支持下和社会压力下，我才被释放出来。

1940年秋在广州湾党支部的组织关系被停止后，南路特委还经常派人与我们联系，布置工作。特别是1942年至抗日战争胜利这一其间，在南路特委委员、广州湾工委负责人潘云波的布置下，一批由广州湾党支部早期在各学校培养的青年学生和进步教师到徐闻等地开展革命工作。陈以大、林其材和我也先后到徐闻，组织广州湾党支部原培养出来的青年到徐闻开辟新区工作，大家以教书、经商、办农场作掩护，开展抗日工作，组建游击小组、抗日联防队及交通联络点。

1945 年日本投降后，国民党接收了湛江市，形势十分恶劣，我也被特务跟踪，不久，我由廖彦冰安排离开湛江到广州。陈以大在解放战争其间，先后被派往番禺、阳江、高州等地工作，1949 年，他又回到湛江，参加中共湛江市工委，直到湛江解放。

解放后，我和陈以大又在一起工作，并且同在一个单位直到大家离休。我和他是老战友、老同事，对于他的逝世，我深感悲痛，特回忆以上往事，以悼念缅怀陈以大。

1995 年

（注：以上内容摘自《调罗村革命历史》）

梁淑贞入党申请书

敬爱的党组织：

我叫梁淑贞，遂溪县洋青墟人，1931 年正月初二出生，今年 91 岁了。我是原遂溪县二轻局五金厂退休职工，现居住遂溪县遂城镇新华街椹川路八巷 1 号。

加入中国共产党，成为一名光荣的共产党员是我多年的心愿。1944 年，我 14 岁时在表哥宋兴（1948 年牺牲）的影响下参加了洋青墟的革命活动，主要工作是为地下党组织传递情报；还负责照料在我家养伤的革命同志，"老一团"的唐才猷政委在我家养伤时，就是由我负责照料。今年 4 月下旬，唐才猷政委的儿子唐舒明、女儿唐翠波曾来探望我，从他们口中得知唐才猷政委已于 2019 年 10 月去世，我很悲痛再也看不到老领导了，我十分怀念老领导对我的教导。

1945 年开始，我作为洋青地下交通站的交通员，负责与遂溪其他地下交通站的联络，除了去牛路头村，还去过田头、田寮、甘霖、新村、陈铁等地下交通站送情报。有一次送情报到牛路头村的路上被敌人追，因此跌得头破血流。当时，牛路头村地下交通站负责人许文英（绰名：甜姑）为我包扎时开导我说："现在艰难些是为大多数人，等打败国民党反动派，以后日子就会好的，要挨得苦经得起考验。"大姐的话我一直记得，所以，我始终相信党，相信革命会成功。1945 年 10 月，风朗飞机场敌人的军力情报是我传送给许文英，由许文英直接报告给"老一团"唐才猷政委的，后来，唐才猷政委带领部队夜袭了风朗飞机场。我和许文英知道打飞机场取得了胜利都很高兴，都为自己为革命作出的贡献感到自豪。

1948 年，因为我的工作出色，党组织安排我参加入党培训学习，准备发展我入党，但因为中途被派去执行任务耽误了培训，因此这次也就没有被批准入党。以后，出于种种客观原因，我一直没有能够入党。因为我没有入党这事，当时把我派去执行任务的这位领导（叫康理）也一直感到对不起我，早几年，他每次来探望我都道歉说，真对不起你！我说，没关系，有机会我再申请入党。

去年，遂溪老游击队员联谊会发给我一枚纪念"老一团"成立75周年的纪念勋章，我感觉党没有忘记我。因此，我又萌发了申请入党的想法。现在，我虽年过九旬，但我脑筋清醒，我有能力为党再做工作。如果党安排我再送情报，我一定送。如果我送不了，我让儿子和女儿送！我还要教育子孙后代，永远听党的话，永远跟党走，永远做党的人！

今年是中国共产党成立100周年纪念，在7月1日这个特殊的日子，我让我女儿邹秋桂代我正式向党组织提出申请加入中国共产党。恳请党组织考验我，批准我的入党申请，让我早日成为一名光荣的中国共产党党员。中国共产党万万岁！

申请人：梁淑贞
2021 年 8 月 12 日

（注：本文是梁淑贞口述，由霍自强代笔；梁淑贞的革命经历由《湛江日报》社记者刘金凤现场采访后，于 2021 年 8 月 3 次在《湛江晚报》刊登。）

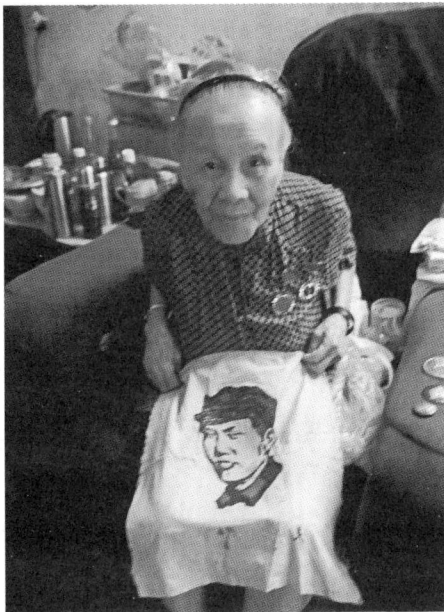

链接：

九旬老人梁淑贞讲述当地下交通员的往事
14岁"飞毛腿"冲破鬼门关送情报

记者　刘金凤

日前，记者在遂溪影剧院前的小公园参观《庆建党百年华诞遂溪最美巾帼风采展》，看到了一段关于梁淑贞的介绍："梁淑贞（1931—），花名'娣姐'，遂溪县洋青人。1945年参加革命工作，任洋青圩地下交通站交通员，主要工作是给遂溪几个地下交通站送情报，另外还负责接待一些过往的革命同志。送情报主要有以下几个站点：沙坡村交通站、田头村交通站、田寮村交通站及甘霖、白沙等村交通站，最后一站交给牛路头村交通站的许文英，由许文英送到南路部队领导唐才猷手里。"听说梁淑贞老人还健在，记者特意去老人家中拜访，听老人讲述那一段革命岁月。

14岁当地下交通员

晚年的梁淑贞住在遂溪县遂城镇新华街椹川路八巷1号，因为腿脚不便，她的生活长期儿媳妇照顾。听说我们要来，她早早就在家里等着。90岁的老人家精神尚好，回忆当交通员送情报的革命历，两眼放光……

梁淑贞生于洋青圩一大户人家，父母都是开明人士，她不仅上过学会识文断字，还从小受表哥宋兴的影响，接受革命思想。宋兴是共产党员，在遂洋一带办过农民夜校，1948年在革命斗争中牺牲，是他把梁淑贞引上了革命的道路。

1945年，14岁的梁淑贞任洋青地下交通站交通员，花名"娣姐"，负责与遂溪其他地下交通站的联络。

每个地下交通员都有自己的花名，这相当于"代号"，为的是更加安全、隐秘，只有自己的同志才知道。梁淑贞至今仍能清楚记得当年与之接头的各交通站交通员的"花名"：牛路头村的许文英叫"甜姑"，田察村的王梅英叫"杨梅"，田寮村的左福是"当牛佬"，甘霖村的梁培英是"甜姑丁"，梁才英是"秀凤"，梁兰英是"阿定"，白沙村的李玉英叫"长衫毛"。那时，遂溪地下交通线有6个女同志的名字后面有"英"字，田头村地下党支部负责人陈高就叫我们是"6朵英花"。

冒着危险送情报

地下交通员的主要工作之一是给其他地下交通站送情报，只要收到情报，梁淑会出门送信，风雨无阻，片刻也不敢耽误。

"那时我给很多地下交通站送过情报，除了去牛路头村，还去过田头村、田寮村、甘霖村、新村、陈铁村、沙坡村、双港村。"回忆起当年走过的路、共同战斗过的战友，梁淑贞的思路来越清晰，情绪越来越激动。有个别人名一时想不起来，她就开始沉思。

那个年代送信靠的是脚力，交通站与交通站之间往往间隔十几二十公里，通常都是曲折不平的小路，有时还要在夜里穿行，不仅要防猛虎野兽，还要防日本鬼子和国民党、汉奸，每次出门都面临着诸多未知的风险，流血受伤是常有的事。

梁淑贞性格机警，胆气壮，脚步轻盈，没人的地方就跑，见了敌人就躲。有时路太远，累了就找个隐蔽处休息一下，为了避开敌人，就进稻田或坟地，经常一身泥。"有一回，我去牛路头村交通站执行任务时，遇到了敌人，我赶紧撒腿就跑，为了甩掉敌人，我一路飞奔，摔得鼻青面肿，腿上血流不止。后来许文英帮我包扎了伤口，还安慰我说：'妹子，忍一忍，现在是苦一点，等打败反动派，我们胜利了就好了。'"

共产党员陈开廉在遂溪当县长，身份暴露，面临危险，敌人准备将他逮捕。梁激贞收到情报后，火速将信息送给许文英，党组织安排许文英、李玉英和梁培英3人赶往遂溪，把陈开转移到牛路头村许文英家隐蔽，躲过了一动。由于经常进村送情报，她引起了洋青圩一位宋姓保长的怀疑，把她列入"共产党特务"名单。保长的弟弟是共产党员，从事地下工作，私下给淑贞悄信提醒："见到这个坏蛋赶紧跑！"

陈铁村的"黎明小学"是梁淑贞常去的地方，那里有个地下党的秘密据点，供外来同志隐蔽，各交通站的交通员轮流负责给同志们送饭、送生活用品。"每次给同志送饭，都希望他们能吃好点，自己不吃也要给同志吃。"梁淑贞记得她经常煲好鸡汤送过去。

曾照顾受伤的唐才猷

梁淑贞与"老一团"政委唐才猷有着深厚的革命情谊。"当年唐才猷受伤后被安排在我家养伤，许文英和李玉英忙去麻章买药送到洋青圩，我负责照顾他，给他做饭、煲药、敷伤口。"在她的精心照顾下，唐才猷的伤势恢复得不错。今年4月下旬，唐才猷的儿子唐舒明、女儿唐翠波曾来探望她，得知唐才猷已于2019年10月去世，梁淑贞颇为难过。

说起唐才猷，梁淑贞来了精神，兴奋地说起了夜袭遂溪风朗机场这场南路革命的著名战役。

1945年8月，日本投降后，国民党军调来2个军压向雷州半岛，抢夺抗战胜利果实。为了保存南路革命武装力量，中共南路特委决定分散突围隐蔽，各部队回本地分散活动，同敌人打游击，抽调南路其他人民武装的部分部队及骨干编入老一团，分批交围，西进到十万大山根据地。1945年10月初，老一团第二批突围部队接到地下党情报，国民党军队正在接收日军遂溪风朗机场的武器仓库，敌守仅一个连。为了补充西进武器装备，策应团长黄景文带领的首批突围队伍，团部决定抓住战机，在敌重围中突袭机场，由唐才猷任总指挥，陈炳菘任副指挥，组织了一个精锐的25人突击队，分为四个战斗分队。10月10日零时，战斗打响。这场战斗我军大获全胜，共毙伤、俘敌150多人，缴获一批武器充实我军装备，还使正在追击第一批突围部队的敌军急忙收兵回守遂溪城，而我军全体人员趁机出重围西进，与第一批突围队会。到今，战斗遗址还有唐才猷题写的"夜袭风朗飞机场，打胜西征第一仗"的石刻。

"这场胜仗震动整个雷州半岛，我和许文英得知后也很高兴，很自豪。"说到兴奋处，老人手舞足蹈。

教育子孙后代跟党走

因为工作出色，1948年，党组织安排梁淑贞参加入党培训学习，准备发展她入党。她说："我上了两堂党课，分别在村里的宗祠和附近的寺庙，后因中途被派去执行任务耽误了培训，与我同一批参加入党学习的同志入党了，而我没有被批准，这是我一生的遗憾。因为我没有入党这事，当时把我派去执行任务的领导（名叫康理）一直感到对不起我，早几年他每次来探望我都对此表达歉意。"

1956年，梁淑贞被安排在遂溪县二轻局棉胎厂工作，后在五金厂退休。20世纪50年代末60年代初，她还响应号召参加了鹤地水库和雷州青年运河建库开河工程。如今，老人膝下儿孙承欢，但仍念念不忘那段革命岁月。

去年，遂溪老游击队员联谊会发给梁淑贞一枚纪念"老一团"成立75周年的纪念勋章，她把这枚纪念勋章与她收藏的十几枚毛主席像一章、遂溪县老游击队会员证一起，用自己手绣的一块有毛主席头像的方巾包裹着，当宝贝一般放在床头，有空就拿出来看一看、摸一摸。"我还要教育子孙后代，永远听党的话，永远跟党走！"

2021年8月11日《湛江晚报》05人物版

九旬革命老人梁淑贞写入党申请书

本报讯记者刘金凤报道：8月20日，记者前往遂溪县回访九旬革命老人梁淑贞时获悉，她已写好入党申请书，希望圆入党心愿。

8月11日，本报05版《14岁"飞毛腿"冲破鬼门关送情报》，报道了遂溪九旬老人梁淑贞当地下交通员的往事，引起了广泛的关注，许多朋友纷纷前往遂溪梁淑贞的家中探望老人，其中不乏当年革命同志的后代。

8月14日上午，梁淑贞（绰号"娣姐"）当年战友梁培英（绰号"甜姑丁"）的小女儿和丈夫专程从广州赶来，到遂溪探望梁淑贞。客人刚进屋，梁淑贞听说来的是梁培英的小女儿，激动得紧紧拉住对方的手，仔细打量后说：

"你长得好像甜姑丁。"

梁淑贞虽年已九旬，仍耳聪目明，她回忆了梁培英许多鲜为人知的故事。说起过去的革命经历和一起战斗过的战友，梁淑贞就激动不已。

在当天的回访言谈中，她道出多年来一件未了的心事：当年她曾被介绍加入中国共产党，恰巧入党培训学习中途被安排派送紧急情报。几十年来，没入党是她的心结。记者了解到，今年"七一"前夕，梁淑贞授意二女儿邹秋桂代她写好了一份入党申请书，但因老人原来所在工作单位——遂溪五金厂早已不存在，老人的入党申请书不知道交给哪里的党组织。邹秋桂告诉记者，她从6月中旬帮母亲写入党申请书以来，老人经常问："组织知道了吗？"她只能安慰母亲说："入党申请书要本人亲自写。"听后，梁淑贞便用颤抖的手拿起笔，逐字逐句地写下："敬爱的党组织我叫梁淑贞，遂溪县洋青圩人，1931年正月初二出生，今年91岁了。加入中国共产党，成为一名光荣的共产党员是我多年的心愿。1945年，我13岁时在表哥宋兴（1948年牺牲）的影响下参加了洋青圩的革命活动，主要工作是为地下党组织传递情报；还负责照料在我家养伤的革命同志，'老一团'的唐才政委在我家养伤时，就是由我负责照料……"

邹秋桂希望通过本报，可以找到党组织正式递交母亲的入党申请书，让母亲完成成为一名中国共产党员的心愿。

2021年8月21日《湛江晚报》03版

"九旬革命老人写入党申请书"追踪　本报报道反响大

社区主动对接
老人递交入党申请书

本报讯记者刘金凤报道：日前，九旬革命老人梁淑贞写好入党申请书，希望圆入党心愿。但由于梁淑贞退休多年，原来的单位已不存在，这份入党申请书该交到哪里呢？这一直困扰她和家人（见本报8月21日3版《九旬革命老人梁淑贞写入党申请书》）。该报道引起社会的关注。

根据《中国共产党发展党员工作细则》（2014 年 5 月 28 日发布）第二章第六条：入党申请人应当向工作、学习所在单位党组织提出入党申请，没有工作、学习单位或工作、学习单位未建立党组织的，应当向居住地党组织提出入党申请。梁淑贞户口所在地的府前社区党支部主动对接，联系梁淑贞家人，提出考虑到老人年事已高，腿脚不便，准备前往梁淑贞家探访和接收她的《入党申请书》。但梁淑贞知道后，坚持要求其子女陪同自己一起到社区亲手递交《入党申请书》。

8 月 27 日上午，梁淑贞梳洗整齐，在儿子、女儿和孙子的陪同下，神采奕奕地来到府前社区党群服务中心，郑重地向党组织递交《入党申请书》。

府前社区党支部书记黄迪告诉记者，《九旬革命老人梁淑贞写入党申请书》的报道感动了许多人，社区党支部将会尽快向镇党委汇报和转达梁淑贞老人的入党愿望，同时也会结合当前党建工作在社区宣传梁淑贞的革命事迹与革命情怀，营造浓厚的学党史氛围。

2021 年 8 月 30 日《湛江晚报》03 版

梁淑贞（1931年—）（花名娣姐），遂溪县洋青圩人。

1945年参加革命工作，任洋青圩地下交通站交通员，主要工作是几个地下交通站送情报，另外还负责接待一些过往的革命同志。送情报主要有以下几个站点：沙坡村交通站、田头村交通站、田寮村交通站及甘霖、白沙等村交通站，最后一站都是交给牛路头村交通站的许文英送到南路部队领导唐才猷手里。

在地下交通线出生入死的梁培英

日前，笔者走访九旬革命老人梁淑贞时，多次听到梁淑贞提及自己的战友，当年遂溪地下交通线"6朵英花"之一的梁培英，且每次提及总是异常激动，眼里闪着泪花。笔者对梁培英的革命事迹产生浓厚的兴趣，得知梁培英的小女儿韩少坤夫妇从广州前来遂溪探望梁淑贞，笔者联系了他们，韩少坤夫妇向笔者讲述了梁培英为南路革命出生入死的故事。

不满11岁投身抗日救亡运动

梁培英于1926年12月出生于现麻章区甘霖村，七七事变后，全面抗战开始，抗日救亡运动在南路亦风起云涌。当时，遂溪县立第七小学抗日救亡宣传队到甘霖村开展抗日救亡宣传活动，受支仁山等进步师生的发动和鼓励，甘霖村和周边田寮、水粉等村的大批青少年积极投身于抗日救亡运动。1938年8月，支仁山、王国强等同志在甘霖村"梁氏宗祠"开办农民夜校，组织群众讲抗日救国道理，唱抗日歌曲，发动群众参加抗日活动。这段时间，甘霖村的吴森（吴婶）也积极在村里发动广大妇女上夜校，听支秋玲、王惠莲、李华良等同志讲课和宣传抗日救亡思想。

今年7月，韩少坤夫妇分别探望了田寮村97岁的离休老干部郭水清和当年与妈妈一起战斗过的梁才英、梁淑贞等老前辈。在郭老家，知道韩少坤是梁培英的女儿后就说，培英小他一岁，当年一起在夜校，培英比较活跃。郭老还回忆，当时，不满11岁的梁培英便和同村的梁兰英等人经常参加抗日救亡宣传活动，协助宣传队开展工作，在村中举办话剧、演讲等抗日宣传活动。梁才英也清楚记得梁培英大自己一岁。梁才英还回忆，当时，支秋玲、王惠莲、李华良等人晚上就经常在她家留宿，她和培英、兰英等几个姐妹几乎天天到夜校听课，每次上完夜校，几个姐妹都聚集在自己家或梁兰英家一起探讨听课感受，支秋玲、王惠莲、李华良还常常在留宿时为她们几个姐妹特别"加料"。

通过参加抗日救亡运动和在夜校学习，特别是在好姐妹邹沙莲（从邹屋村嫁到甘霖村）的影响下，梁培英的思想发生了深刻变化，成为抗日救亡运动中的积极分子，同时，她不畏惧当时白色恐怖的危险，冲破旧社会对妇女的种种束缚，毅然加入了村"妇抗会"，成为"妇抗会"中年纪较小的会员。

遂溪地下交通线 "6 朵英花" 之一

1940 年 5 月，国民党当局勒令解散各地的"青抗会""妇抗会"，并通缉共产党员和"青抗会"、妇抗会的积极分子。此时，遂溪党组织决定梁汝新、梁培英、黄河等身份暴露的人撤退到湖光祝美村，以各种身份为掩护，在湖光铺仔圩一带村庄发展力量、组织群众抗日。当年在遂溪地下交通线，我南路党组织的地下交通员，尤其是女交通员为南路革命作出了重要贡献。女交通员一般都选择十三四岁的女孩子，尽量减少敌人的怀疑。梁培英当地下交通员时，党组织常常派她带信到黄略、沙坡岭，甚至送到遂溪城等地。路上要走田基、趟水溪，特别在夜间要越过坟地、穿过丛林，有时到天亮才能送到，尽管经常是她一人单独行动，心里虽然非常害怕，但想到任务的重要，还是鼓起勇气克服恐惧，每次都完成送信任务。当年，在遂溪地下交通线上，梁培英和同村的梁才英（后嫁到麻章城外村）、梁兰英以及田寮村交通站的王梅英、牛路头村交通站的许文英、白沙交通站的李玉英等 5 人便是其中的佼佼者。后来，她们6 人被田头村地下交通站负责人陈高（注：支仁山的贴身警卫员陈斌的父亲）誉为"6 朵英花"。

出生入死 几次历险

1941 年，梁培英已成长为革命骨干，党组织安排她到遂溪甘霖、水粉、田寮、丰厚、龙湾、田头、茅村一带村庄活动。工作中她既负责给组织送信、传递情报、保管文件和物资，并兼负妇女工作，发动妇女捐钱捐物，支持党的地下组织和抗日队伍。1943年夏，遂溪各村纷纷建立抗日游击小组，梁培英积极到所负责的村庄发动青壮年加入队伍。其中与梁汝新、梁兰英、梁彪一起在云头下村组建了11人的抗日民兵队，由招那荣任队长。由于工作出色，1944年7月，经王惠莲、邹沙莲两人介绍，梁汝新监誓，梁培英光荣地加入了中国共产党。

1946年4月，国民党对遂溪游击区进行反共"清剿"，疯狂追杀共产党人，斗争形势十分险恶，梁培英等人是敌人"出花"（即通缉）的目标。为安全起见，遂溪党组织决定让梁培英和梁汝新、黄河等人再次撤退到新鹿区一带，转为更加隐蔽的地下工作。此时，梁培英是新鹿区总支委员，负责妇委会及交通情报等工作。这一时期至解放战争时期后期，梁培英多次历险，其中下面这两次特别危险。

1948年夏，按照区委指示，梁培英独自到湖光祝美村了解工作情况。当晚，她刚住下，敌人就获知梁培英进村的消息，天蒙蒙亮，一直想抓住梁培英的国民党，把村子包围得严严实实并挨家挨户搜查。村中积极分子得知后立即跑来告诉梁培英，叫她尽快躲避，梁培英心里清楚，这一次敌人是冲着自己来的。梁培英当即跟房东"临海姑"（临海村人，女儿已出嫁）说："国民党围村要抓我，请您把我认作您的女儿。""临海姑"知道梁培英是为了穷人，国民党才抓她的，马上说："我就装病躺在床上，你扮我女儿服侍我，不怕的！"梁培英又叫人把保长吴某清拉过来，严厉地说："我昨晚才到，今天国民党就围村，是不是你告的密？"吴某清连说不是。梁培英又警告吴某清："你知道，共产党员是不怕死的。如果我被抓，你一定跑不掉，杀一个梁培英，会有千千万万个梁培英找你算账。"吴某清见势不妙，当面答应不告发。随后，梁培英灵机一动，抓一把污泥，把脸抹脏。当敌兵挨家挨户搜查到"临海姑"家时，看到正在一边喂牛的梁培英，便恶狠狠问"临海姑"，她是谁？"临海姑"从容地回答：是我女儿。敌兵又用刺刀到处乱捅，没发现什么可疑，才无趣地到别家搜查了。

1949年12月下旬，国民党败走海南。按边区党委指示，梁培英带着一名同伴到湖光铺仔圩乡公所、湖光岩敌营部办理国民党军队投降接收工作。当两人赶到敌营时，敌营中尚有40多个国民党兵。同伴见到寡不敌众，就跑了回去。梁培英想，如果自己也退缩，不仅任务没有完成，而且这些武装还有可能被带到海南对抗解放军。绝对不能让敌人的阴谋得逞！她镇定自若、威风凛凛地走进敌人指挥部，喝令敌人把所有的枪支弹药集中起来，等候处置。敌人不知虚实，见来者不善，乖乖地交出3车枪支弹药、粮食、油料等物资。梁培英急忙动员附近群众把所有枪支弹药、物资装上车，运到旧县村码头，并连夜叫人搬上3艘渔船，亲自押船送往东海岛文参村。途中虽遭到国民党兵的伏击，最后还是将物资交给党组织。梁培英以超群的胆量出色地完成任务，受到了区党委的表扬。

百折不挠　磨砺中成长

作为当初一名黄毛丫头，在长期艰苦的革命斗争中，梁培英经受了常人难以忍受的各种磨炼，经历了多次生死考验，逐渐成长为一名充满坚定信念的共产党员。湛江解放后，梁培英同志先后担任新鹿区妇联主任，土改工作队区组小队长，赤坎区、霞山区妇联主任，1970年担任湛江市无线电厂党支部书记，1978年担任湛江市电子公司副书记、副经理，1986年离休。2005年8月，作为抗战时期参加革命的老战士，梁培英获得党中央、国务院、中央军委颁发中国人民抗日战争胜利60周年纪念章，中共广东省委颁发的五十年以上党龄纪念章，湛江市委颁发的老游击战士纪念章。2009年11月，梁培英走完自己的传奇人生。

江山依旧，斯人已逝。韩少坤告诉笔者，一眨眼，母亲去世已十多年了。母亲生前经常教育他们兄妹说："妈妈这辈子参加了革命，是党的人。你们是革命后代，今后一定要听党的话，跟党走！"

2021年9月26日《湛江晚报》07版

2021年9月28日《新浪广东湛江》

碧血丹心的地下斗争尖兵

——记新村籍革命烈士林才连

1949 年 12 月下旬，湛江市刚刚解放几天。在中共湛江市工委、湛江市军管会召开的一次专题会议上，中共南路地委副书记温焯华在会上重点讲述了一名中共地下党员在湛江解放前的隐藏战线中，出生入死、历尽艰险完成各项重大任务，却在黎明前夕英勇就义的事迹。这位被高度评价赞扬的中共地下党员就是林才连烈士。

学生时代接受革命思想

林才连，又名林希民。1924 年出生在西营（今霞山区）海头新村一个普通农民家庭，林才连父亲林年章初始在村里以挑担卖黄麻为生，日子过得很艰难。后来，他改行贩牛。几年后，父亲将已长成少年的林才连送进西营益智学校读小学。林才连长相英俊，对人和蔼有礼貌，很讨村里人喜欢，都夸他是个聪明好依仔，每年村里搞年例"游神"活动，总是让他举"头牌"。进入益智小学读书，林才连非常勤奋刻苦。从新村家里到学校，每天要步行好几公里路。他每天总是起早摸黑走路到学校，从不因为路远而耽误学习。从小学到初中，他的学习成绩一直名列前茅，得到老师和同学的好评。在艰苦的求学中，他逐渐形成刻苦耐劳、坚韧不拔的品格。1939 年 3 月，中共广州湾支部成立后，以益智学校为阵地开展活动。广州湾支部书记林熙保等人在学校先后成立了读书会、讨论会、红小会等进步组织，经常向进步师生借阅进步书籍。林才连受到同乡大哥林熙保的影响，从此开始接触革命理论，认识和靠近革命。时值抗战全面爆发，此时，广州湾虽是法国租借地，但在中共地下党组织的领导下也掀起抗日救亡热潮。林才连积极投身抗日救亡活动中，成为中坚分子。

20世纪30年代末期，林才连因父亲成赤坎经商而迁居赤坎。林才连从小就聪明勤奋，迁居到赤坎后考进培才中学读高中，在培才中学林才连更加发奋读书，各门功课的成绩名列前茅，不仅文章写得出色，经常被老师当范文来评点，而且在数学上也成了尖子，同学经常上门向他请教。林才连在学校的表现，中共地下党员的教务主任黄开拔看在眼里喜在心上，很赏识他的聪明勤奋、富有正义感和对时事的敏感。黄开拔经常借些进步书籍给他阅读，和他交流对国家时事的看法。林才连通过借阅进步书刊，如饥似渴地汲取救国救民的革命理论，开始思考人生道路该怎样走。经过黄开拔的教育培养，林才连的眼界更加开阔，明白了不少帮助穷人求解放和共产党闹革命的道理，他主动向黄老师表达了要走革命道路的心愿，成为培才中学第一批参加中共地下党组织指导下的进步学生团体的学生。

不久，黄开拔郑重地介绍陈以大与林才连认识。陈以大当时是中共广州湾支部宣传委员，在广州湾晴明小学（前身为大同义校）从事地下交通情报站工作。初识林才连，陈以大就感觉他是一位坚定沉稳有抱负的优秀青年，便经常借一些宣传革命的报刊甚至中共印发的赤色册子给他阅读。这些小册子如黑夜中的明灯，照亮了林才连成长的道路，增强了他向往中国光明前途、矢志跟党走的信心。在陈以大的指导下，林才连积极参加学生抗日救亡活动，开始接受中共党组织交给的地下斗争任务。

在斗争中成长

1943年夏天，在培才中学读书的林才连刚念完高中二年级。这一年，日军在祖国大片土地上烧杀抢掠的罪行的消息不时传到湛江，常使他激情满腔，夜不能寝。此时，他听说在徐闻教书的林熙保、陈以大等共产党员放暑假回到赤坎，准备物色更多广州湾进步青年到徐闻开辟新区，便毅然决定弃学参加革命。他找到林熙保，要求到徐闻接受党的考验。当时，林熙保的公开身份是徐闻下洋中心小学校长。他便以照顾同村人的借口，安排林才连到下洋中心小学任教。就这样，还不到19岁的林才连义无反顾地跟随中共广州湾支部书记林熙保直奔徐闻，以任教的身份作掩护，秘密开展革命斗争。

当时，徐闻下洋镇的政治环境非常复杂，国民党的中统、军统特务经常冷不防闯进学校打探中共的地下活动。在白色恐怖的恶劣环境中，林才连得到极大的锻炼，培养了革命警惕性和判断安危的能力。徐闻的虎患、流行疟疾等艰苦的生存环境，也磨炼了他的革命意志。在这里一年多时间里，林才连积累了许多革命实践经验，在徐闻教书之余，林才连按照党组织的安排，经常教学生唱革命歌曲，组织学生开展抗日文艺宣传活动，创办壁报、海报，大力宣传抗日救国思想，表现积极主动。下洋小学当时是中共徐闻特支的活动据点，因此，林才连有了更多机会接触共产党人，革命思想逐步成熟，在徐闻中学任教的中共党员吴定赢认为他是值得培养的好苗子，受党组织委托，作为他的入党介绍人，经常找他谈话，鼓励他好好工作。

1945年年初，林才连由吴定赢介绍，正式加入了中国共产党，由一名热血青年成长为有共产主义崇高理想的坚定的革命战士。这一时期，他还动员自己的弟妹参加了革命。

在隐蔽战线大显身手

不久，党组织把林才连调到赤坎晴明小学任教，兼负责设在该校的地下交通站情报工作。1946年2月1日（农历年三十）下午，中共湛江市特支书记余明炎将装有1000多份传单的皮箱交给陈以大，要求他在当天晚上10时前将传单散发到赤坎、西营的国民党机关、商店、酒楼以及居民家里。陈以大马上找到林才连与他商量。林才连不负重托，立即联系了晴明小学等学校的进步师生、赤坎、西营的开明人士，组织他们分区域散发传单。其中，他还安排了姐姐、弟弟、妹妹三人负责贝丁街、沙湾以及南华酒店一带散发传单任务。除夕夜，在林才连的组织指挥下，各路人马趁着夜色分头行动。第二天，正是大年初一，赤坎、西营所有的商店酒楼及闹市区的居民一清早打开大门即刻看到传单。遂溪县县长戴朝恩在赤坎的住宅也被投入传单，弄得国民党湛江当局大惊失色，万分恐慌，连忙下令警察出动，当天回收传单。散发传单任务顺利完成，表现了林才连出色的工作能力。其间，还让父亲利用"牛中"的身份去香港贩牛的机会，多次为游击队秘密运回医疗器械和药品。他指导弟妹收集敌情报，经常化装出入敌人营房、码头开展对敌斗争。

出任地下情报站负责人

1946 年 6 月，蒋介石背信弃义，向中原解放区发动全面进攻挑起全国内战。为了应对国民党反动派的进攻，中共广东区党委于同年 12 月作出恢复武装斗争的决定，建立粤桂边地区游击根据地。1947 年 4 月，中共粤桂边地委成立，机关秘密驻扎在湛江市。为了适应形势需要，地委书记温焯华亲自抓交通情报工作，他任命林才连为湛江市区地下情报站负责人，统管地委在市区的交通、情报、物资供应等事宜，并担负起粤桂边地委与中共中央香港分局联系工作的重任。身上的担子重了，林才连更加努力工作。他时而打扮成富商出现在茶楼酒家；时而一身黑衣、头戴草帽出没于大街小巷；时而胳膊下夹书本戴眼镜如同一介书生，行走于码头路口，奔波于敌人营房，混迹于茶楼酒肆之间。他说服和利用父亲林年章常去香港贩牛之机，为游击队多次秘密购买医疗器械、紧缺药品。他还想方设法为党组织购买了两辆木炭车，以方便偷运枪支弹药。同时，林才连指导弟弟林才美（后改名林延）、妹妹林志芬两人利用小孩子不容易引人注意的有利条件，多次参与侦察敌情、收集情报活动。每次情报到手之后，林才连都是连忙快速将情报用米汤写在草纸、书籍、学生作业本上，然后送到另一个交通站，即蒋如信父亲开办的"忠和米店"，再由丰厚交通站的李家祥等交通员转送到粤桂边地委和游击区。遇到情况紧急时，林才连亲自把情报送到遂溪笃头交通站。在林才连的带领下，交通站的全体人员日夜奋战在对敌斗争的隐蔽战线上，一次次地出色完成上级党组织和粤桂边纵交给的各种工作任务。林才连的家成了中共粤桂边地委的重要联络站。地委领导温焯华以及市、县、区的领导沈斌、戴洪、黎江，各级交通员李家祥、周明、谭德等人都来往于林家。从香港途经湛江的一些重要人员有时也在林家住宿过夜。林才连和他母亲热情招待这些"亲戚"。有时天晚了，家里实在找不到吃的，林母就煮糖粥给"亲戚"吃。为了安全起见和万一出事不连累家人，林才连于 1948 年夏天单身一人搬到环市路（现在赤坎跃进路 22 号）居住和开展地下活动。新村不少青年参加南路革命武装参军，都是经过林才连介绍，从他住所去到麻章笃头站转送到游击区。

深入敌穴搜集情报

1948年6月，为了粉碎国民党反动派的"'清剿'计划"，中共粤桂边区党委临时军委决定袭击驻赤坎的敌人。制订作战计划之前，临时军委通过各种渠道了解敌情，林才连负责的交通站则是其中重要的一环。林才连接受任务后，打扮成西装革履的商人，在中共香港分局交通员叶汉生协同下，多次深入国民党保十团驻赤坎营房（现赤坎南桥河畔中共湛江市委党校）了解敌人据点内每个哨位警戒布防的情形以及每晚有无变化的情况，回家后立即绘制成地图，及时送到游击区。临战前，林才连还与叶汉生陪同负责此次战斗行动的指挥员、突击组组长到赤坎敌人各个据点勘察敌情。直到行动的当晚，林才连还送了三份情报到游击区指挥部，出色地完成了战前侦察敌情的任务。

7月10日凌晨，中共粤桂边区人民解放军第二支队犹如天降神兵，以迅雷不及掩耳之势，突然袭击了国民党广东省驻湛保安第十团营部、宪兵队、警察局、自卫总队队部、中央银行和中国银行。敌军措手不及，仓促应战。不到半个小时，我军就歼敌保安两个连，击毙80多名、俘虏击伤70多名，其中击毙国民党中统琼崖湛江站站长张辅森，缴获轻重武器、军需品以及钞票一大批，释放被囚的国民党拉壮丁所关押的三四百人。解放军第二支队按照作战计划很快就撤出战场。这次袭击赤坎，是解放战争期间人民解放军在华南地区第一次打入中等城市的成功战例，分局给予高度评价，林才连的情报工作功不可没。一个月后，粤桂边区党委临时军委决定第二次袭击湛江市。林才连受命再次进行战前侦察收集敌人情报。经过多次实地观察，细心的林才连发觉敌人的各个据点不但岗哨增加，戒备也明显加强，种种迹象表明，敌人已经获得粤桂边区党委临时军委计划再次袭击湛江的消息。他马上将这一情报向粤桂边区党委作了汇报。此时，离原定第二次袭击湛江的时间仅有12小时。粤桂边区党委非常重视，果断中断了这次行动。事实证明，是我们队伍内有人变节泄露了我军攻打湛江计划。林才连的情报使得粤桂边区人民解放军及时避免了一次重大损失。同年 9 月 17 日，林才连接到潜伏在国民党粤桂南区"清剿"指挥部的中共内线王克送来的关于国民党徐闻县县长陈桐从赤坎运送一批枪支到徐闻的重要情报，马上及时转送到游击区。于是，粤桂边区人民解放军第二支队立即派出新编第八团第一营、第二营五个连共 300 多人，连夜在通往徐闻的那郁桥附近设伏。经过激战，成功缴获了一批枪支弹药，击毙、击伤敌人 30 余人。林才连就像粤桂边区党委的一把锋利的尖刀，直插敌人的心脏。他在隐蔽战线上发挥的作用，可以说是"一人可抵十万兵"。

驻湛江的国民党部队接二连三地遭到打击，尤其是送往徐闻县的枪支被共产党快速劫走，震惊了国民党广东当局。省长宋子文气急败坏，连忙任命其亲信张君嵩为粤桂南区"清剿"指挥部副总指挥兼第十"清剿"区司令。张君嵩带着省政府警卫团的一个营气势汹汹地窜到湛江，企图扑灭抗击国民党独裁统治的革命火种。

因叛徒出卖被捕

张君嵩到了湛江后，大肆搜捕中共地下党员，尤其在其内部疯狂排查可疑人员。国民党军某连副连长李拓，曾由沈斌介绍给交通员林才连进行策反，让其一段时间内多次为林才连提供情报，还联系其秘密购买国民党枪支。后来，国民党当局发现并逮捕了李拓。经不起严刑拷打，李拓叛变供出他在中共袭击湛江前曾向林才连提供情报的经过。张君嵩如获至宝，立即部署在全市追查捕抓共产党交通人员，死亡阴影悄悄逼近林才连。1948 年 10 月 9 日（农历九月初七）晚上 10 时，夜空一片漆黑。一队黑影如鬼魅向林才连居住的赤坎环市马路（现为赤坎跃进路湛江市第八小学一侧）的住所扑来。最先察觉情况有异的是林才连的邻居（林才连准备发展的地下交通员林和），急忙拍响林才连的房门，急促地喊叫"宪兵队来了，快跑！"在这紧急关头，林才连完全有机会越墙从现在市八小这里逃离（事前他深知地下情报工作的危险，早已在房间后窗放置一架竹梯），但他首先想到交通员刚刚送来几份情报，其中一份是关于国民党湛江驻军最新部署的情报，还有几份党组织的文件。为了保证党的机密不落入敌手，他沉着镇定地在房间烧毁了手头所有情报文件资料。凶神恶煞的宪兵破门而入，满身伤痕的李拓像一条癞皮狗躲在后间。敌人抓到林才连时，将房间翻了个底朝天，只见屋里留下满地的纸灰。

当天晚上，在李拓的指认下，国民党宪兵队还包围了中共党组织在赤坎海边街80号（今民主路106号）的"广汇行"、西营（今霞山）逸仙路的"珊瑚咖啡室"两个交通站。林毓精、黄义民、沈培才、沈福胜、李全坚等五位交通员先后被捕。紧接着，由李拓带路，宪兵队连夜包围了林才连父母亲在鸡岭路（今南方路）5号的住处，当场抓走林才连的父亲林口口。此前，幸得林和妻子及时报信，林才连的弟弟林才美、妹妹林志芬从家里后窗（林才连也早就准备一架梯子）翻到隔壁楼梯底下躲藏，才避过一劫。后来，他们在党组织的掩护下安全地转移到游击区。

经受考验

特务头子张君嵩见抓到了林才连，自以为抓到了一条"大鱼"，立即亲自到监狱提审林才连。他先让手下打开林才连的手铐，然后假惺惺地表示关心，对林才连说道："林书记，你相貌出众，一表人才，年轻有为，将来必定是国家的栋梁……只要你将湛江市区共产党组织内部的情况讲清楚，我立即恢复你的自由！"任凭张君嵩等人巧舌如簧，费尽口舌，林才连始终泰然自若，只是平静地回答："我只是一名穷教师，从未参加什么党派，更不知道共产党组织的秘密。"张君嵩仍不死心，一连几天，除了指使李拓来规劝之外，还和"清剿"区副司令邓伯涵轮流对林才连进行开导，说什么："你过去就算给共产党做过事，现在讲清楚了，我们也绝不会追究！""林老师若是愿意为政府效力，我张某人定当鼎力相助，向上级保举你，让你得到重用……"

面对敌人的轮番"劝降"，林才连依然一口咬定自己只是一名教师、孩子王，从来没有与社会上什么派别的人有来往，也从来没有想过要做官。一计不成又生一计，张君嵩派人把林才连母亲带来探监，诱骗她来"劝说"儿子"改邪归正"，妄图以母子之情来动摇林才连的革命意志。谁知这一伎俩适得其反，林才连母亲深明大义，不但不劝林才连投降，反而强忍悲愤鼓励儿子坚持到底，利用"劝说"机会暗示林才连：党组织非常关心他的安危，正在千方百计设法营救他，他的弟妹和其他联络站的同志都已安全转移，参加了游击队，地下党组织仍在市区活动。林才连得知外面的情况深受鼓舞，他用手势向母亲表示：请转告"爷爷"（党组织），狱中同志保证永远听"爷爷"的话，请"爷爷"放心，望"爷爷"勿为营救他们而再遭损失。

林才连被捕后，战友们曾策划过营救方案，可惜寻找不到最佳机会而未果。敌人劝降的图谋失败了，张君嵩恼羞成怒，气急败坏地下令对林才连严刑拷打。在牢房里，林才连受尽皮鞭抽打、电刑、老虎凳、针刺手指、灌辣椒水等酷刑，门牙被打脱了，头被打破了，遍体鳞伤，全身浮肿，说话进食都十分困难，但他也不肯低头屈服，不肯透露党的半点机密，儒雅的外表下是一身共产党员的铮铮铁骨。敌人改用金钱、美女、官位来利诱，还是遭到林才连的痛斥拒绝。每次受刑后，林才连被折磨得昏死过去，但清醒过来他还是斩钉截铁地说："不知道！"回到牢房，林才连还不忘鼓励狱友："马列指引寒敌胆，踏遍血路追英烈。前仆后继大有人，真理必胜强权灭！"

国民党军警见用尽毒刑无效，就企图用乡情族亲来软化林才连。他们让林才连的族叔、国民党湛江市参议长林荫堂来监狱，以"保释"为诱饵，劝林才连脱离中共，只要他登报声明脱离党组织就可以释放。林荫堂的"好意"，遭到林才连的坚决回绝。

英勇就义

无计可施的张君嵩只好决定处决林才连和另外五位中共地下交通员。1949年1月25日（农历腊月二十七）上午9时，国民党宪兵司令部派出数百名荷枪实弹的军警，在赤坎中山路国民党第十"清剿"区司令部西赤桥（今赤坎南桥）的路两旁实行戒严。牢房里，林才连、林毓精、黄义民、沈培才、沈福胜、李全坚六位中共地下交通员依次被推出牢房，虽然都是遍体鳞伤，被五花大绑，但一个个视死如归，神情自若，互相鼓励着；林才连拖着受伤的双脚挺直腰杆，神情昂然地走在前头，一步一步走上中山路。此时，中山路两旁早已站满了数千名市民群众，新村的父老乡亲也悲愤地站在人群中。他们大多数人神情凝重，有的眼含泪水，默默注视着这几个可敬的"囚徒"，有的双眸发出怒火，怒视着那些刽子手。人群中还混杂着林才连的一些战友，他们恨不得冲上前将林才连解救出来。他们大多神情凝重，在刑场上，林才连带头大声高喊"全国人民团结起来，推翻国民党的反动统治！""今天我们六个人倒下去，明天会有成千上万的青年走上革命道路！"接着，林才连和林毓精、黄义民、沈培才、沈福胜、李全一起不约而同地唱起《国际歌》。

链接：

我的哥哥林才连烈士

林延口述　林芝旋整理　霍自强代笔

昨晚，大女儿打来电话，说她的一位小学同学霍先生应新村的邀请正在编《新村志》，霍先生想让我确认一下《新村志》里面收入哥哥林才连的革命事迹，我很乐意。因为，这也是传承红色基因的一次基机会。哥哥牺牲已经70多年了，家乡的宗亲后人仍记得他的革命事迹，还把他的事迹记录下来放在村

图为林延同志生前照

志，这是对先烈最好的纪念和尊重，也是不忘历史、传承红色基因的深刻表达。我今年已经91岁了，但脑子还很清醒，思维清晰。家乡把哥哥的革命事迹作为村史内容，我表示诚挚的感谢。哥哥的革命事迹一直激励我、鞭策我、鼓舞我，因为他的革命事迹不但是新村的光荣，更是我们林家的光荣，我希望我的孩子们和孙辈们要永远铭记在心。

读高中时参加革命

我们家原来是新村一个农民家庭，共有兄弟姐妹5人，最大是家姐，哥哥排行第二，出生于1924年。哥哥天资聪颖，又勤奋好学，在西营（今霞山）益智小学读书时成绩很好。20世纪30年代，父亲在外做"牛中"（注：介绍耕牛交易）赚了点钱，于是到赤坎继续做些小生意，全家也随父亲迁居赤坎的鸡岭路（今南方路）。到赤坎定居后，哥哥在刚搬到离家不远培才小学的初中部读初中。后又考上搬到鸡岭的培才中学读高中。其间，哥哥品学兼优，深得曾受过革命洗礼教务长王开拔、当时在赤坎晴明小学任教的共产党员陈以大的赏识。在这两位共产党人的教育引导下，1942年，哥哥走上了革命道路，从事地下工作并于1945年初入党。

我们兄弟姐妹几个关系非常好。哥哥胸怀救国救民大志，追求真理和正义。在哥哥影响下，我也学到了不少东西，也经常受哥哥之托，帮忙送些情报。

被策反对象出卖

1948年10月9日（农历九月初七）晚上，国民党军警突然包围哥哥在赤坎环市马路（今跃进路市八小旁边）的单人居所。后来才知道是一名被哥哥策反为线人的国民党军连长叛变出卖了哥哥，并跟踪哥哥获知这个地点。当晚，一位邻居发现周边情况不妙急告诉哥哥，催促他赶快逃离。当时，哥哥完全可以翻过居所一侧的围墙从"油行"（今市八小）这里经"荔枝园"脱险。但哥哥考虑居所里有地下党组织的重要机密文件和最新情报，为不使重要机密文件和最新情报落入敌手，哥哥临危不慌，置个人安危于不顾，沉着镇定地烧毁所有机密文件和情报，放弃了脱险的机会。当国民党军警破门而入时，只有哥哥一人和满地的纸灰，面对气急败坏的敌人，哥哥毫不畏惧，泰然处之。

哥哥被捕时，单人居所那位邻居又连夜跑来我们家来报信提醒，父亲和母亲于是让我们兄妹几人连夜逃出家门躲了起来。后来听母亲说，当晚我们兄妹几人离开不到半小时，一伙国民党军警就搜到我们家来了。看到只有父亲和母亲两人，国民党军警把父亲抓了起来关进监狱，直到湛江解放后，父亲才被解救出来。

我和兄妹四人逃离家后，也不敢再留在市区，两天后才被地下党组织找到安排转移到游击根据地。当时，我还在培才中学上高一，哥哥被捕后，我也没法回校继续读书了，于是横下心参加了游击队干起了革命，后来入了党。

浩气永存

哥哥被捕后，中共地下党组织第一时间部署营救，新村籍的地下党员林熙保以时任国民党湛江市政府建筑工程师的特殊身份，找到新村籍的湛江市参议院参议长林荫棠（又名林栋），让他想办法进行营救。但因林才连等人被国民党军警当局当成"重大要犯"，营救方案最终未能成功实施。由于哥哥被捕后，敌人用尽办法和酷刑都得不到想要的结果而恼羞成怒，于是决定处决这名顽固不化的共产党员。还提前几天在赤坎街头张贴布告，并在行刑后把处决哥哥和其他被捕地下交通员的消息登报。1949年1月25日（农历腊月廿七），哥哥和其他5位同时被捕的地下交通员走向刑场，被杀害于西赤桥（注：今赤坎南桥）附近。临刑时，哥哥面无惧色，连声高呼中国共产党万岁，场面悲壮又震撼人心，围观群众无不感动。我母亲说过，哥哥被枪杀时，刽子手还残忍在哥哥的遗体上乱戳了几刀。当晚，我母亲请了家乡几位兄弟帮忙把哥哥的遗体收殓，新村地下交通站的林忠等人冒着生命危险，在下半夜潜入刑场偷偷把哥哥的遗体送回新村龟岭安葬。哥哥牺牲后，中共粤桂边区党委追授他为中国共产党优秀党员，湛江解放后被定为革命烈士。

今年清明其间，霞山区相关部门和新村党支部、村委会把哥哥迁葬入新建的新村革命烈士陵园，我因年老体弱行动不便，大儿子也在外地，只由小儿子代表全家参加。在此，十分感谢新村党支部、村委会铭记革命先烈，继承革命传统的举措。哥哥是影响我一生的人，我以他为荣和骄傲。

寄　语

新村是一条革命老区村庄，历史悠久，人杰地灵，英雄辈出。湛江解放后，家乡父老乡亲在上级的关心支持和村党支部的带领下，团结奋斗，艰苦创业，村民生活越来越好，村貌发生了翻天覆地的变化。家乡的巨变是革命先烈流血牺牲换取的，也是中国共产党领导和走社会主义道路的结果，作为新村人，我非常高兴，也为之自豪。今年10月，党召开了第二十次全国代表大会，号召全国人民向第二个"一百年"奋斗目标全力进军，中华民族伟大复兴指日可待，无数革命先烈为之流血牺牲的追求将很快变为现实。追忆峥嵘岁月，喜看今朝辉煌。期待《新村志》出版成功！

2022年11月22日

附：

本文作者林延同志简介

林延（族名：林才美），现湛江市霞山区新兴街道新村人，1931年出生。14岁时受哥哥林才连影响开始接受进步思想参加革命，经常帮助哥哥送情报，张贴革命标语。1948年10月9日晚，因哥哥林才连被捕，林延在赤坎被国民党军警追捕，从鸡岭路（今南方路5号）家中脱险后撤到游击根据地，正式参加革命，同年入党。解放后留在本市工作，曾担任湛江市纪律检查委员会书记、湛江市政协副主席、中共湛江市委统战部部长。1997年6月离休，享受副厅级待遇。

2023年10月《新村志》

下辑　赓续红色基因

追踪：支仁山事迹引反响　革命自有后来人

　　8月5日，《湛江晚报》刊登《高雷抗战勇将、浴血奋战无私无畏》一文，报道出街后引起读者的强烈反响。许多读者纷纷表示说，《湛江晚报》推出这样的革命风云录题材报道很接地气，可以从中了解到高雷地区的革命斗争史和革命前辈流血牺牲打江山的英勇事迹。湛江某高校退休教授叶生夫妇高兴地说，看了报道，才知道原来的大院老邻居支秋玲就是支仁山烈士的亲妹妹。在支仁山烈士的家乡黄略支屋村，更是掀起了一场学英雄精神、继承英雄精神的热潮。

　　笔者了解到报道出街后，支屋村的青年人纷纷相互在微信群转发这一信息进行互动，或在私人空间交流对报道的感受，有的在第一时间直接把报道内容

支屋村青少年阅读刊登支仁山烈士事迹的《湛江晚报》

拍摄下来然后截图发到微信群或微博上。为报道提供相关资料的支屋村同心志愿协会的支振锋，得知报道的稿件编辑后，便自费加印了 200 份报纸发给村民。湛江市作协副秘书长、著名作家支贤深情地表示，自己为有支仁山这样的英雄而感动和骄傲。作为支氏一分子，她也要为弘扬英雄精神做些实际工作，让更多的支氏后人铭记英雄的事迹，成为革命事业的可靠接班人。

参加过编辑回忆支仁山革命斗争的《星火南天》一书的支跃献是支仁山的亲堂弟，现负责保管支仁山革命烈士证。支跃献说，看到报道后，他当即把报道发到广东省支氏微信群，微信上点赞十分踊跃，满屏好评。支跃献还说，支仁山离世后安葬在广州银河革命公墓至今已经 65 年了，但作为支仁山的堂弟及其他亲属还没能前往祭拜过，很是遗憾。

8 月 19 日，在支屋村教育基金会举行的奖教奖学基金发放会上，支屋村特别邀请支跃献参加，支跃献在会上讲述了支仁山烈士的英勇事迹，勉励支屋村的年青一代继承英雄精神，为支屋村这个革命老区村庄增光添彩。

2018 年 9 月 1 日《湛江晚报》05 版

小学生参观村革命历史旧址

昔日燃起抗日烽火　如今传颂革命传统

——遂溪"青抗会"支屋通讯站旧址成为文物保护单位

随着农历小雪的过去，进入 11 月末的雷州半岛已渐有寒意，这些天在黄略镇支屋村却整村里外都是热气腾腾，欢声笑语一片；原来，乡亲们正在筹备遂溪青年抗敌同志会支屋通讯站（青抗分会）旧址列为遂溪县文物保护单位的庆典活动。

28 日上午，入村大道两旁间隔整齐插满了彩旗，一条"欢迎各位领导和嘉

嘉宾为文物保护牌匾揭牌

宾光临我村参加遂溪县文物保护单位揭牌庆典"的红色横幅标语格外醒目。在村里的遂溪青年抗敌同志会支屋通讯站（青抗分会）旧址——"义直宗祠"，锣鼓喧天，醒狮起舞，支屋村革命老区建设促进会在这里举办了揭牌仪式。遂溪县党史研究室、县文化局、县博物馆等部门负责人、我市一批知名党史研究专家和黄略镇党委、镇政府相关领导以及该村支仁山、支秋玲等革命前辈的家人参加，特邀嘉宾遂溪南路革命前辈后代、广东海洋大学原文学院党委书记叶宇和遂溪县博物馆杨宝强馆长为文物保护单位牌匾揭牌。

　　据了解，为唤醒广大民众，团结各界力量，建立起统一阵线开展抗日救亡运动，1938年8月25日，在黄其江、陈其辉、支仁山等南路共产党员的筹备和努力下，遂溪县青年抗敌同志会（简称"青抗会"）在遂溪第一小学成立。10月，支仁山亲自指导家乡支屋村设立了遂溪县"青抗会"下属支屋通讯站（也称"青抗分会"），站址就在支屋村义直祠。自此，抗日救亡运动的烽火在支屋村燃起，支屋村许多青年从此走上了革命道路。据统计，抗战期间，小小支屋村一共有57名中共党员，20多人参加了抗日武装，成为遂溪的一座著名革命村庄。

2018年11月30日《湛江晚报》05版

缅怀革命先烈　坚定理想信念

——支氏族人谒拜支仁山烈士

一年一度的清明节来临前，黄略镇支屋公益基金会理事会一行10人，怀着对革命先烈的崇敬之情，专程前往广州银河革命公墓谒拜支仁山烈士。3月24日上午，支屋公益基金会理事会会长支国荣、名誉顾问支炳文、支总生等人向支仁山烈士墓敬献了鲜花，表达了支氏族人对支仁山烈士的缅怀之情，参加谒拜活动的还有广州市白云区太和镇大源村的支氏宗亲代表。支屋公益基金会理事会相关负责人表示，组织这次谒拜活动目的是铭记革命先烈的丰功伟绩，继承革命先烈忠贞不渝的理想信念，用实际行动来传承红色基因和革命传统。

2023年4月，支屋村老促会组织祭拜支仁山烈士墓

　　支据了解，这次谒拜活动是第一次由支屋村人士自发自费组织的谒拜支仁山烈士的集体活动。

2019 年 3 月 27 日《湛江晚报》05 版

支屋村一位儿童敬献鲜花

支屋村革命历史旧址吸引众多参观者

　　今年 7 月 1 日是中国共产党诞生 98 周年纪念日，最近这几天，许多单位组织党员和青少年，前往革命老区遂溪县黄略镇支屋村参观该村的革命历史旧址和缅怀革命先烈。在该村的遂溪青年抗敌同志会支屋通讯站、支屋地下交通联络站、东区医疗所支屋中转站等革命旧址，参观者聆听了村党支部、村老促会和烈士后人讲解革命历史旧址故事和革命烈士支仁山、支尧光的英雄事迹，直观接受革命传统教育与亲身感受革命烈士英雄事迹的陶染。有的单位还在现场举行重温入党誓词仪式，加深对信仰的认识和坚定共产主义理想的追求。

在支仁山烈士故居举行重温入党誓词仪式

今年，适逢支屋村党支部建立 80 周年，支屋村现任党支部书记支邹发表示，一定要发扬光大好支屋村的革命历史，继承先烈忠于信仰、坚持真理、为人民解放与幸福甘于奉献的革命精神，不忘初心带领全村人民永远跟党走，以实际行动告慰革命先烈。

2019 年 6 月 15 日《湛江云媒》

2019 年 6 月 17 日《湛江晚报》02 版

2019 年 6 月 17 日《新浪广东湛江》

要珍惜革命老区的光荣称号

——在田寮村党支部纪念建党百年座谈会的发言

同志们好，我是郭水清。今天，我们田寮村召开座谈会，纪念党成立100周年，村党支部让我向大家讲几句话。我文化不高，想到什么就讲什么，下面是我想到的，提前打印好，以免讲漏出笑话。

古话讲，人到七十古来稀。我今年都已经97岁，身体很好，记性还好，可以为村再做些力所能及的好事。我正式参加革命差不多80年了，当初和我一起参加革命的16个兄弟，目前只剩下我一个人了，我希望在有生之年，看到我们田寮村全体村民都过上幸福的生活，才能了结我和一起参加革命的16个村兄弟的心愿。

郭水清老前辈向田寮村党员讲述南路革命历史

　　我和16个村兄弟之所以参加革命，一方面是要打日本仔，抗日救国。另一方面是要生存，因为旧社会太黑暗，生活太苦。我们田寮村解放前是一条极为贫穷的村庄，很多在村住过的革命同志都知道，都了解。我记得，2002年，我们田寮村编写村革命斗争史，我和林东两人，还请了水粉村兄弟蔡南一起找战争年代来田寮村搞过革命的老领导题词。其中在广州居住的黄其江同志是我打电话找他的，说我们村准备派人去广州探望他，并请他为田寮村革命斗争史题词。黄其江同志说："田寮村是穷村，不要花费路费，我写好会寄给你们。"不久，黄其江同志就寄来题词。另外，找黄明德同志题词是我郭水清、林东和水粉村的蔡南三人一起去的。去时买了6块钱的6斤橘子，被黄明德同志批评，说不要。林东赶快说是他出钱买的，黄明德同志才收下，因为林东也做过黄明德同志的警卫员，算是家人来往的心意手信。

郭水清老前辈回田寮村参加党建活动

过去，我们参加革命上战场，明知道有危险，甚至会牺牲，李定安、左赖、林进、李前兴4个村兄弟都是在战场上牺牲的。我们流血牺牲是为什么？无非就是要为穷人能够翻身，为了我们的后代能够远离贫穷，过上幸福生活啰！现在，我们田寮村大家的生活比解放前好不知多少倍了，村容村貌变化很大。前一段，知道村党支部和村委会在村里建设一个革命主题公园，纪念村的革命历史，我很高兴，特别要向村党支部和村委会感谢，感谢你们做了一件大好事。

我们田寮村民风淳朴，村民忠直，历来在外都有一个好名声。虽然有6个姓，但各姓之间非常团结，大家要服从党支部和村委会的领导，团结一致，保持好这个好名声。另外，我希望村里的青年要珍惜田寮村的革命历史和村的好名声，要学好、做好，在外不能惹是生非，败坏村的好名声。也希望村党支部和村委会继续努力，再立新功，带领全体村民跟着共产党沿着社会主义方向不断前进。

2021 年 6 月 26 日

（注：本文是郭水清口述，由霍自强代笔。节选于《田寮村革命历史》。）

"南路革命名将唐才猷生平介绍"展开展

在中国共产党成立 100 周年前夕，"南路革命名将唐才猷生平介绍"展在遂溪县城月镇吴村唐才猷故居举行，湛江市党史研究室、遂溪县委宣传部、遂溪县党史研究室、遂溪县城月镇党委等部门的领导，南路革命历史专家、学者以及南路革命后代等 50 多人出席了开展仪式。

走进展馆，斑驳的旧红砖墙、铁矛头、泛黄的旧报纸、老照片记录着历史的重大事件，讲述着曾经的烽火岁月……所有展出的内容仿佛是一幅湛江波澜壮阔的革命画卷，把南路革命名将唐才猷等革命先辈英勇无畏的革命斗争故事呈现在观众眼前。

据了解，"南路革命名将唐才猷生平介绍"展由唐才猷子女唐舒明、唐波等家人精心筹备，展览介绍近 3 万字，展出历史照片、图片 200 多幅，用展览形式展示了南路粤桂边区、滇桂黔边区新民主主义革命时期共产党人不畏艰险、不怕牺牲、艰苦奋斗、一往无前、敢于胜利的革命精神，教育、引导着广大当地党员干部群众缅怀革命先烈，赓续共产党人的精神血脉和革命精神，坚定理想信念、牢记初心使命、砥砺前行再创辉煌。唐才猷之子唐舒明满怀深情说："父亲已经离开我们两年多了，我们利用父亲故居，党训班旧址这个红色资源，举办南路革命名将唐才猷生平展，目的是传承南路红色基因，发扬革命优良传统，向建党一百周年献礼。"吴村党支部书记唐燕清表示，吴村作为一个革命老区和唐才猷老前辈的家乡，能够举办这样一个有意义的展览，传承红色基因，村民们非常高兴和振奋。村党支部决心带领全村群众，继承革命传统，借这次红色展览为契机，进一步挖掘更多的红色资源，促进吴村各项工作再上新的台阶。

2021 年 7 月 6 日《湛江晚报》

新村让村民享受到更多集体经济红利

——大手笔改善文化教育基础设施　推动村文化与教育建设

近年来，霞山区新村在村集体经济不断发展的基础上，通过传承革命老区的红色村史为切入口，大手笔改善文化教育基础设施，推动村庄文化与教育建设，使乡村振兴工作不断向高层次推进。通过完善本村文化教育基础设施，进一步促进乡村振兴，让村民享受到更多的集体经济红利。

该村计划对"新村地下交通站"旧址中原有的"新村革命历史展览馆""新村改革开放事迹陈列馆"进行更新扩建，更好地利用这处革命旧址对村民进行革命传统教育，给村民说好新村革命与建设两个历史阶段的红色故事。同时，

新村举行奖学、奖教大会

在全国首条农民铁路专线遗址附近，新建一个主题特色纪念馆，与村位于东新路一侧的新建设项目"爱琴海"形成整体联动效应，打造为湛江主城区西拓中一个集历史文化与旅游观光为一体的特色文化街区。

笔者了解到，为转变村民传统文化观念，拓宽村民的文化视野，增强村民的现代文明素质，从2011年起，该村集体连续不间断给全村800多户每家订了一份《湛江晚报》，让村民从媒体中补充精神营养。着眼于新村的未来发展需要，新村党支部和村委会未雨绸缪，今年年初村集体无偿提供土地18亩和出资2000多万元给政府新建市第三十八小学，为新村可持续性发展提供文化教育的强有力支撑。目前，工程正顺利进行之中。

2021年8月6日《湛江晚报》

爱国爱乡的南路革命后代

——记"霞山海外联谊会香港分会"副会长杨设

2019 年 12 月 19 日，在湛江解放 70 周年之际，南路（粤桂边）纵队子弟文工团在湛江影剧院上演了一台名为《烽火南路》的文艺节目。通过歌舞图文、声光影画等文艺形式，展示了一幅波澜壮阔、气壮山河的南路革命历史篇章。演出震撼人心，好评如潮。许多观众纷纷感言：演出大气磅礴，内容翔

《烽火南路》在深圳演出

实、正能量，是一堂生动的红色革命传统教育大课。此前，这台节目已先后在广州、深圳上演，同样反响强烈。而这台节目的主要发起人和其中赞助人，正是"霞山区海外联谊会香港分会"副会长、南路（粤桂边）子弟文工团的团长杨设。

深受革命家庭氛围的熏陶

杨家在当地是家喻户晓的革命世家，杨设的爷爷杨君明早在 1926 年大革命时期就加入共青团，是高州古柳乡农会会长；爷爷的堂哥杨君衡则是粤西地区早期的共产党员，他们带领乡亲闹革命，打倒土豪劣绅，分田分地。1938 年杨设的父亲杨麟、伯父杨飞、叔父杨超、姑妈杨丽同时参加了张炎组建的抗日学生军，1939 年前后，他们先后成为中共党员。1945 年 2 月 1 日，杨设的父亲兄妹四人组建了"茂北抗日游击大队"，并领导了"高州曹江抗日武装起义"，震撼粤西大地。1949 年 4 月，中国人民解放军粤桂边纵队五支队第十四团成立，杨飞、杨麟先后担任政委，杨超担任政治处主任。在隆隆的炮声中，五支队第十四团先头部队率先进入高州城。高州人民称杨设父辈三兄弟为"杨家三虎将"。

杨设的父亲杨麟解放后曾先后在湛江市多个领导岗位工作过，有着革命老一辈特有的革命情操，对子女教育很严格，言传身教，子女不搞特殊化。父辈们的正直清廉、大公无私、忠于信仰的品质从小就潜移默化地影响着杨设。"文化大革命"期间，杨设的父亲一度受到冲击"靠边站"，但他并没有因此动摇自己的信仰。1976 年，杨设的父亲回到领导岗位后，将原来冻结的 2000多块补发工资全部上交作为党费。令杨设最为感动的是，1983 年，杨设的父亲和叔伯杨飞、杨超三兄弟离休后，和一批老干部创办了一所非营利的"湛江市振兴中学"，杨飞、杨麟分别担任第一、二届董事长。28 年来，培养出 32000多学子，他们把生命最后的余光献给国家的教育事业，体现了共产党人的本色。杨设从小就在浓郁的革命家庭氛围中得到熏陶，他也深感革命后代传承红色基因的责任重大。

矢志不渝传承红色基因

　　杨设在湛江长大，1971 年 7 月在湛江市工农中学（原市二中高中部）高中毕业后，分配在湛江市东海民安中学教书，1975 年 1 月调到湛江市郊区区委宣传部任新闻秘书。1980 年 1 月又调到原湛江市党史研究室，曾受命采访整理了温焯华、黎江、陈以大等南路老一辈同志回忆录。1986 年 2 月，因为妻子随父母迁移香港，杨设也一起到了香港定居。经过多年的拼搏，杨设事业有成，但如何更好传承红色基因，始终是他放不下的一件心事。

　　2018 年 6 月，得知湛江市相关部门筹划纪念湛江解放 70 周年的文艺活动，杨设和一帮立志传承红色基因的南路子弟商量后决定，成立"南路（粤桂边）子弟文工团"排练节目参加演出。杨设夫妇率先捐款 15000 元作为节目排练的启动经费，另外，杨设以属下企业名义又捐助 3 万元，并承担文工团在深圳排练的费用。在杨设夫妇的带动下，南路子弟热情高涨，纷纷捐款和报名参加演出，一共筹集了近 4 万元，报名参加演出的粤桂边子弟达 60 多人，大家推选杨设为文工团的团长。文工团的成立，增强了粤桂边子弟的凝聚力和扩大南路革命历史的影响力，杨设又在深圳等地积极推介南路革命历史。深圳相关部门向杨设了解情况后，深为杨设积极传承红色基因的热情所感动，决定免费提供高规格演出场地和赞助 5 万元演出经费，邀请文工团在深圳演出。深圳方面的重视，增强了文工团演好这台节目的信心，他们把这台节目定名为《南路烽火》并成立筹委会；筹委会由杨设和原南路特委书记周楠的儿子周聪、原粤桂边纵队副司令员唐才猷的儿子唐舒明、许强、李国萍等 8 位南路子弟组成。《南路烽火》经过精心策划，于 2019 年初开始分别在湛江与广州两地紧张排练，2019 年 9 月 18 日在广州，20 日在深圳，12 月 19 日在湛江分别隆重上演。在深圳剧院上演当晚，由卫星全球现场直播，同时观看演出的观众达几十万人，影响力相当大。杨设夫妇不但捐款资助《南路烽火》文台节目，夫妇俩还亲自参加排练与演出，以实际行动来传承红色基因。

　　杨设在老家高州古柳乡凤村的故居，是 1926 年大革命时期古柳乡党支部以及农会活动过的旧址，也是 1940 年南路特委书记梁嘉工作居住过的地方和高州中心县委、茂名中心县委旧址，又是"高州曹江抗日武装起义旧址"，很有革命历史价值。2012年，当地相关部门决定修复"高州曹江抗日武装起义旧址"，内设革命历史展馆作为党史教育基地。但因为资金不足，财政拨款也有限，因此希望杨家后人也参与支持旧址的修复工作。为此，当地相关部门联系了杨设，杨设得知后马上表态说：传承红色基因是革命后代义不容辞的责任。随即，杨设召集了兄弟及堂兄13人在深圳开会商量后，决定全力支持修复旧址工作。杨家13位兄弟有钱出钱，有力出力，共集资1800多万元作为修复"高州曹江抗日武装起义旧址"的基本建设资金，其中杨设夫妇承担了相当份额。经过三年多的努力，目前，修复工程基本完成，展馆即将布展。

南路（粤桂边）子弟文工团团长杨设

爱国爱乡情系乡梓

　　杨设在香港及海外创业，但始终心系家乡，心系祖国。1999年，杨设牵头成立了"三杨慈善基金会"，由杨设的妈妈林清亲自担任董事长，杨设担任执行董事总经理并注入53万元人民币作为启动资金，主要是开展奖学奖教、扶贫救济、公益发展等项目。20多年来，家乡受益于"三杨慈善基金"的学生教师达2800多人，各种各样的捐款共约300万元人民币。2003年夏，为帮助扶贫创业，杨设让本村45个生产队选出最贫困的一户，为他们每户购置一头母牛发展生产。2005年，他捐款40多万元人民币为家乡把已倒塌多年的一座桥修复，解决了村民的出行。村民把桥名誉为"三杨桥"。村民纷纷赞扬说，杨家父辈昔日不惜流血牺牲为我们打江山，今日他们后代又为我们修桥造幸福，我们永远不会忘记他们的恩情。

　　多年来，杨设不但自己爱国爱乡，他还想方设法让更多的香港同胞和旅居海外的侨胞爱国爱乡。为此，他先后在中国香港以及加拿大等地参与和组织了一批爱国爱乡团体，积极开展各项爱国爱乡活动。2019年，当香港出现"港独"分子暴乱，杨设旗帜鲜明地与之作斗争。在暴徒袭警、纵火烧商铺和冲击中联办最为猖狂之时，杨设不顾个人安危，带领爱国爱乡团体毅然上街声援警方。杨设撑伞以示"撑警"的雄姿被乡亲拍下，还上了某国际知名媒体的头条新闻。

　　（本文系采访杨设本人及参考相关地方党史、文献撰写，配文图片由杨设提供。）

2021年9月5日《湛江晚报》07人物版

链接

名扬高雷地区的杨家"三虎将"

杨步飞、杨设

杨飞、杨麟、杨超三兄弟是高州曹江古柳乡凤村人，他们的父亲杨君明1925年便加入中国共产主义青年团，1926年入党。1926年，大革命的火种在高雷地区燃起，古柳乡成立了农民协会，由杨君明任农会主席。抗战时期，杨飞、杨麟、杨超"三虎将"于1938年相继参加革命，被誉为杨家"三虎将"。

组织举行"曹江抗日武装起义"

1944年秋，盘踞在高雷地区的日军四处祸国殃民。国民党反动派不抗日，坚持反共反人民，从而激发广大群众反蒋抗日的情绪，纷纷参加抗日游击队，投入抗日救亡的爱国洪流之中。同年冬天，根据形势的发展，中共茂电信特派员陈华在羊角召开三县领导会议，传达贯彻特委的指示，要求茂电信三地于1945年春节前后，全面发动抗日武装起义。时任中共南路特委书记周楠，以及中共茂名县委领导人李明华、陈华认为曹江人民具有革命传统，决定由杨飞、杨麟、杨超"三虎将"组织发动"曹江抗日武装起义"。

为此，中共南路特委（下简称"南路特委"）派杨家"三虎将"的大哥杨飞从高州民国日报社返回家乡，任中共茂北特派员，同时安排杨飞在县城的大弟弟杨麟和大妹妹杨丽、在高州读高中的小弟弟杨超以及罗强、王志文、叶琼森、黄兰芳、张锡德等人从广东各地回到曹江，秘密发展游击小组等活动，为武装起义做周密的准备。

组建队伍　为武装起义做准备

发动武装起义，首先要有队伍。杨飞兄妹四人提前返回家乡后，在曹江凤村一带秘密进行发动工作。杨飞首先找到凤村的罗强、梁平、古柳小学陈丽光等人；杨麟找到竹坑、阳官的白玉衡、梁炳新、罗子庭、邬廷熙等人；杨超亦发动了先觉、里村的叶琼森、卢庆福、梁基赵等人，由本地的党员梁枫在其中负责协调。另外，先后还在谭村、双城、蓝田、塘角、高岭、山脚等50多座村庄召集到300多人。

有了队伍，还需枪支弹药等武器。为了弄到枪支弹药，大家情绪高涨，纷纷想方设法，有的以借用名义，有的从公偿枪中挪用；再有就是秘密购买。白玉衡是富家子弟，但对革命热情很高，他个人出资购买了两支驳壳枪和一支长枪，在购买武器款不足时，他立即从家中运了20担谷去折款补齐。这位满腔热血的爱国青年，可惜在抗日起义中光荣牺牲了，战友们十分怀念他！由于发动充分，群策群力，最终共筹集了长短枪30多支，子弹500多发；加上"南路特委"送来的军用地图以及一批医药物资，使武装起义具备了条件。

1944年12月中旬，县特派员陈华到凤村检查武装起义准备工作，其间，住在杨家祖屋。在听杨飞等人汇报时，了解到他们策反了伪联防队的队长和伪乡公所的文员邬廷熙后，认为武装起义的时机已经成熟。随后，陈华宣布成立"茂北人民抗日游击大队"（下简称"游击大队"），杨飞任大队长兼政委，杨麟任副大队长，杨超任副政委，杨丽任大队救护队队长，副队长是黄兰芳。大队下设两个排，一排长梁基文（先觉人），二排长梁文治（竹坑人）。黑罗（黑水圹人），梁海容（先觉人），邬廷熙（阳官人）为班长；白玉衡负责后勤供给；杨超副政委兼管大队的情报工作，负责先觉、下南山、里村和竹坑四个交通站。会议决定以杨家祖屋作为武装起义指挥部，并确定2月1日为"曹江抗日武装起义"时间，起义第一步是攻打阳官联保联防队，第二步攻打曹江乡公所。最后，对武装起义可能会出现的各种意外情况，都做了充分的计划和周密的作战路线图。

突袭伪保公所　初战告捷

1945年2月1日下午，"游击大队"的主要骨干70多人集中在杨家祖屋的大院。杨家兄妹的母亲梁淑仪、奶奶杨周氏、小妹杨坤泽和一些队员的家人杀鸡煮饭，为队员壮行。然后，杨飞大队长传达特委命令：正式举行"曹江抗日武装起义"。杨飞大队长还通报了当时全国的抗日斗争形势和茂电信地区革命力量发展等情况，激发队员的信心。参加起义的队员听后摩拳擦掌，异口同

曹江起义主要领导人

政委兼大队长杨飞（前左一）、副大队长兼中队长杨麟（后左二）、副政委兼指导员杨超（后左一）、后勤救护队队长杨丽（后右一）

声表示要为抗日救国，不怕牺牲，勇往直前！

饭后，"游击大队"向两里外的阳官村进发。到村边时，天色渐黑，人迹罕见，队伍潜行到伪保公所驻地外，杨麟和邬廷熙上前向驻地内发出暗号，接应的伪联防队长梁文治及许东两人很快打开大门，起义队伍不费一刀一枪顺利拿下伪保公所租伪联防队，俘虏10多人，缴获单响步枪30多支、子弹3000多发、手榴弹100多枚。首战告捷，部队士气大增，杨飞大队长指挥起义部队乘胜追击，一鼓作气又攻打曹江伪乡公所。

攻打伪乡公所，起义成功

为了顺利攻下曹江伪乡公所，之前，"游击大队"也策反了乡公所的文书梁廷勋。当晚。"游击大队"趁着夜色，在通往曹江墟的山路、田间和村庄穿行，很快便到了曹江墟附近，然后，队伍分批潜至乡公所门前大街。被策反的梁廷勋当时住在乡公所大门旁边的单房里，接到"游击大队"的暗号后，他打开乡公所大门。杨飞大队长随即指挥队员冷准备战斗，突然，"呼"的一声枪响，原来是一名队员因紧张致枪走火。当即，乡公所内里便有人大声叫喊："共军来了，好多人呀！"并胡乱向外打枪；见状，杨飞大队长立即命令队员还击。霎时，硝烟弥漫．枪声震天。交战中，杨麟副大队长指挥队员用手榴弹炸开大门，但乡公所的大门是一寸多的厚板，后面还有一层弄柱，相当坚固。手榴弹炸不开乡公所的大门，敌我双方展开枪战，游击队员英勇作战，气势如虹。当时，在乡公所内的曹江伪乡长被激烈的枪声吓得屎尿流了一裤，一边叫伪联防队开足火力顶着，一边打电话（"游击大队"原来计划剪断电话线的计划未能实施）向高州城求救，然后偷偷摸摸翻后墙逃跑了。约四个多小时后，高州敌军派出1000多人的正规部队向曹江扑来。杨飞马上召集杨麟、杨超等干部紧急商议，大家认为乡公所久攻不下，时间了长对我方不利，加上敌人援兵很快会赶到（高州城离曹江墟只有10多公里），若不及时撤出战斗会有被包围之危险。为了保存实力，于是，决定按之前的计划，"游击大队"有序撤出曹江墟，往不远的双城隐蔽休整。

队伍到达双城后，在一位队员的亲戚的旧屋休息，经过长途奔袭和激烈战斗，队员们都十分疲倦，除了留两个哨兵警戒，其他人很快就熟睡了。但是，队伍进村时被该村的伪保长发现，他偷偷跳墙跑到邻近的白花塘伪联保队报信，白花塘伪联保队随即集合了数十人前来偷袭。幸好，我哨兵机智发现，率先开枪报警。杨麟、梁基文带领队员马上冲到村旁边的一处高坡，迅速占领了制高点，随即再派人包抄过去对联保队形成夹击，结果，把前来偷袭的伪联保队击败，俘虏了多人、缴获长枪 4 支、子弹 500 多发。

天亮后，国民党军派出的正规部队 1000 多人到达曹江墟，但无功而返。

化整为零　坚持斗争

"曹江抗日武装起义"成功后，按照"南路特委"的指示，"游击大队"化整为零，以手枪队的形式分散活动，很快新开辟了 50 多座村庄为活动范围。梁基文带着手枪队神出鬼没，敌军害怕至极，一听说手枪队来了，就四处逃命，无心应战。从起义成功后的三个月内，手枪队消灭敌人百余名，缴获长短枪四十多、长枪 100 多支和大批子弹、手榴弹。其间，在道平起义的梁德玉和在清井起义的钟江因被敌人追捕，他俩亦带领部分人员撤到曹江加入手枪队，壮大了"游击大队"的力量。

为消灭"游击大队"，敌人多次进行围剿，使曹江地区乌云翻滚，到处腥风血雨，一片白色恐怖。由于敌人的围剿，其间，"游击大队"的活动十分困难，一些队员相继被捕与牺牲。如王志文被捕后在高州城牺牲，白玉衡、罗传佳在撤退途中不幸遭敌人枪杀牺牲。面对白色恐怖，奉党组织的指示，杨飞大队长与部分人员暂时转移外地；杨麟、杨超两人分别带领部分人员挺进外围发展，在低垠、山脚、裴抗及新垌一带开展游击活动；部分人员分散隐蔽。

1945 年 4 月中旬，国民党反动派虽多方侦探"游击大队"的行踪，还是摸不到实情。于是集结内东、南、西、北四个区的联保队 1200 多人，同一天分五路包围"游击大队"曾经的活动的区域，逐座村庄与逐座山进行大搜查，结果也一无所获。

"曹江抗日武装起义"的胜利，威震南路地区，沉重打击日本侵略者和国民党顽固派反共、卖国的气焰，极大鼓舞了广大人民对取得抗日胜利的信心。

不久，因为杨麟、杨超两人在组织发动"曹江抗日武装起义"中，积累了丰富武装斗争经验，所以，"南路特委"决定派他们两人前往吴川覃巴工作。杨麟任军事教官，杨超任副指导员，并参加领导该地的武装斗争，在一次战斗中，俘虏伪军150多人。后又与广州湾（现湛江）日军派出增援的一个中队激战，击毙、击伤日寇多名。次日，南路地区各大报纸公开发表我起义部队大捷胜利消息。

满门忠烈的革命家庭

抗战胜利后。为制止内战，满足人民对和平的期盼，毛主席不顾个人安危前往重庆与蒋介石谈判。其间，中共中央南方局决定将广东一批骨干转移到香港和北撤山东。但蒋介石搞阴谋假和谈，国民党反动派一边抢夺抗战胜利果实，一边企图消灭中国共产党领导的人民抗日武装。当时，国民党高州当局在高州城四处张贴告示，悬赏抓捕杨家四兄妹。在党组织安排下，杨家四兄妹先后撤到香港，在爱国抗日将领张炎夫人郑坤廉女士开办的香港南光中学，以教师身份从事地下工作。

国民党高州当局找不到杨家四兄妹，于是把魔爪伸向凤村，敌县警大队长邹克昌率领一个大队的三个中队，分别在凤村、古柳坡等村进行大搜捕。其间，共关押无辜群众500多人。在凤村，杨家兄弟的母亲梁淑仪，罗强的父亲等人，被五花大绑在杨家祖屋的大院橄榄树下，施以严刑拷打等残忍手段逼供，邹克昌手拿短枪凶恶对着梁淑仪，要她供出儿子的去向。面对毫无人情的邹克昌，梁淑仪面不改色地说："我儿子参加共产党是为抗日救国，你要抓他们是伤天害理的！"在场的群众看到梁淑仪正气凛然，受到极大的鼓舞，大家都守口如瓶。邹克昌恼羞成怒，将杨剑秋、杨玉伙、杨九妹三人讹称为共产党员当场枪杀；把罗强的父亲和黄冠南等100多名村民押往高州城坐牢一年之久；最后，又将杨家祖屋抢劫一空，在大门贴上封条。此后，梁淑仪被迫带着9岁的小女儿杨坤泽和婆婆杨周氏，在高州城的街头流浪了5年时间。

1947年夏至1948年初，"南路特委"召集所有分散隐蔽的革命骨干返回原地，扩大建立武装力量，开辟游击根据地。杨飞、杨麟、杨超受命从香港

杨家全家福

回到高州，成立由茂名籍队员组成的"大钊大队"，驰骋高雷疆场。1949年6月，"大钊大队"编入中国人民解放军粤桂边纵队第五支队十四团，杨飞、杨麟先后担任团政委，杨超担任政治处主任。其间，十四团配合四野南下大军攻克信宜，进军高州城，解放茂名。

从大革命时期到解放战争，从杨君明到杨飞、杨麟、杨超、杨丽四兄妹，还有默默支持丈夫和儿女革命的梁淑仪，堪称满门忠烈。杨家一家人为革命，为新中国的诞生不惜牺牲、英勇无畏、无私奉献，是一个充满传奇的革命家庭。

2020年12月5日

（注：本文作者杨步飞是杨飞的长子，杨设是杨麟的次子。原稿题目是："曹江抗日武装起义"。）

走进田寮村红色主题公园

　　盛夏，是一个生机勃勃的时节；红色，是革命的色彩，也是胜利的象征。近日，记者走进麻章区田寮村新建成的红色主题公园，感受这里释放出来的红色文化内涵。红色主题公园坐落在村子的北边，占地 2000 多平方，一条水泥村道把公园分为东、西两部分园区。

　　在西园区，记者看到原中国人民解放军粤桂边纵队第一支队司令员兼政委、原湛江行署专员黄明德和原粤桂边党委常委兼组织部部长、原广东省高教厅副厅长黄其江两位南革命前辈，为田寮村革命斗争史撰写的题词醒目镶嵌在公园入口处的主墙上。

　　村党支部黄副书记介绍，田寮村红色主题公园是麻章区革命老区建设促进会资助，于去年初开始建设的。按照麻章区相关领导的要求，除了提供一个优美的环境给村民休闲，公园的景点设置要充分体现和突出红色文化，让村民和游客在进入公园时就能感受到强烈的红色文化气息，在游玩中对相关革命历史有一定的直观了解，成为寓教于乐、寓教于趣的革命传统教育场所，设计师小陈说，按照相关领导的要求，根据田寮村的革命历史资料和场地的实际情况，他设计了党旗雕塑、党员宣誓广场、四组战斗场面浮雕和红色文化连廊四大主题景点，通过各景点的标志物来表现红色文化内涵和田寮村革命历史。

　　在东园区的红色文化连廊，本报曾经刊登的《平凡老邻居，不平凡的人生》和《从这里走出 17 位抗战老战士》两篇报道，全文内容被录制在展板中展出。几名少年儿童饶有兴趣地在听着大人讲解展出的内容。记者问其中一名儿童："知道郭水清是什么人吗？"这名儿童大声回答道："知道，他是老革命，参加过很多战斗，是我们村的光荣！"

　　忆峥嵘岁月，不忘革命先烈的丰功伟绩。田寮村党支部书记左秋和对记者说，解放前全村老女老少一共只有几百人，全村没有一间瓦房，村民生活极度贫困。在党的引领下，广大村民听党话，跟党走，先后有 27 人参加了中国共产党，其中 7 人是女党员。1944 年 10 月，有 17 人参加了遂溪东区抗日游击队，后整编到南路人民抗日解放军第一团（即"老一团"），当中有 5 人英勇牺牲。1957 年，田寮村被省人民政府认定和命名为广东省首批抗日战争根据地革命老区村庄，几十年时间，田寮村人十分珍惜本村的光荣历史，对为革命出生入死的革命前辈都很敬重。近年来，田寮村在各级党委、政府和相关部门的关心支持下，村容村貌有了根本的变化，村里的特因户也全部脱贫了。下一步，他们还要修复"国技馆""左福旧居"（田寮地下交通站）等革命历史旧址，计划在村口新辟一个革命历史广场，发扬和利用好村的红色资源，引导教育好年青一代，在乡村振兴的伟大事业中建功立业。

2022 年 6 月 8 日《湛江晚报》视界版

寻找革命前辈的红色足迹

——新村青年党员参观"启英小学"旧址

日前，新村党支部组织青年党员来到"启英小学"旧址参观，寻找革命前辈的红色足迹。"启英小学"旧址位于霞山区抗日根据地革命老区村庄——调罗村，抗日战争其间，这里也是调罗地下交通站。七七事变后，林琳等三人受中共粤西南特委派遣到广州湾西营（现湛江市霞山），开展抗日救亡活动，发展革命力量。1938年11月中旬，林琳发展介绍调罗村的进步青年陈以大和

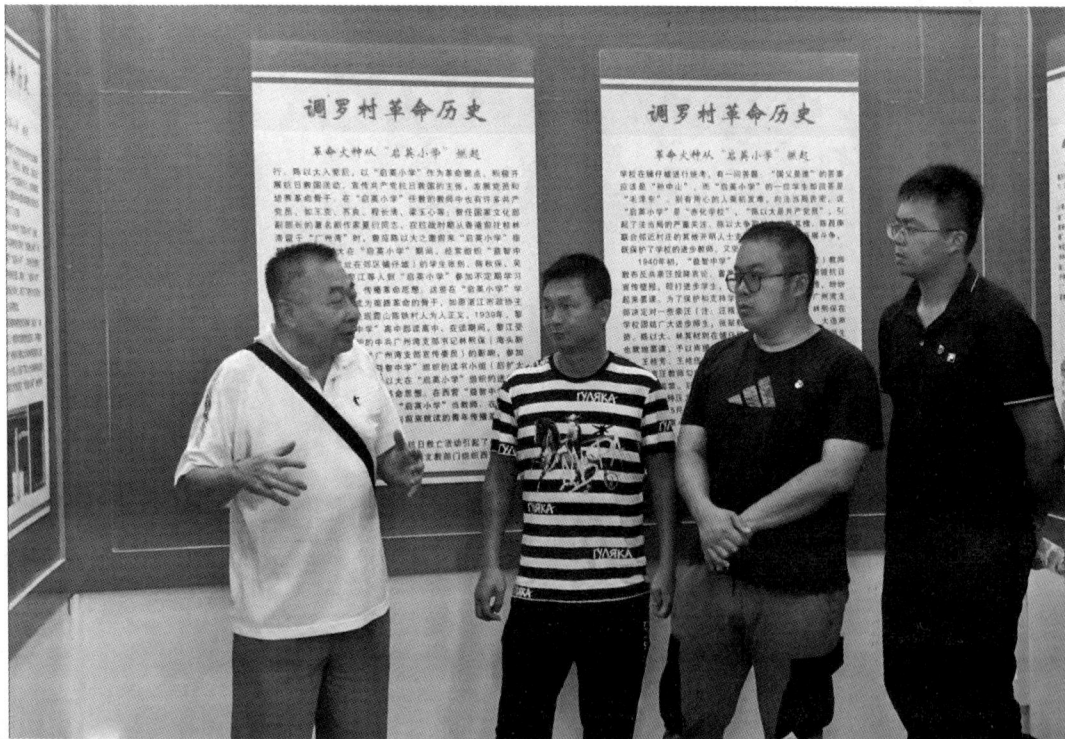

新村党支部副书记林伯棠等青年党员到调罗村"启英小学"旧址参观调罗村革命历史展

新村的进步青年林熙保两人入党，并在"启英小学"举行宣誓仪式。1939 年 3 月，中共广州湾支部在菉塘村秘密成立，林熙保是支部书记，陈以大是宣传委员。

　　在旧址内的革命历史展览，新村的青年党员们聆听了讲解和介绍后，纷纷表示要学习和传承好革命前辈对共产主义的坚定信念，在新时期为建设好家乡建功立业，以实际行动告慰革命前辈。据了解，"启英小学"旧址革命历史展公开展出后，新村党支部是第一个前来参观学习的支部单位。

2022 年 6 月 21 日《湛江晚报》05 版

弘扬革命精神　赓续红色基因

——霞山新兴街道举行祭拜林才连烈士活动

4月1日上午，霞山区新兴街道办事处、新村党支部、村委会在新村烈士陵园举行祭拜活动，缅怀新村籍的湛江著名革命烈士林才连。霞山区退伍军人事务局、民政局、武装部等区属相关部门、新兴街道办、新村党员以及林才连烈士亲属等80多人参加祭拜活动。

新村党员集体参加祭拜活动

1949 年 12 月下旬，湛江市刚刚解放几天。在中共湛江市工委、湛江市军管会召开的一次专题会议上，中共南路地委副书记温焯华在会上重点讲述了一名中共地下党员在湛江解放前的隐藏战线中，出生入死，历尽艰险完成各项重大任务，却在黎明前夕英勇就义的事迹。这位被高度评价赞扬的中共地下党员就是新村籍的林才连烈士。

林才连于 1924 年 12 月出生，在赤坎私立培才中学读书时受地下党员和进步教师的影响与引导接受革命思想，1942 年参加革命，1945 年初加入中国共产党。1947 年，林才连被中共粤桂边区委任命为湛江市区地下交通站站长。1948 年 10 月 9 日晚上，由于叛徒的出卖，林才连在赤坎环市马路（今跃进路 22 号后面）一处院子的单人住所被捕。在牢房里，林才连受尽皮鞭抽打、电刑、老虎凳、针刺手指、灌辣椒水等酷刑，门牙被打脱了，头被打破了，遍体鳞伤，全身浮肿，说话进食都十分困难，但他不肯低头屈服，不肯透露党的半点机密，儒雅的外表下是一身共产党员的铮铮铁骨。敌人改用金钱、美女、官位来利诱，还是遭到林才连的痛斥拒绝。每次受刑后，林才连被折磨得昏死过去，但清醒过来他还是斩钉截铁地说："不知道！"回到牢房，林才连还不忘鼓励狱友："马列指引寒敌胆，踏遍血路追英烈。前仆后谜大有人，真理必胜强权灭！"

国民党军警见用尽毒刑无效，就企图用乡情族亲来软化林才连。他们叫来林才连的族叔、国民党湛江市参议长林荫堂来监狱劝说，以"保释"为诱饵，劝林才连脱离中共，甚至"保证"只要他登报声明脱离党组织就可以释放。林荫堂的"好意"，遭到林才连的坚决回绝。

1949 年 1 月 25 日（农历腊月廿七）在赤坎西赤桥（今南桥）附近英勇就义，时年 24 岁。

据了解，1994 年春，新村党支部、村委会作出决定，筹建新村革命烈士陵园。经过一年的施工，新村革命烈士陵园于 1995 年 3 月竣工落成。

新村烈士陵园占地约 3000 平方米，陵园的大门呈拱形，门两侧有一副对联："生来正正堂堂保国为民芳留百世；死得轰轰烈烈成仁取义重过泰山。"陵园拾级而上，围墙环绕，金色琉璃瓦盖顶，各种花卉竞相流芳吐艳，更显出陵园的庄严而肃穆。陵园内正中屹立着八米高的烈士纪念碑。纪念碑上用隶书刻写碑名，碑的背面是南路革命老前辈、原湛江市人民政府王国强市长题写的"革命烈士永垂不朽"八个大字。碑的左侧建有怀念亭，后侧则是风雨长廊，廊里墙面刻着烈士的革命事迹、老同志悼念的诗词对联。2022年，在上级相关部门的支持下，村党支部、村委会再次对烈士陵园进行修缮，增加了纪念长廊等永久性建筑设施，在纪念长廊增设新村革命斗争史和林才连、林其玉、林里时、林江清四位烈士的革命生平。

2023 年 4 月 3 日《湛江晚报》

七十二载红旗不褪色

——母校建校72年华诞有感

　　母校的办学历史，源于1941年由闽浙商会开办的私立"进化小学"；2023年7月，母校将迎来建校72年华诞。岁月如歌，无论走得多远都不忘来时的路。1950年7月，是新中国诞生的第二个年头，解放湛江的战火硝烟刚散去不久。为使更多普通市民的子弟入学就读，湛江市人民政府决定把市区所有私立中、小学整合重组，优化教育资源，扩大办学规模，统一改为公办学校。在这一政策的推动下，赤坎范围原有私立小学分别组建为赤坎第一、第二、第三联合小学等小学；1951年9月，"进化小学"从赤坎第三联合小学析离独立办学，新成立为公办"湛江市第一工人子弟学校"。1952年7月后，市区小学再次进行整合重组，整合重组后各校分别以数字序列冠校名。1953年7月，"湛江市第一工人子弟学校"更名为湛江市第八小学（下简称八小）。

　　七十二载励精图治，建校之初，八小在教育实践中，始终贯穿着培养学生德、智、体全面发展的一条主线，多年来坚持以"为党育人，为国育才"为己任，知行并举，树人建业，对学生的德育教育独树一帜。早在1954年3月，八小便被湛江市教育主管部门认定为市重点学校；1958年10月，又被广东省教育主管部门认定为当时湛江专区（含现北海、钦州、茂名、阳江）唯一的省重点小学。1959年，八小又因培养学生德、智、体全面发展的突出成效，被评为湛江市小学序列中唯一的"红旗学校"；同年，又荣获"全国中小学优秀辅导员先进集体"称号，受到共青团中央、教育部、全国妇联的表彰。同年，时任大队辅导员陈石精老师，在佛山召开的全省少先队工作座谈会介绍经验。1960年9月，八小被省、市教育主管部门安排与湛江一中挂钩，开设九年一贯制的四个试点班，进行教改试验。"文化大革命"后，国家教育主管部门取消认定重点中小学；1978年恢复认定，同年12月，湛江地区教育局公布，认定八小和湛江一中为湛江地区首批两间重点学校。改革开放后，八小迎来学校新一轮的教育发展高潮，1982年12月，湛江地区教育局、地区体委、地区卫生局，联合组织检查验收全地区中小学贯彻广东省体育卫生两个暂行规定的合格情况，八小是全地区3间合格小学之一。1983年3月5日，八小师生隆重集会，纪念毛泽东主席"向雷锋同志学习"题词发表20周年，并持之以恒组织学生开展学雷锋活动；这是"文化大革命"后小学思想教育工作的突破性创新，在湛江地区引起极大的反响，受到地区教育局的通报表扬。同年，八小少先队大队部被评为"全国少年儿童教育先进集体"，受到全国少年儿童教育协调委员会的表彰。1985年，八小被评为广东省普教系统先进单位。1987年5月，八小少先队大队部被评为"全国红旗大队"。1994年3月，八小被评为"广东省一级学校"。

以上摘录的仅是八小在20世纪有代表性的荣誉，而在这些荣誉的背后，承载着"为党育人，为国育才"的办学宗旨，是党和国家以及社会对八小教书育人成效的认可。

七十二载星光熠熠，在八小这片教育沃土上，一代代教师辛勤耕耘，收获桃李满天下的喜悦，谱写教育事业美妙的园丁之歌。在八小教师队伍中，有老一辈的教育工作者，更多的是历年来有志于祖国教育事业的新一代师范毕业生，他们当中有教师伉俪，有军人家属，有领导干部子女，近年来也有许多省外高校的年轻人从各地汇集在八小，默默奉献青春年华。历年来，八小教师受各级奖励、表彰人数众多，所获省级光荣称号也不少，其中比较典型的人员有：1988年6月24日，湛江市教委印发《关于聘请特约教研员的通知》，决定聘请学校李泽秀老师为市教委语文特约教研员（同批全市共6人），聘请梁艳婷老师为市教委数学特约教研员（同批全市共5人）。1988年和1993年，从1978年开始担任大队辅导员的何淑贞老师分别出席湛江市第七、八届政协会议，并连任两届市政协委员。1992年9月17日，沈惠珍老师被省教育厅评为"南粤教坛新秀"。1992年12月12日，时任学校党支部书记、校长黄学平被选为湛江市党代表，出席党的十三大。1998年6月，时任大队辅导员毕春敏光荣出席共青团第十四次全国代表大会，并当选十四届团中央委员。2003年

1月，时任大队辅导员庞晓平出席共青团广东省第十一次代表大会；2007年12月25日，被评为"广东省十佳少先队辅导员"；2010年6月，作为湛江市唯一代表、粤西地区唯一辅导员代表出席全国第六次少代会，荣获全国优秀辅导员称号；2011年荣获"湛江市十大杰出青年"称号。

在他们的出色表现和所获得荣誉中，规格之高，影响之大，在湛江是独一无二的，也是湛江教育界的殊荣。他们的荣誉体现了八小教师整体队伍爱岗敬业的良好风貌，也是湛江教师整体队伍忠诚党的教育事业、服务湛江教育事业发展的缩影。

七十二载硕果累累，在八小这片教育沃土上，一批批学子在八小这片教育沃土茁壮成长。他们走向社会后，在社会主义建设事业中建功立业，当中，不少人在各个领域成为栋梁之材。据不全统计，从第一届毕业生走上工作开始至今，八小校友中有三位成长为副部（省）级干部、10多位正厅级干部、100多位正处级干部、60多位在国内外有影响力的专家学者、100多位博士生和众多具有社会责任感的企业家。其中，1959届校友郑观志于1963年11月，在印度尼西亚首都雅加达举行的第一届世界新兴运动会上，勇夺女子跳水三米板银牌，成为新中国第一批在世界综合性运动会获奖的运动员。退役后，郑观志先后担任广东省跳水队总教练、省水上运动管理中心主任，挖掘培养了吴国村、劳丽诗、何冲等众多优秀运动员和教练员。1968年入学的陈文波校友，于12岁时入选解放军"八一"跳水队，1976年获得全国少年男子跳水三米板冠军。1983年，陈文波退役后被国家体委委托负责组建河南省跳水队，他不负众望，完成从运动员到教练员的角色转换，两年后便带队夺得第一届全国青年运动会跳水团体总分第三名的好成绩。1993年被聘请担任加拿大一家跳水俱乐部的教练，1995年11月成为美国国家跳水队的主教练。

笔者记得，八小还是水上运动的传统学校，20世纪60年代有一部电影《女跳水队员》，就是以八小校友郑观志等湛江跳水运动员为原型拍摄的。郑观志、陈文波等八小校友为国增光，为校添彩，也为提高家乡的知名度、展现湛江城市发展新成就作出了贡献，这就是八小这片教育沃土收获的硕果。

七十二载风雨兼程，八小见证了新中国诞生后湛江教育事业的历史变迁与发展，从最初的一间"麻雀学校"，脱胎换骨从小到大跨越式发展为远近闻名的名校。2011 年 12 月 28 日，八小金城新校区建设正式动工，向着更高发展目标迈进。2012 年，根据上级主管部门的统筹，位于近郊的草苏小学（九年一贯制学校）被合并到八小，成为八小草苏校区。2016 年 9 月，八小金城校区正式招生，学校办学规模进一步扩展。目前，八小形成跃进（老校区）、草苏校区和金城校区并驾齐驱的前所未有的发展新格局，是目前湛江市最具规模的小学"教育集团"。

七十二载薪火相传。近年来，八小领导班子坚守"为党育人，为国育才"的办学宗旨，赓续和发扬光大红旗小学的优良传统，锐意进取，成绩斐然，收获满满。2016 年、2020 年 12 月分别被教育部定为"国防教育特色学校"和入选教育部首批"一校一案"落实《中小学德育工作指南》。2017 年 9 月、2021 年、2021 年 3 月和 2021 年 7 月，分别荣获省教育厅命名"广东省文明校园""广东省能力提升工程 20 多技术融合试点校""广东省中小学劳动教育特色学校"和"广东省校本研修示范学校"。近几年八小拓宽思路，以高质量发展为抓手，全方位提升综合竞争实力。以吴彩凤校长为引领的校领导班子和教研团队推出多项教学实践举措，在省内外起到引领辐射作用，吸引了许多外地教师培训团队前来参观学习。

种瓜得瓜，种豆得豆。从上述八小近年来所获的殊荣不难看出，八小的教育实践活动与所取得的成效，既是上级教育主管部门强有力支持的结果，亦是八小领导班子不忘初心、牢记使命，坚守"为党育人，为国育才"办学宗旨的收获。七十二载矢志不渝的坚持，令"红旗学校"的光荣得到良性延续，红旗的颜色依然鲜艳夺目。

习近平总书记指出：回望过往历程，眺望前方征途，我们必须始终赓续红色血脉，用党的奋斗历程和伟大成就鼓舞斗志、指引方向，用党的光荣传统和优良作风坚定信念、凝聚力量，用党的历史经验和实践创造启迪智慧、砥砺品格，继往开来，开拓前进，把革命先烈流血牺牲打下的红色江山守护好、建设好，努力创造不负革命先辈期望、无愧于历史和人民的新业绩。

乘风破浪会在时，直挂云帆济沧海。时光流逝，在历史长河里，七十二载弹指一挥间，未来的征程依然漫长。2022 年 10 月，党的二十大胜利召开，习近平总书记号召全党紧密团结在党中央周围，高举中国特色社会主义伟大旗帜，坚定历史自信，增强历史主动，敢于斗争，敢于胜利，埋头苦干，锐意进取，团结带领全国各族人民为实现党的二十大确定的目标任务而奋斗。在新的历史前进节点，作为校友，完全相信母校必定不负众望，继续勇于担当，赓续光荣传统，让"红旗学校"永不褪色，为湛江建设教育强市添砖加瓦。

2023 年 8 月 11 日湛江市第八小学微信公众号

后　记

金秋十月，是收获的季节。为了兑现之前给一些南路革命老同志的承诺，抒发对南路革命前辈的敬佩之情，以及检验作者自己对南路革命历史一直关注的成果。经过三个月的忙碌，《南路红色印记（上卷）》一书终于在日前定稿，交付出版社。

《南路红色印记（上卷）》收入文稿所涉及村庄的革命历史和老同志的革命经历，都是相关中共湛江地方党史确认的内容，许多内容都是当地人们一直以来耳熟能详或流传的史料；其中有的革命前辈也是作者非常熟悉的，或是邻居，或是他们的子女、亲戚、战友和同事，与作者是同学、同事及有一定的交集；有的村庄与人物相互之间有关联，或人物相互之间也熟悉了解，作者在整理、写作时都经多方严谨考证核准。刊登与发布推送时，有的内容因版面限制或编辑需要，有删除、缩短、改动等情况。为确保史料（含口述）的完整性与尊重采访对象或当事人的意愿，这次收入本书的文稿，都是作者整理、撰写的原稿，个别内容有小修改补充完善。

《南路红色印记（上卷）》是作者所著的第八本书，也是一本红色题材专著。作者之所以出版这本专著，想法起于 2021 年纪念中国共产党成立 100 周年这一年，其间，作者多次参加本地官方与南路革命后代组织的纪念活动，对南路革命斗争感受良多；特别是同年 5 月，作者探访昔日的大院邻居、97 岁高龄的抗战老战士郭水清时，在与郭老聊天后，方知一直低调行事的郭老原来还是粤桂边纵队司令员的警卫员，抗战期间和解放战争时期，郭老他几乎参加了所有在湛江及周边所有的著名战斗，但公开场合鲜为人知。为此，作者采写了《平凡老邻居不平凡》一稿，在同年 5 月 23 日《湛江晚报》05 版刊登。《平凡老邻居不平凡》一稿见报后，郭老家乡的麻章区田寮村党支部找到作者一起慰问了郭老，还请郭老回到田寮村参加党员大会并作报告，回忆田寮村革命历史，作者也被邀请作陪。之后，又引出作者撰写了《从这里走出 17 位抗战老战士》一文，于 6 月 20 日在《湛江晚报》07 版刊登，《湛江云媒》也同日推送发布。稿件引起田寮村驻点帮护单位麻章区农水局领导的高度关注，该局专门组织宣讲团在麻章区相关村庄宣传，还让作者担任宣讲团的副团长，主讲麻章革命历史和介绍郭老和田寮村 17 位抗战老战士革命事迹。

通过撰写郭老和田寮村的新闻稿件，作者对南路革命历史有了更深刻的认识，也意识到抢救性收集以及挖掘南路革命历史和南路革命老同志事迹的紧迫感，以及多进行公开的宣传推广的意义。由此，作者克服种种困难，加快了对南路革命历史题材收集与撰写的进度；也有了 2022 年 10 月，在霞山区新村"两委"的盛邀下，作者欣然接受编著《新村志》的任务。因为，作者从小就知道新村是一座革命老区村庄，而且，也出了一位南路地区著名的革命烈士林才连。作者编著《新村志》伊始，就把新村的红色元素作为一条主线贯穿于村志之中，起到纲举目张的作用。因此，中国文史出版社负责出版发行的《新村志》也颇受好评。所以，收集文稿时，《南路红色印记（上卷）》中新村的内容章节自然不少。

一个篱笆三个桩。《南路红色印记（上卷）》能够在短时间完成定稿，一方面有作者对原稿悉心保存的便利，另一方面也得益于相关革命老区村庄的"两委"、南路革命前辈后代提供资料的鼎力相助，更有之前《湛江日报》《湛江晚报》和"广东省知然名师工作室"公众号等媒体的编发，《南路红色印记（上卷）》才能顺利与读者见面。定稿之时，特别感谢他们的付出！

每一次的采访与撰写，革命村庄和英雄人物的事迹常常令作者感慨万千；都会让作者的"三观"得到洗礼和升华，千言万语也表达不了作者的敬佩。由于作者站位高度和视野宽度的问题，更有收集史料范围、渠道和学习研究深度以及撰写水平的局限，《南路红色印记（上卷）》难免会有这样或那样的不足和问题，但不影响作者倾情的付出。定稿之时，算是了结了作者出版此书的初衷，但对于作者的南路革命历史的红色情结只是一个新的起点，作者会继续努力，不断升华红色情结。同时，作者期待广大读者和热爱南路革命历史的各界人士喜欢《南路红色印记（上卷）》这本书，也诚挚希望对书中的不足提出宝贵意见。

最后，谨以本书收入革命老区村庄和革命英杰的红色精神与读者共勉！

霍自强

2024 年 10 月